안양대HK+
동서교류문헌총서
14

Ineffabilis Deus
형언할 수 없으신 하느님 역주
비오 9세 교황칙서

안양대학교 신학연구소
안양대HK+ 동서교류문헌총서 14
형언할 수 없으신 하느님 역주
비오 9세 교황칙서

초판인쇄 2025년 2월 26일
초판발행 2025년 2월 28일

지은이 비오 9세
번역 및 주해 곽문석 · 서원모 · 조한건

펴낸곳 동문연
등 록 제2017-000039호
전 화 02-705-1602
팩 스 02-705-1603
이메일 gimook@gmail.com
주 소 서울특별시 용산구 청파로 40, 1602호 (한강로3가, 삼구빌딩)

값 24,000 원 (* 파본은 바꾸어 드립니다.)

ISBN 979-11-990374-1-0 (94230)
ISBN 979-11-974166-0-6 (세트)

* 이 저서는 2019년 대한민국 교육부와 한국연구재단의 HK+사업의 지원을 받아 수행된 연구임 (NRF-2019S1A6A3A03058791).

Ineffabilis Deus
형언할 수 없으신 하느님 역주
비오 9세 교황 칙서

비오 9세 지음
곽문석 · 서원모 · 조한건 번역 및 주해

동문연

발간에
즈음하여

안양대학교 신학연구소의 인문한국플러스(HK+) 사업단은 소외·보호 분야의 동서교류문헌 연구를 2019년 5월 1일부터 수행하고 있다. 다시 말하여 그동안 소외되었던 연구 분야인 동서교류문헌을 집중적으로 연구하면서, 동시에 연구자들의 개별 전공 영역을 뛰어넘어 문학·역사·철학·종교·언어를 아우르는 공동연구를 진행하고 있다. 서양 고대의 그리스어, 라틴어 문헌이 중세 시대에 시리아어, 중세 페르시아어, 아랍어 등으로 어떻게 번역되었고, 이 번역이 한자문화권으로 어떻게 수용되었는지를 추적 조사하고 있다.

또한 체계적으로 연구하기 위해서 동서교류문헌을 고대의 실크로드 시대(Sino Helenica), 중세의 몽골제국 시대(Pax Mongolica), 근대의 동아시아와 유럽(Sina Corea Europa)에서 활동한 예수회 전교 시대(Sinacopa Jesuitica)로 나누어서, 각각의 원천 문헌으로 실크로드 여행기, 몽골제국 역사서, 명·청 시대 예수회 신부들의 저작과 번역들을 연구하고 있다. 이제 고전문헌학의 엄밀한 방법론에 기초하여 비판 정본을 확립하고 이를 바탕으로 번역·주해하는 등등의 연구 성과물을 순차적으로 그리고 지속적으로 총서로 출간하고자 한다.

본 사업단의 연구 성과물인 총서는 크게 세 가지 범위로 나누어 출간될 것이다. 첫째는 "동서교류문헌총서"이다. 동서교류문헌총서는 동서교류에 관련된 원전을 선정한 후 연구자들의 공동강독회와 콜로키엄 등의 발표를 거친 다음 번역하고 주해한다. 그 과정에서 선정된 원전 및 사본들의 차이점을 비교 혹은 교감하고 지금까지의 연구에 있어서 잘못 이해된 것을 바로잡으면서 번역 작업을 진행하여 비판 정본과 번역본을 확립한다. 그런 다음 최종적으로 그 연구 성과물을 원문 대역 역주본으로 출간하는 것이다.

둘째는 "동서교류문헌언어총서"이다. 안양대 인문한국플러스 사업단은 1년에 두 차례 여름과 겨울 동안 소수언어학당을 집중적으로 운영하고 있다. 이 소수언어학당에서는 고대 서양 언어로 헬라어와 라틴어, 중동아시아 언어로 시리아어와 페르시아어, 코카서스 언어로 아르메니아어와 아제르바이잔어와 조지아어, 중앙아시아 및 동아시아 언어로 차가타이어와 만주어와 몽골어를 강의하고 있는데, 이러한 소수 언어 가운데 우리나라에 문법이나 강독본이 제대로 소개되어 있지 않은 언어들의 경우에는 강의하고 강독한 내용을 중점 정리하여 동서교류문헌언어총서로 출간할 것이다.

셋째는 "동서교류문헌연구총서"이다. 동서교류문헌연구총서는 동서교류문헌을 번역 및 주해하여 원문 역주본으로 출간하는 과정과 우리나라에 잘 소개되지 않는 소수 언어의 문법 체계나 배경 문화를 소개하는 과정에서 깊이 연구된 개별 저술들이나 논문들을 엮어 출간하려는 것이다. 이 본연의 연구 성과물을 통해서 동서교류의 과거·현재·미래를 가늠해 볼 수 있고 궁극적으로 '그들'과 '우리'를 상호 교차적으로 비교해 볼 수 있을 것이다.

안양대학교 신학연구소 인문한국플러스 사업단장

곽호석

차례

발간에 즈음하여 4

역주자 서문 8

일러두기 10

제1부 해제

형언할 수 없으신 하느님 12

  1. 시르 문고 13

  2. 옛한글 필사본 Sire.L.13의 번역자와 번역 시기 17

  3. 라틴어 본문 번역의 특징 23

  4. 필사본 Sire.L.13에서 표현된 마리아론 29

  부록 45

제2부 라틴어 · 옛한글 편집 및 현대어 번역

서문-인준서 54

비오 주교-사정(事情)의 영구한 기억을 위하여 56

결문 146

라틴어-한글 용어 찾아보기 148

옛한글-라틴어 찾아보기 212

현대어-라틴어 찾아보기 270

역주자
서문

본서는 비오 9세의 교황칙서(Bulla)인 "형언할 수 없으신 하느님"(Ineffabilis Deus)을 1860년대에 옛한글로 번역한 것을 해제한 후, 라틴어·옛한글로 다시 편집하고 현대어로 번역한 것이다. 이 문헌의 존재에 대해서는 교회사 연구자들에게 이미 알려져 있었으나 실제로 자료를 찾지 못하고 있었다. 그러던 중 지난 2021년 10월 한국교회사연구소 주최로 "베르뇌 주교와 조선천주교회" 심포지엄을 개최할 때, 안양대 곽문석 교수가 옛한글 바티칸 필사본을 발견하여 처음으로 공개하였다. 베르뇌 주교의 인준을 받고 유럽에 보내진 아름다운 한글 번역서를 다시 볼 수 있게 된 것이다.

그 이후 옛한글로 "비오쥬교"로 시작되는 이 자료를 안양대 HK+사업단과 한국교회사연구소가 협업하여 연구하고 현대어로 다듬었다. 각 나라의 역본이 모인 바티칸도서관의 시르 문고(the Sire Fond)에 대한 소개로부터 옛한글 번역본의 역자와 인준 및 유럽 전달 과정 등을 자세히 연구하였다. 또한 라틴어 본문과 대조하여 옛한글 번역의 단어와 어구, 표현 등을 분석하여 그 특징을 규명하였다. 이번 연구의 특징 중 하나는 옛한글 전체 문헌의 역주 작업은 물론, 전체 어휘를 라틴어 단어와 대조하여 하나의 어휘 사전을 만들어주었다는 점이다. 옛한글을 연구하고 초기 서양어의 한국어 번역에 관한 연구를 위해 매우 좋은 기초자료를 만들어준 것이다.

1970년대에 한국천주교회는 개신교와의 협업을 통해 최초로 성경 전체의 번역인 공동번역성서를 갖게 되었다. 그 시기에는 오히려 지금보다도 천주교와 개신교와의 연구와 협업이 잘 이루어졌던 것 같다. 사회가 전문화되어 가면서 점차 자신들에만 관심을 두게 되어 좀 더 시야를 넓게 가지고 상대를 이해하고 더 깊고 넓게 연구하는 것이 어려워진 듯하다. 이러한 연구를 통해서 서로의 학문을 공유하고 참된 진리와 복음을 더 깊이 이해하는 계기가 되었으면 한다.

흔히 한국천주교회는 서학서의 학문적 이해를 통해 신앙실천 공동체로 발전했다고 평가한다. 바로 진리가 담겨진 서적 및 복음을 읽고 들으며 신앙을 배우고 실천했다. 그런 점에서 본서는 너무나 소중한 교회의 자료를 안양대 HK+사업단이 먼저 찾아서 함께 연구하고 향후 연구자들에게 도움이 될 수 있는 훌륭한 자료로 만들어주었다는 점에서 참으로 좋은 연구업적이라고 평가하고 싶다. 역주 부분에서도 옛 어휘의 맛을 최대한 살리면서 현대어로 읽을 수 있도록 주석을 많이 달았다.

이러한 지난한 작업을 맡아 연구자들에게 제공해준 안양대 HK+사업단에게 다시 한번 감사의 말씀을 드린다. 이러한 지속적인 연구 작업이 모이면 하나의 큰 어휘 사전이 되고, 향후 연구를 위해서도 참으로 유용한 연구 도구가 될 것임을 확신하게 된다. 앞으로도 더욱 긴밀한 학문적인 교류와 진리 탐험을 위해 여정을 함께 하자는 말씀드리며 향후 연구 발전을 기원한다.

역주자를 대표하어
조한건 씀

일러두기

1 라틴어 본문은 Ulick J. Bourke, *The Bull "Ineffabilis" in four languages or The Immaculate Conception of the Most Blessed Virgin Mary defined* (Dublin, 1868)를 저본으로, 알버타 대학 소장본(University of Alberta)인 *Pius episcopus, servus servorum Dei : ad perpetuam rei memoriam* (1854) (https://catalog.hathitrust.org/Record/100285217)을 비교본으로 교감하였다.

2 옛한글 본문은 바티칸 필사본 Sire.L.13(https://digi.vatlib.it/view/MSS_Sire.L.13)을 저본으로 교감하였다.

3 라틴어 본문의 28개 단락 구분은 Ulick J. Bourke의 구분을 따랐다.

4 현대어 번역에서 고유명사는 라틴어 음역이며, 익숙한 현대어 표현은 주석에 제시하였다.

5 라틴어-한글 용어 찾아보기에 나오는 [*] 표시는 안양대HK+ 동서교류문헌언어총서 1의 곽문석 · 김보름 · 김홍일, 『라틴어 옛한글 사전』(서울: 동문연, 2022)의 뜻풀이를 제시한 것이다.

제1부

해제

형언할 수 없으신 하느님[1]

본서의 주된 자료가 되는 바티칸 필사본 Sire.L.13은 1854년 성모 마리아의 원죄 없으신 잉태 교리를 선포한 교황 비오 9세(Pope Pius IX)의 교황칙서(Bulla) "형언할 수 없으신 하느님"(Ineffabilis Deus)의 '조선말 역본'이다. 이 역본은 조선 대목구장 시메옹 베르뇌(Siméon Berneux)의 인준을 받아 1863년 11월 25일 조선의 수도 한양에서 작성되었다. 성모 마리아의 무염시태를 교의적으로 정의한 교황칙서가 만들어진 지 9년이 지나기 전에 조선에서 라틴어 전문이 한글로 번역되어 교황청까지 전달되었다는 것은 조선천주교사에서도 획기적인 일이다. 더욱이 이 필사본은 꽃문양으로 아름답게 장식되어 예술적 가치도 높다.

교황칙서를 조선말로 번역하기를 요청하는 시르 신부의 편지는 1863년 2월에 도착했지만, 교황칙서 라틴어 전문은 6월 말에야 도착했다. 번역이 완성된 다음에는 조선인들이 수려한 서체로 필사하고 꽃문양으로 장식했다.[2] 이 옛한글본은 1863년 9월 8일 이전에 번역과 필사와 장식 작업이 완성되었다.

베르뇌 주교는 1863년 11월 7일 프랑클레 신부에게 보낸 편지와 같은 해 11월 18일 베롤 주교에게 보낸 편지, 또 11월 24일 알브랑 신부에게 보

---

[1] 이 글은 곽문석·서원모, "19세기 옛한글 바티칸 필사본 Sire.L.13 연구," 『교회사학』 21호, 2022의 내용을 기반으로, 수정 보완한 것이다.

[2] 최양업 신부가 1861년 6월에 선종하였기 때문에, 라틴어를 조선말로 옮긴 번역자는 다블뤼 주교일 가능성이 높다.

낸 편지에서 비오 9세 교황 칙서 "형언할 수 없으신 하느님"을 조선말로 옮겨 교황청으로 보낸다고 전하고 있다. 하지만, 이 책이 베르뇌 주교가 편지에서 염려했던 것처럼 제대로 전달되었는지 지금까지 확인되지 않고 있었다. 그동안 바티칸도서관에 소장되어 있었던 이 필사본의 존재는 2021년 10월 1일 한국교회사연구소가 주최한 조선대목구 설정 190주년 기념 심포지엄에서 처음으로 공개되었다.[3]

이렇게 볼 때 필사본 Sire.L.13은 저본과 번역자와 번역 시기를 확정할 수 있는 유례없는 옛한글 필사본으로 조선천주교사뿐만 아니라 국어사에서도 중요한 자료라고 말할 수 있다. 이 옛한글본은 1860년대 선교사들이 라틴어 본문을 한글로 번역하는 방식, 어휘, 용례, 표기법 등을 보여준다. 또한 Sire.L.13은 마리아의 무염시태에 대한 교의 정의와 성경과 교부의 마리아에 대한 증언, 또한 당대의 전례와 교회의 직책 등을 조선말로는 어떻게 표현했는지 잘 보여준다. 이런 점에서 Sire.L.13은 동서 문화 교류사의 중요한 문헌이라고 이해될 수 있다. 본서의 출판을 통해 앞으로 Sire.L.13에 대한 다각적인 연구가 나오길 기대한다.

1. 시르 문고

이 역본은 바티칸도서관(Bibliotheca Apostolica Vaticana) 시르 문고(the Sire Fond)에 포함되어 있다. 시르 문고는 생-쉴피스 사제회(La compagnie de Saint-Sulpice) 소속 마리 도미니크 시르(Marie-Dominique Sire, 1827-1917) 신부가 마리아의 원죄 없으신 잉태와 관련된 자료를 수집하여 바티칸도서관에

---

3 이 내용은 2021년 10월 6일에 발간된 가톨릭평화신문에 소개되어 있다(https://news.cpbc.co.kr/article/810707).

기증한 문집이다.

시르 신부는 툴루즈 소(小)신학교에서 중등교육을 받았고, 1844년 이시레몰리노(Issy-les-Moulineaux) 신학교에 진학했으며, 1851년에 사제서품을 받았다. 그는 1851년에 르퓌앙블레(Puy-en-Velay) 신학교에서 철학 교수로 가르쳤고, 1855년부터 1859년에는 이시레몰리노 신학교에서 가르쳤다. 이후에 그는 1860년부터 1894년까지 파리의 생-쉴피스 신학교에서 성경과 히브리어를 가르쳤으며, 1877년부터 교리교육 교장, 1894년부터 1910년까지 생-쉴피스 본당의 보좌신부를 역임했다. 1910년부터 그는 모든 직책에서 물러나 이시레몰리노, 이에르(Hyères), 상요리(Saint-Jory) 등에서 생활했다.[4]

시르 신부는 1854년 마리아의 원죄 없으신 잉태의 교리가 공식적으로 반포된 후에, 프랑스와 온 세계에서 교황칙서 "형언할 수 없으신 하느님"의 준비와 후속 작업과 관련된 모든 문서를 수집했다. 교황 9세가 이 교리를 선언했을 때, 그는 르퓌 신학교 교수였고, 문서 수집 작업은 오귀스트 드 모를롱(Auguste de Morlhon, 1799-1862) 주교의 강력한 지지로 이루어졌다. 모를롱 주교는 노트르담 드 프랑스 입상(Statue de Notre-Dame de France) 건립을 주도하여 1860년에 완성했다. 시르 신부는 일차적으로 300여 권에 이르는 문헌들을 모아 이 성모상 앞에 헌정할 수 있었다. 그 뒤에 그는 이 교황칙서를 지역 방언과 온 세계 언어로 번역하도록 요청하고 이 번역본들을 수집하여 교황에게 기증하는 새로운 사업을 기획하고 추진했다. 더군다나 그는 이 번역본들을 가장 훌륭한 서체로 필사하고 채색 삽화로 아름답게 장식하고 정교하게 제본해서 보내달라고 요청했다.

시르 신부는 1865년에 그때까지 도착한 번역본을 교황 비오 9세에게 전달했고, 1867년 6월 사도 베드로 성인의 순교 1,800주년 기념일을

---

4 https://cths.fr/an/savant.php?id=116930 (2022년 8월 1일 접속).

맞아 나머지를 기증했다. 이러한 과정에서 그는 또 다른 일을 추진했다. 1865년 비오 9세는 바티칸에 '마리아의 원죄 없으신 잉태 기념실'(Sala dell' Immacolata)을 만들었는데, 시르 신부는 여기에 자신이 수집한 모든 자료를 비치할 대리석 장서고를 설치하려고 했다. 이 장서고는 프랑스의 금세공인 폴 크리스토플(Paul Christofle)의 지도하에 만들어졌으며, 1879년 12월 교황 레오 3세 때에야 완성되었다.[5]

시르 신부는 이 사업의 진행 과정을 자신의 책(1877)에서 상세하게 서술했다.[6] 비오 9세의 승인과 르퓌의 모를롱 주교의 강력한 지원을 받았지만, 이 방대한 사업은 시르 신부의 주도로 이루어졌다. 그는 생–쉴피스 신학교와 파리외방전교회의 네트워크를 활용해서 전 세계 교구의 협조를 얻어낼 수 있었다.

시르 신부는 자신이 교황청에 기증한 문고를 서론 3권(volumes preliminaires, 2권으로 편집), 본래의 문서집 100권, 결론 부분에 해당하는 보론 3권(volumes complémentaires)으로 구분한다. 문서집 100권 중에 첫 권은 교황칙서의 라틴어 원문 "형언할 수 없으신 하느님"(Ineffabilis Deus)이고, 두 번째는 옛라틴어 역본, 그다음에는 라틴어 본문과 그리스어 역본이다. 이들이 모두 지금은 사라진 언어로 작성된 것이라면, 이후에는 살아있는 언어들로 된 번역본이 나온다. 그는 이 번역본들을 유럽, 아시아, 아프리카, 아메리카, 오세아니아 등 지리적인 권역으로 나누어 다룬다. 현재 시르 문고는 도서분류기호에 따라 구분되어 있는데, 시르 신부와는 다른 분류체계를 채택했다. 시르 신부가 언급한 책 중에 20권의 번역본과 3권의 보론은 현존

---

5 Louis Duval-Arnould, "La collection Sire de la Bibiothéque Vaticane," *Miscellanea Bibliothecae Apostolicae Vaticanae* Bd. 9 (2002), 115-168, 여기에서는 115-116.

6 Marie-Dominique Sire, *Rapport a n.t.s.p. le pape Pie IX sur les deux collections de Puy et de Rome relatives a la définition du dogme de L'immaculée conception par l'abbé Marie-Domique Sire* (Paris: E. Plos et Cte, Imprimeurs-editeurs, 1877).

하지 않는다.[7]

시르 신부는 현재 도서 분류체계와는 달리 지리적인 구분에 따라 시르 문고를 편찬하려고 했다.[8] 시르 문고를 연구한 하네스슐레거(Ingonda Hannesschläger)는 시르 문고의 원래 체제를 현재 도서 분류체계와 비교하여 정리했는데, 이것을 표로 제시하면 다음과 같다.[9]

구분		권수	현재 도서 분류 기호
서론		2권	S.4, S.6 (3 단원)
고어	라틴어	1권	S.3
	그리스어	1권	S.5
유럽	이탈리아	8권	S.2, S.1, A.1, A.2, O.8, O.4, O.3, Q.3
	스페인	6권	O.1, P.2, P.1, O.2, A.4, O.5
	포르투갈	1권	Q.1
	스위스	1권	H.1
	벨기에	2권	O.6, A.11
	네덜란드	1권	B.1
	프랑스	19권	A.3, A.5, F.3, Q.4, F.1, F.2, Q.5, F.4, L.18, F.6, F.5, N.1, A.6, G.2, A.7, N.2, Q.2, A.8, A.9
	영국	3권	L.3, L.4, L.5
	독일	3권	A.14, L.6, H.3
	스칸디나비아	1권	R.1
	슬라브 나라들	6권	T.1, L.7, M.1, L.8, H.2, L.17
	헝가리	1권	T.2
	그리스	1권	A.13
	루마니아	1권	A.12

---

7 Louis Duval-Arnould, "La collection Sire de la Bibiothéque Vaticane," 146-147을 보라. 이 논문에는 시르 문고에 대한 자세한 서지 사항이 수록되어 있다.

8 Marie-Dominique Sire, *Rapport a n.t.s.p. le pape Pie IX*, 114-130, 171-196을 참조하라.

9 Ingonda Hannesschläger, *Immaculata und Buchmalerei. Genese und Form einer exzeptionellen Synthese im 19. Jahrhundert. Die Collezione M.D. Sire in der Biblioteca Apostolica Vaticana* (Dissertation, Univ. Salzburg 1995), quoted in Johannes Kabtek, "Forschungsplan zum Antrag. Die Bula *ineffabilis* in den Sprachen der Welt – Schaffung eines Parallelkorpus zu 55 Sprachen und Dialekten Europas," (http://www.corpus-ineffabilis.org/ 2023년 9월 16일 접속, "project description(German)"의 pdf 파일 다운로드).

구분		권수	현재 도서 분류 기호
아시아	메소포타미아	1권	E.2
	페르시아	1권	I.2
	아르메니아	1권	A.10
	셈족	1권	I.1
	인도	1권	L.1
	인도차이나	1권	L.2
	중국	2권	L.9, C.2
	몽골	2권	L.10, L.11
	티벳	1권	L.12
	한국	1권	L.13
	일본	1권	L.14
아프리카	백인	1권	E.1
	원주민	1권	D.1
아메리카	브라질	1권	R.2
	과테말라	1권	Q.6
	이로쿼스/알곤킨족	1권	L.15
	북아메리카	2권	D.5, D.3
오세아니아	말레이시아	1권	C.1
	호주	1권	G.1
	뉴칼레도니아	1권	O.7
	중앙오세아니아	1권	D.4
	동오세아니아	1권	D.2
합계		83권(volumi), 84단원(unità)	

　　Sire.L.13은 교황칙서를 다섯 대륙을 망라하여 300개의 방언과 언어로 옮긴 역본들을 수집하여 교황청에 헌정하려는 기획의 일환으로 만들어졌다.

2. 옛한글 필사본 Sire.L.13의 번역자와 번역 시기

　　옛한글 필사본 Sire.L.13의 크기는 가로 21cm, 세로 28.5cm이며, 중앙에 실로 묶여 제본되었고, 표지를 제외한 본문은 54면으로 이루어진다. 한글 본문이 시작되기 전에는 베르뇌 주교의 인준이 기록되어 있으며, 한글 본문이 끝난 다음에는 시르 신부가 기입한 부기가 추가되어 있다. 한글 본문은 붉은색으로 10줄을 그어, 세로쓰기로 오른편에서 왼편으로 기록되었다.

1) 인준

이 필사본의 인준서(1r)[10]에는 프랑스어로 다음과 같이 기록되었다.

> 우리의 지극히 거룩하신 아버지 비오 9세 교황 성하께서
> 거룩하신 동정녀의 원죄 없는 잉태의 신비를
> 신앙의 교의로 선포하신 칙서를
> 생–쉴피스 신학교의 교장인 시르 몬시뇰의 요청에 따라
> 르퓌 교구장 주교를 통하여
> 비오 9세 교황 성하께 바치기 위하여
> 조선말로 옮긴
> 번역문.
>
> 1863년 11월 25일
> 조선의 수도 한양에서 작성함
>
> 이를 검토하여 인준함.
> + 갑사의 명의주교, 조선 대목구장 시메옹 베르뇌

---

10 https://digi.vatlib.it/view/MSS_Sire.L.13 (2022년 8월 1일 접속).

인준서는 이 옛한글본이 1863년 11월 25일 서울에서 만들어졌고, 베르뇌 주교가 검토하고 인준했다는 정보를 준다. 그런데 베르뇌 주교는 같은 해 11월에 여러 번 이 필사본을 자신의 편지에서 언급했다. 그는 프랑클레 신부에게 보낸 편지(1863년 11월 7일)에서 교황칙서 "형언할 수 없으신 하느님"을 조선말로 옮긴 책을 보내야 하는데, 두꺼운 책이라 국경을 넘을 수 있을지 염려된다는 마음을 전했다.[11] 또 베롤 주교에게 보낸 편지(1863년 11월 18일)에서는 시르 신부가 부탁한 책을 리브와 신부에게 보낸다고 말한다.[12] 마지막으로 알브랑 신부에게 보낸 편지(1863년 11월 24일)에서는 교황칙서 번역본을 보내는데, 받지 못했다면 국경을 통과하지 못했기 때문이라고 말하며, 자신의 인장이 첫 면에 찍혀 있다고 알려준다.[13]

옛한글본의 인준서에 기록된 날짜는 11월 25일이다. 이것은 베르뇌 주교가 이전에 작성한 편지에서는 이 번역본을 보낸다고 알렸지만, 실제로 인준 직인을 찍고 연락인을 통해 송부한 날짜는 11월 25일이라고 생각할 수 있다. 실제로 이 편지들이 모두 11월 25일에 옛한글본과 함께 보내졌을 가능성도 배제할 수 없다.

2) 번역자와 장식

여기서 더 나아가 시르 신부는 교황칙서를 옛한글로 번역한 사람이 부대목구장인 다블뤼 주교이며, 조선 천주교인들이 이를 필사하고 장식했다는 사실을 알려준다. 시르 신부는 1863년 9월 8일 다블뤼(Marie-Nicolas-

---

11 "베르뇌주교 108번 서한," 한국교회사연구소 편역, 『베르뇌주교 서한집 下』, 조선교구 역대교구장 문서 제2집 (서울: 한국교회사연구소, 2018), 446(프랑스어), 447(한글).
12 "베르뇌주교 110번 서한," ibid., 478(프랑스어), 479(한글).
13 "베르뇌주교 112번 서한," ibid., 498(프랑스어), 499(한글).

Antoine Daveluy, 1818-1866) 주교가 보낸 편지를 인용한다.[14] 이 편지의 주요 내용을 정리하면 다음과 같다.

① 다블뤼 주교는 1863년 2월경에 시르 신부가 교황칙서 "형언할 수 없으신 하느님"의 번역을 요청하는 편지를 받았다.
② 하지만 라틴어 본문은 시르 신부의 편지와 함께 도착하지 않고, 넉 달이 지나서 6월 말경에 도착했다. 또한 다블뤼 주교에게 라틴어 본문이 전해진 것도 그로부터 수 주일 지난 후였다.
③ 다블뤼 주교는 번역 작업에 몰두했고, 조선 천주교인들이 이를 필사하고 장식하도록 했다.
④ 다블뤼 주교는 옛한글본에 대해 자신의 기대나 보편교회에 걸맞은 위상에 미치지 못한다고 고백하면서도, 시르 신부가 또 다른 곳에 의지할 수 없을 것으로 생각하여 겨울에 우편을 통해 이 필사본을 보낼 예정이라고 알렸다.
⑤ 시르 신부가 추가적으로 요청한 마리아 무염시태 축일 전례에 대한 보고에 대해서는 조선에서는 이러한 행사를 공개적으로 진행하기 어렵다고 사정을 전했다.

이 편지는 교황칙서의 조선말 번역을 요청하는 시르 신부의 편지는 2월에 도착했지만, 라틴어 원문은 6월 말에야 조선에 도착했으며, 옛한글본은 9월 8일 이전에 이미 완성되었고, 겨울에 연락인을 통해 보내도록 계획되었다는 것을 알려준다. 그렇다면 이 역본은 3개월이 못 미치는 기간에 다블

---

14 다블뤼 주교의 편지는 Marie-Dominique Sire, *Rapport a n.t.s.p. le pape Pie IX sur les deux collections de Puy et de Rome*, 134-136에 나온다. 이 편지의 전문과 번역은 본고 부록에 수록되어 있다.

뤼 주교의 집중적인 작업으로 만들어졌다고 말할 수 있다. 당시 조선천주교의 상황에서는 이 작업이 은밀하게 이루어질 수밖에 없었다. 라틴어 본문의 조선말 번역에서 조선인 신자의 도움을 받았다고 볼 수 있지만, 구체적으로 확인하긴 어렵다. 또한 번역된 원고를 한글 서체로 필사하고 꽃장식으로 꾸미는 일은 조선인 신자들이 맡은 것으로 보인다.

3) 결문

필사본 Sire.L.13의 마지막 면(27v)은 아래와 같이 교황칙서의 반포일을 표기한다.

> 예수 강싱 후 일쳔팔빅오십ᄉ년 십이졀 초팔일
> 즉위 구년에
> 로마 셩 베드루 셩당에셔 반포
> 비오 교종 아홉재

그다음엔 본문에서 한 줄을 띄어 프랑스어로 시르 신부의 부기가 기록되었다. 여기에는 1866년 3월 8일, 11일, 30일에 순교한 선교사들의 뒤를 이어 조선에서 사목할 세 명의 프랑스 선교사들이 시르 신부의 요청에 따라 1867년 주님공현 축일에 생-쉴피스의 시르 신부의 방에 모여 서명했다고 나온다. 이 세 명의 선교사들의 이름은 마르티노(Alexandre Jérémie Martineau, 1841-1875), 리샤르(Eugène Richard, 1842-1880), 블랑(Marie-Jean-Gustave Blanc, 1844-1890)이었다. 이 부기는 1867년 1월까지 이 옛한글본은 아직 교황청에 기증되지 않고 생-쉴피스의 시르 신부의 방에 있었다는 것을 보여준다.

교황칙서 "형언할 수 없으신 하느님"을 번역하고 인준한 베르뇌 주교와 다블뤼 주교가 1866년에 순교했기 때문에 시르 신부는 조선 선교에 대해 각별한 관심을 가졌던 것 같다. 세 명의 선교사를 파견하기 전에 이 필사본에 서명하도록 한 것은 순교한 주교들의 뒤를 이어 선교한다는 인식을 확고하게 심어주었을 것이다.

4) 본문

옛한글본은 인준서에서 부기가 기록된 마지막 면까지 모든 면 여백을 꽃무늬로 장식했다(1v~2r). 지면마다 모두 다른 무늬로 장식되었는데, 이것은 베르뇌 주교와 다블뤼 주교가 시르 신부의 요청대로 이 필사본을 아름답게 장식하기 위해 최선을 다해 노력했다는 것을 잘 보여준다. 당시 조선 천주교회가 금교 상황에서도 이렇게 아름다운 필사본을 제작할 수 있었다는 것이 놀랍게 여겨진다.

이 필사본의 본문 첫 면(1v)은 다른 면들과 다르다. 다른 면들은 모두 붉은색으로 테두리를 두르고 이를 10칸으로 나눠서 한 칸에 세로로 19자씩 글씨를 썼다. 반면 첫 면은 5칸으로 나누고 첫 칸은 다른 칸의 두 배로 크게 만들었다. 한 칸에 들어가는 글자 수도 17자로 다른 면보다 2자 적게 쓰였다.

교황칙서 "형언할 수 없으신 하느님"은 본문이 시작되기 전에 칙서를 반포하는 교황의 이름과 간단한 목적을 밝힌다. 옛한글본은 교황의 이름만 붉은 글씨로 크게 표기하고 직책은 생략하고 목적만 번역했다.

   Pius Episcopus Servus Servorum Dei

   Ad Perpetuam Rei Memoriam

   비오쥬교

   ᄉᆞ졍의 영구히 긔억홈을 위ᄒᆞ야

라틴어본 교황칙서의 본문은 *Ineffabilis Deus*로 시작하며 이 어구가 교황칙서의 제목이 된다. 옛한글본은 이 부분을 "글ᄋ디 지극ᄒ신 텬쥬의"라고 번역하는데, "글ᄋ디"를 삽입한 것이 특이하다. 아마 비오 교황이 '이르시되'라는 뜻으로 본문이 시작하기 전에 "글ᄋ디"란 말을 덧붙였을 것이다. 옛한글본은 "Ineffabilis"를 "지극ᄒ신"이라고 번역했다. 현대어 번역에서는 이 단어를 "형언할 수 없으신"이라고 번역해서 이 교황칙서는 오늘날 우리나라에서는 "형언할 수 없으신 하느님"이란 제목으로 알려져 있다.[15] 옛한글본에 따르면 이 교황칙서의 제목은 "지극ᄒ신 텬쥬"라고 말할 수 있을 것이다.

3. 라틴어 본문 번역의 특징

필사본 Sire.L.13은 우리가 알고 있는 한 라틴어로 된 교황칙서 전문을 한글로 번역한 최초의 문서이다. 이 옛한글본은 1863년 7월부터 9월 초까지 다블뤼 주교에 의해 번역되었다. 그런 점에서 Sire.L.13은 저본과 번역자와 번역 시기를 확정할 수 있는 유례없는 옛한글 자료다.

이 옛한글본이 중국어 역본을 참조했을 가능성은 완전히 배제할 순 없다. 시르 문고에서 중국어본은 4본(L.9(1)~(3), C.2)이 존재하고 그중 1본(L.9(1))은 1861년 5월 12일 난징에서 만들어졌다. 원본은 파리로 보냈겠지만, 복사본이 조선으로 유입되었을 수는 있다. 그럼에도 당시 중국과 조선의 정치적 상황과 옛한글본이 만들어지는 과정으로 미루어볼 때 힌문본을 참조하지 않고 라틴어 본문을 직접 조선말로 번역했을 가능성이 크다고 본다.

---

15 이정운, 『교황 비오 9세 사도적 헌장 "형언(형언)할 수 없으신 하느님" -Ineffabilis Deus-』 (화성: 수원 가톨릭대학 출판부, 1994). 이하 이 글에서는 '현대어본'이라고 표현한다.

Sire.L.13에서 라틴어를 조선말로 옮기는 번역하는 방식을 살피기 위해 라틴어 본문의 제1단락(Ineffabilis ~ potest)의 처음 두 문장을 중점적으로 고찰해 보자.

1) 구문

라틴어 본문과 옛한글본과 현대어본을 번역 단위로 구분하여 병렬하여 비교하면 〈표 1〉과 같다. 우선 현대어본은 라틴어 본문처럼 두 문장으로 번역하여, 라틴어 본문의 구조를 그대로 따르고자 했다는 것을 보여준다. 반면 옛한글본은 종속절을 문장으로 구분하여, 세 문장으로 만들었다. 특별히 옛한글본은 라틴어 본에서 첫째 문장 뒷부분과 둘째 문장을 ⑬⑭ 연결해서 한 문장으로 번역한 것이 흥미롭다.

〈표 1〉 제1단락의 비교 (음영 부분은 구문에서 주목할 부분)

	라틴어 본문 (*Ineffabilis Deus*)	옛한글본 (지극ᄒᆞ신 텬쥬)*한자 첨가	현대어본 (형언할 수 없으신 하느님)
①	Ineffabilis Deus, cuius	골오ᄃᆡ 지극ᄒᆞ신 텬쥬(天主)의	"형언(形言)할 수 없으신 하느님" (*Ineffabilis Deus*)께서는-
②	viae misericordia et veritas	힝ᄒᆞ신바ㅣ 인ᄌᆞ와 진실이오	그분의 길들은 자비와 진리이시며,
③	cuius voluntas omnipotentia	그의 향(向)이 젼능이오	그분의 의지는 전능이시고,
④	et cuius sapientia attingit a fine usque ad finem fortiter	그 지혜 ᄌᆞ초지죵(自初至終)에 강의(剛毅)히 밋ᄎᆞ시고	그분의 지혜는 끝에서 끝까지 힘차게 미치며
⑤	et disponit omnia suaviter,	모든 일을 평슌(平順)히 안비(按配)ᄒᆞ시는도다	모든 것을 기꺼이 안배하신다-
⑥	cum ab omni aeternitate praeviderit luctuosissimam totius humani generis ruinam ex Adami trasgressione derivandam	무시지시(無始之始)로부터 인류의 참흑(慘酷)히 써러짐이 아담의 거ᄉᆞ림으로 조차 날 줄을 알으시고	아담의 유죄(遺罪)로 말미암아 끼치게 될 전(全) 인류의 비애로운 멸망을 영원으로부터 미리 보시고,

라틴어 본문 (Ineffabilis Deus)	옛한글본 (지극ᄒᆞ신 텬쥬)*한자 첨가	현대어본 (형언할 수 없으신 하느님)
⑦ atque in mysterio a saeculis abscondito primum suae bonitatis opus	심오ᄒᆞ신 ᄯᅳᆺ에 그 인ᄌᆞ로이 베프신 첫 공부(工夫)를	영원으로부터 감추인 신비 안에서 당신 선성의 최우선적 사업을
⑧ decreverit per Verbi incarnationem sacramento occultiore complere	셩ᄌᆞ의 강싱ᄒᆞ신 더욱 오묘ᄒᆞᆫ 공부(工夫)로 치오기를 뎡ᄒᆞ시니	말씀의 강생을 통하여 보다 심오한 성사(聖事)로 완성하시고자 결정하시어,
⑨ ut contra misericors suum propositum homo diabolicae iniquitatis versutia actus in culpam non periret	이는 마귀의 악ᄒᆞᆫ 궤휼노 죄에 ᄯᅥ러진 사름으로 ᄒᆞ여곰 죽지 아니ᄒᆞ야 쥬의 인ᄌᆞᄒᆞ신 본 ᄯᅳᆺ을 뒤지지 아니케ᄒᆞ심이오	당신의 자비로운 계획을 거스리는 교활한 악마의 해악으로 인하여 사람이 죄에 빠져들지 않도록 하셨고,
⑩ et quod in primo Adamo casurum erat,	ᄯᅩ 첫 아담을 인ᄒᆞ야 ᄯᅥ러진 거슬	첫째 아담 안에서 잃어버린 것이
⑪ in secundo felicius erigeretur,	둘재 아담을 인ᄒᆞ야 다힝이 니루키게 ᄒᆞ심이니라	둘째 아담 안에서는 보다 행복하게 되도록 하기 위하여
⑫ ab initio et ante saecula Unigenito Filio suo matrem, ex qua caro factus in beata temporum plenitudine nasceretur, elegit atque ordinavit,	이러므로 무시지시로부터 강싱ᄒᆞ실 복된 긔약(期約)에 당신 아들을 나흐실 모친을 간션(簡選)ᄒᆞ시매	영원으로부터 당신의 독생 성자의 어머니를 선임하시어 그녀에게 하느님의 말씀이 육신을 취하여 때의 충만성 안에서 탄생되게 하셨고,
⑬ tantoque prae creaturis universis est prosequutus amore, ut in illa una sibi propensissima voluntate complacuerit.	만유에셔 특별이 ᄉᆞ랑ᄒᆞ샤 홀노 그 ᄒᆞ나흘 극진ᄒᆞᆫ 졍(情)으로 고이시듯 ᄒᆞ야	또한 그녀가 당신께 대한 단일한 마음으로 만족해 할 만큼 그렇게 만물을 초월한 큰 사랑으로 사랑하셨다.
⑭ Quapropter illam longe ante omnes Angelicos Spiritus, cunctosque Sanctos caelestium omnium charismatum copia de thesauro divinitatis deprompta ita mirifice cumulavit, ut Ipsa ab omni prorsus peccati labe semper libera, ac tota pulcra et perfecta eam innocentiae et sanctitatis plenitudinem prae se ferret, qua maior sub Deo nullatenus intelligitur, et quam praeter Deum nemo assequi cogitando potest.	텬쥬의 보븨로온 곳 집에서 만가지 은춍의 풍셩흠을 내샤 그 모친을 모든 신셩(神聖)에 초월ᄒᆞ게 신묘(神妙)히 쑤미샤 써 아모 죄 씌에 뭇지 아니ᄒᆞ야 온젼이 곱고 아름다와 쳥결흠과 거륵흠으로 이러트시 원만케ᄒᆞ시니 텬쥬 다음에는 더 즈음흘 길이 업슬 거시오 텬쥬 밧긔는 아모도 가히 싱각으로 밋지 못ᄒᆞ리로다	그리하여 하느님께서는 모든 죄의 멸망에서 언제나 온전히 자유롭고 온전히 아름답고 완전하신 그녀는 하느님 아래에서는 그녀보다 결코 더 위대한 자로 이해되지 못하고, 아무도 하느님 외에는 생각조차도 할 수 없을 만큼 그러한 천진성과 성덕의 충만성을 소유할 만큼 그토록 기이하게 천상 보고(寶庫)에서 꺼낸 풍요로운 모든 은총을 모든 천사들과 천상의 모든 성인들보다 훨씬 뛰어나게 그녀에게 내려 주셨다.

라틴어본의 첫 어구(①)는 이 문장의 주어에 해당하는데, 현대어본에서는 "하느님께서는"으로 주격으로 표기했다면, 옛한글본에서는 "텬쥬의"라는 소유격으로 나온다. 이것은 현대어본이 관계대명사절을 줄표를 사용하여 중간에 어구를 삽입하는 방식으로 번역했다면, 옛한글본은 관계대명사절을 독립적인 문장으로 나타냈기 때문이다.

성육신과 관련된 목적절(⑨)에서 옛한글본은 라틴어 본문의 구조를 근본적으로 바꾸었다. 옛한글본은 "contra misericors suum propositum"과 "homo ... non periret"의 순서를 바꾸어 "사룸으로 ᄒᆞ여곰 죽지 아니ᄒᆞ야 쥬의 인ᄌᆞᄒᆞ신 본 뜻을 뒤지지 아니케ᄒᆞ심이오"라고 번역했는데, 파격적인 번역이라고 말할 수 있다. 라틴어 "contra"를 "뒤지지"라고 번역한 것도 주목할 만하다.

라틴어 본문 첫 문장의 마지막 부분(⑬)은 옛한글본과 현대어본이 다르게 번역되었다. 현대어본은 라틴어 "tanto ... ut" 구문을 살려서 "...할 만큼 그렇게"라고 번역했다. 하지만 옛한글본은 상관구문을 살리지 않고 순서대로 번역했다. ut 절의 "in illa una sibi propensissima voluntate complacuerit"는 옛한글본에서는 하느님께서 마리아에게 만족하셨다는 뜻이라고 보이는데, 현대어본에서는 마리아가 하느님에 대해 만족해한다고 나온다. 여기서는 옛한글본의 번역이 타당하다고 여겨진다.

옛한글본은 라틴어 첫째 문장의 마지막 부분(⑬)과 둘째 문장(⑭)을 한 문장으로 연결한 반면, 현대어본은 라틴어본을 따랐다. 둘째 문장에서 현대어본은 "ita ... ut"(만큼 그러한)의 구문을 살려 ut 절을 앞으로 빼서 순서를 바꿔 번역했지만, 옛한글본은 결과절로 보아 라틴어 본문대로 ut 절을 마지막에 번역했다.

2) 단어와 어구와 표현

교황칙서 제1단락에서 옛한글본과 현대어본에서 다르게 번역한 단어와 어구와 표현을 정리하여 알파벳 순서로 배열하면 〈표 2〉와 같다.

〈표 2〉 제1단락의 단어

Ineffabilis Deus	지극ᄒᆞ신 텬쥬 *한자 첨가	형언할 수 없으신 하느님
a fine usque ad finem	조초지죵(自初至終)에	끝에서 끝까지
a saeculis	[없음]	영원으로부터
ab initio et ante saecula	무시지시(無始之始)로브터	영원으로부터
ab omni aeternitate	무시지시로브터	영원으로부터
abscondito	[없음]	감추인
ante	… 에 초월ᄒᆞ게	… 에 뛰어나게
beata	복된	[없음]
bonitatis	인ᄌᆞ로이 베프신	선성의
caelestium omnium charismatum copia	만 가지 은총의 풍셩홈을	풍요로운 모든 은총을
caro factus	강싱ᄒᆞ실	육신을 취하여
casurum	써러진	잃어버린
complacuerit	고이시돗	만족해 할 만큼
complere	치오기를	완성하시고자
contra	뒤지지	거스리는
cumulavit	쑤미샤	내려 주셨다.
decreverit	뎡ᄒᆞ시니	결정하시어
deprompta	내샤	꺼낸
derivandam	날 줄을	끼치게 될
diabolicae	마귀의	악마의
disponit	안비(按配)ᄒᆞ시는도다	안배하시다
divinitatis	텬쥬(天主)의	천상
elegit atque ordinavit	간션(簡選)ᄒᆞ시매	선임하시어
erigeretur	니ᄅᆞ키게	되도록
est prosequutus amore	ᄉᆞ랑ᄒᆞ샤	큰 사랑으로 사랑하셨다.
ex	으로 조차	로 말미암아

Ineffabilis Deus	지극ᄒᆞ신 텬쥬 *한자 첨가	형언할 수 없으신 하느님
felicius	다힝이	보다 행복하게
Filio	아들	성자
fortiter	강의(剛毅)히	힘차게
in culpam	죄에 ᄢᅥ러진	죄에
in	을 인ᄒᆞ야	안에서는
Ineffabilis	지극ᄒᆞ신	형언(形言)할 수 없으신
iniquitatis	악흔	교활한
innocentiae	쳥결홈	천진성
ita mirifice	신묘히	그토록 기이하게
libera	ᄆᆞᆺ지 아니ᄒᆞ야	자유롭고
luctuosissimam	참혹히	비애로운
maior	더 즈음홀	더 위대한
matrem	모친	어머니
misericordia	인ᄌᆞ	자비
misericors	인ᄌᆞᄒᆞ신	자비로운
mysterio	심오ᄒᆞ신 ᄯᅩᆺ	신비
nasceretur	나ᄒᆞ실	탄생되게 하셨고
nemo assequi cogitando potest.	가히 싱각으로 밋지 못ᄒᆞ리로다	생각조차도 할 수 없을 만큼
occultiore	더욱 오묘흔	보다 심오한
omnes Angelicos Spiritus, cunctosque Sanctos	모든 신성	모든 천사들과 천상의 모든 성인들
omni	아모	모든
opus	공부(工夫)	사업
peccati labe	죄 씨에	죄의 멸망
perfecta	아름다와	완전하신
periret	죽지	빠져들지
plenitudine	[없음]	충만성
plenitudinem prae se ferret,	원만케ᄒᆞ시니	충만성을 소유할
prae creaturis universis	만유에셔	만물을 초월한
praeter Deum	텬쥬 밧긔는	하느님 외에는
praeviderit	알으시고	미리 보시고
primum	쳣	최우선적
propensissima	극진흔	[없음]
propositum	ᄯᅩᆺ	계획
pulcra	곱고	아름답고

Ineffabilis Deus	지극ᄒᆞ신 텬쥬 *한자 첨가	형언할 수 없으신 하느님
ruinam	ᄯᅥ러짐이	멸망을
sacramento	공부(工夫)	성사(聖事)
sanctitatis	거륵홈	성덕
sibi	[없음]	당신께 대한
suae	그	당신
suaviter	평슌(平順)히	기꺼이
sub Deo	텬쥬 다음에는	하느님 아래에서는
suum	본	당신의
tantoque...ut	특별이 … ᄃᆞᆺ ᄒᆞ야	할 만큼 그렇게
temporum	긔약	때의
thesauro	보비로온 곳 집	보고(寶庫)
trasgressione	거스림	유죄(遺罪)
Unigenito	[없음]	독생
ut	이는 … ᄒᆞ심이오	…도록 하셨고
Verbi	셩ᄌᆞ의	말씀의
veritas	진실	진리
versutia	궤휼노	해악으로 인하여
viae	ᄒᆡᆼᄒᆞ신 바		길들은
voluntas	향(向)	의지
voluntate	졍(情)으로	마음으로

4. 필사본 Sire.L.13에서 표현된 마리아론

필사본 Sire.L.13은 1854년에 선포된 마리아의 원죄 없으신 잉태의 교리가 9년이 지난 1863년 조선말로는 어떻게 표현되었는지를 알려주는 중요한 자료이다.

1) 교의 정의

교황칙서 "형언할 수 없으신 하느님"에서 가장 핵심적인 부분은 '교의 정의'이다. 라틴어본과 옛한글본과 현대어본은 마리아의 원죄 없으신 잉태를 다음과 같이 선언한다.[16]

> (Ineffabilis Deus) auctoritate Domini Nostri Iesu Christi, beatorum Apostolorum Petri, et Paulli, ac Nostra declaramus, pronunciamus et definimus beatissimam Virginem Mariam in primo instanti suae Conceptionis fuisse singulari omnipotentis Dei gratia et privilegio, intuitu meritorum Christi Iesu Salvatoris humani generis, ab omni originalis culpae labe praeservatam immunem, esse a Deo revelatam, atque iccirco ab omnibus fidelibus firmiter constanterque credendam

> (지극ᄒᆞ신 텬쥬) 오 쥬 예슈 그리스도와 셩 베드루 바로 종도와 우리의 권(權)으로써 일뎡(一定)코 판단ᄒᆞ야 복되신 동졍녀 잉ᄐᆡᄒᆞ시ᄂᆞᆫ 최초에 젼능 텬쥬의 특별ᄒᆞᆫ 은총으로 인류 구쇽ᄒᆞ신 예수 그리스도의 쟝ᄅᆡ(將來) 공노(功勞)를 미리 닙어 원죄의 씨를 온젼이 면ᄒᆞ심이 텬쥬의 믁계(默啓)ᄒᆞ신 도리로 완결ᄒᆞ고 모든 교우들은 확실ᄒᆞ고 ᄒᆞᆼ구ᄒᆞᆫ 쯧으로 맛당이 밋을 줄노 알게 ᄒᆞ노라

> (형언할 수 없으신 하느님) 우리 주 예수 그리스도와 복되신 베드로와 바오로 그리고 본인의 권위로 지극히 복되신 동정녀 마리아는 그녀의 잉태 첫 순간에 전능하신 하느님의 단일한 은총과 특전으로 인류의 구세주 예

---

16 *Ineffabilis Deus*, 제23단락; Sire.L.13, 24r~24v; "형언할 수 없으신 하느님," 43.

수 그리스도의 공로를 미리 입어 원죄의 물듦에서 깨끗이 보호하셨다는 교리는 하느님으로부터 계시되었으므로 모든 신자들로부터 굳건하고 영구히 신봉되어야 함을 선언하고

주요한 어구를 비교하면 〈표 3〉과 같다.

〈표 3〉 교의 정의의 중요한 어구 비교

	Ineffabilis Deus	지극후신 텬쥬 *한자 첨가	형언할 수 없으신 하느님
①	in primo instanti suae Conceptionis	잉틱후시는 최초에	그녀의 잉태 첫 순간에
②	singulari…gratia et privilegio	특별훈 은총으로	단일한 은총과 특전으로
③	intuitu meritorum Christi Iesu	예수 그리스도의 쟝릭(將來) 공노(功勞)를 미리 닙어	예수 그리스도의 공로를 미리 입어
④	ab omni originalis culpae labe praeservatam immunem	원죄의 씨를 온젼이 면후심이	원죄의 물듦에서 깨끗이 보호하셨다는 교리는
⑤	a Deo revelatam	텬쥬의 묵계(默啓)후신 도리로 완결후고	하느님으로부터 계시되었으므로

옛한글본에서는 마리아가 입은 은혜를 "특별훈 은총으로"(②)라고 표현하여 단일하고 유일한 은총과 특전(singulari … gratia et privilegio)이라는 측면이 약화되었다. 또한 예수 그리스도의 공로를 미리 힘입는다는 어구에서 "쟝릭"(③)라는 말을 추가하여 뜻을 분명히 했다. 게다가 "원죄의 씨"(④ 원죄의 물듦)라는 표현이나 "묵계"(⑤ 계시)라는 단어도 주목할 만하다.

이 교의 정의는 선임 교황들의 교의에 기초한다. 교황칙서는 알렉산더 7세(Pope Alexander VII)의 교서를 직접 인용한다. 이 교서에선 선임 교황들의 헌장과 교령을 언급하면서 마리아의 원죄 없는 잉태를 성령의 은총과 연결하는데, 옛한글본에서는 다음과 같이 표현된다:

Animam beatae Mariae Virginis in sui creatione, et in corpus infusione, Spiritus Sancti gratia donatam, et a peccato originali praeservatam fuisse

동녀 마리아의 령혼이 내심을 밧아 육신에 결합ᄒᆞ는 최초에 성신의 특총을 닙어 원죄를 면ᄒᆞ라 ᄒᆞ는 도리"[17]

여기서는 전치사구를 주어와 동사를 지닌 절로 표현한 것이나 수동태를 능동태로 바꿔 표현한 것이 흥미롭다. "최초에"는 일반적으로 "instans"란 단어를 번역한 말인데, 여기서는 "instans"란 단어가 없는 데도 이 어구를 삽입했다.

in sui creatione	(령혼이) 내심을 밧아
in corpus infusione	육신에 결합ᄒᆞ (최초에)
a peccato originali praeservatam	원죄를 면ᄒᆞ라

알렉산더 7세 교황 자신은 성령의 은총보다는 그리스도의 공로를 원죄 없는 잉태와 연결하여 교황칙서 "형언할 수 없으신 하느님"과 가깝게 이 교리를 표현했다.

동정이신 셩모 마리아의 령혼은 내심을 밧아 육신에 결합ᄒᆞ던 최초에 텬쥬의 특별ᄒᆞ신 은혜와 셰샹 구속ᄒᆞ신 그 아돌 예수 그리스도의 쟝리 공노를 인ᄒᆞ야 원죄의 무들믈 면ᄒᆞ심을 밋음 (eius animam in primo instanti creationis, atque infusionis in corpus fuisse speciali Dei gratia et privilegio, intuitu meritorum Iesu Christi eius Filii humani generis

---

17 *Ineffabilis Deus*, 제7단락; Sire.L.13, 8v~9r; "형언할 수 없으신 하느님," 17.

Redemptoris, a macula peccati originalis praeservatam immunem)[18]

이 교서는 '교의 정의'와 가까운 표현이 많으며, 이 어구들은 조선말로 번역될 때에도 일관적으로 표현되었다. 예를 들면 "예수 그리스도의 쟝리 공노를 인ᄒ야"(intuitu meritorum Iesu Christi)에서 "쟝리"를 넣은 것이나, "내심을 밧아 육신에 결합ᄒ던 최초에"(in primo instanti creationis, atque infusionis in corpus), "원죄의 무들믈 면ᄒ심을"(a macula peccati originalis praeservatam)이라는 표현이나, "특별ᄒ신 은혜"(speciali Dei gratia et privilegio)에서 "gratia et privilegio"를 "은혜"라는 한 단어로 번역한 것이다. 또한 구세주(Redemptoris)를 "구쇽ᄒ신"이라는 동사형으로 번역한 것도 주목할 만하다.

2) 마리아의 무염시태

교황칙서 라틴어 본문에는 '마리아의 원죄 없는 잉태'에 대한 여러 표현이 나온다. 우선 교의 정의를 요약하는 핵심 용어인 'Immaculata Conceptio'가 나오는 어구들이 조선말로는 어떻게 번역되었는지를 살펴보자(<표 4>). 많은 경우 조선말 번역은 '교의 정의'와 같이 "잉튀ᄒᆞᆷ" "잉튀ᄒ신" 등 명사를 동사형으로 표현했다.

---

18 Sire.L.13, 7r; *Ineffabilis Deus*, 제5단락; "형언할 수 없으신 하느님," 15.

〈표 4〉 Immaculata Conceptio 가 나오는 어구의 조선말 번역

Ineffabilis Deus	단락	Sire.L.13	면
Immaculata Conceptio	4(2회)	무염원죄후신 (성모)	5r
	4	무염원죄	5v
	4	무염원죄시잉모틱	6r
Conceptio Immaculata	17	잉틱홀 째 무염원죄후야	18v
Immaculata Conceptio beatissimae Virginis Mariae	26	복되신 동녀 마리아 원죄 업시 잉틱후심	26v~27r
Immaculata Dei Matris Conceptio	6	셩모잉틱의 무염원죄훈 (도리)	7r
Immaculata Deiparae Conceptio	4	무염원죄후신 (도리)	5v
	4	무염원죄시잉모틱훈 (도리)	5v
	19	텬쥬 셩모 원죄 업시 잉틱홈	21v
	20	텬쥬 셩모 원죄 업시 잉틱홈	22v
Immaculata Deiparae Virginis Conceptio	10	동정이신 셩모 무염원죄잉틱	10v
	18	텬쥬 셩모 동정녀 무염원죄잉틱	20r
	21	텬쥬 셩모 원죄 업시 잉틱홈	22v~23r
Immaculata sanctissimae Dei Genitricis Conceptio	18	텬쥬 셩모 무염원죄잉틱홈	20v
Immaculata sanctissimae Dei Genitricis Virginis Mariae Conceptio	22	텬쥬 셩모 동정 마리아 원죄 업시 잉틱홈	23r
Immaculata Virginis beatissimae Conceptio	11	동정녀 무염원죄잉틱	11v
Immaculata beatissimae Virginis Conceptio	20	복된 동정녀 원죄 업시 잉틱후심	22r
Immaculata (ipsius) Virginis Conceptio	3	동정녀 무염원죄후신 (도리)	4r
	3	동정녀 원죄 업시 잉틱	4v
	5	무염원죄잉틱	6v
	6	동녀의 원죄 업시 잉틱후엿다 후는 (도리)	7v
	6	동녀의 원죄 업시 잉틱후신 (도리)	7v
	19(2회)	동정녀의 원죄 업시 잉틱홈	21v
	20 22	동정녀 원죄 업시 잉틱홈	22r~22v23v
Immaculus eiusdem Virginis... Conceptus	4	무염원죄	5v~6r

교황칙서에는 이렇게 마리아의 원죄 없는 잉태 교의를 나타내는 핵심 용어 이외에도 이 교의를 풀이하는 다양한 어구들이 발견되는데, 옛한글본

에서는 대체로 '교의 정의'와 비슷한 방식의 번역을 보여준다(<표 5>).

〈표 5〉 원죄 없는 잉태를 표현하는 어구의 번역

	단락	Ineffabilis Deus	면	Sire.L.13
①	1	ab ipsa originalis culpae labe plane immunis	3r	원죄의 씨섯지 조곰도 무드지 아니ᄒ야
②	2	originalem augustae Virginis innocentiam	3r	동졍녀의 원죄에 뭇지 아니심이
③	4	praerogativa immunitatis ab hereditaria labe	5r	특별ᄒᆞᆫ 은혜로 원죄에 뭇지 아니심을
④	4	Virginem sine labe originali conceptam	5v	무염원죄ᄒᆞ신 동녀
⑤	7	Virginis Mariae Conceptione	8r	셩모 무염원죄잉틱(쳠례)
⑥	7	beatissimam Virginem, praeveniente scilicet Spiritus Sancti gratia, a peccato originali praeservatam,	8r	거륵ᄒᆞ신 동녀 셩신의 특총으로 원죄에 면ᄒᆞ신 거슬
⑦	10	Sanctissimam Dei Genitricem Virginem Mariam ob praevisa Christi Domini Redemptoris merita nunquam originali subiacuisse peccato, sed praeservatam omnino fuisse ab originis labe	10v	동정이신 셩모 마리아ㅣ 구쇽ᄒᆞ신 오 쥬 예수의 공노를 미리 닙어 조곰도 원죄에 업드리지 아니시고 날 째에 끼치는 씨를 온젼이 면ᄒᆞ샤
⑧	10	ipsam beatissimam Virginem ab originali labe solutam	11r~11v	거륵ᄒᆞ신 동졍녀의 원죄 씨에 뭇지 아닌 거슬
⑨	18	Deiparam Virginem absque labe originali conceptam	20r	무염원죄 잉[19]틱ᄒᆞ신 텬쥬 셩모를
⑩	24	Virgo, quae tota pulcra et Immaculata	25r	복되신 동녀ㅣ 원죄에 뭇지 아니코 온젼이 아름다오샤
⑪	25	beatissimam Dei Genitricem Virginem Mariam sine labe originali conceptam	26r	복되신 텬쥬 셩모 동졍녀 마리아 원죄 업시 잉틱ᄒᆞ심

"지극ᄒᆞ신 텬쥬"에서 가장 두드러진 표현은 라틴어 "labes"를, "원죄"와 (③④⑪), "씨"로 번역한 것이다(①⑦⑧). 현대어본에서는 "(죄의) 멸망"(peccati labe 제1단락, 5), "유죄"(遺罪, hereditaria labe 제4단락, 11/③), "원죄"(labe originali 제4단락. 11/④; 제25단락, 45/⑪; originali labe 제10단락. 23/⑧), "원죄의 흠"(originis

---

[19] 필사본에는 "인"이라고 나온다.

labe 제10단락, 21/⑦), "모든 죄의 물듦"(ab omni peccati labe 제13단락, 27; 제16단락, 33), "어떠한 탓"(nullo unquam labis; 제14단락, 29), "모든 죄"(labis prorsus omnis 제17단락, 33), "무염시태"(absque labe originali conceptam 제18단락, 37/⑨), "원죄의 물듦"(ab omni originalis culpae labe 제23단락, 43) 등으로 좀 더 다양하게 번역되었다.[20]

3) 마리아론

교황칙서 "형언할 수 없으신 하느님"은 마리아에 대한 성경과 교부들의 증언을 다양하게 제시한다. Sire.L.13은 이러한 표현들이 어떻게 조선말로 옮겨졌는지 알려준다.

교황칙서에는 마리아와 관련된 두 성경 구절이 인용되며 조선말로는 다음과 같이 번역되었다.[21]

창세기 3:15(제12단락; 12v)
  Inimicitias ponam inter te et mulierem, semen tuum et semen illius
  너와 녀인(女人)과 네 씨와 뎌의 씨 두 스이에 원슈를 미즈리라

누가복음 1:42(제14단락; 15r~15v)
  benedicta Tu inter mulieres, et benedictus fructus ventris tui
  너 ㅣ 녀인(女人) 즁에 총복(寵福)을 밧으시며 쏘한 네 복(腹) 즁에 나신 쟈ㅣ 총복을 밧아 계시다

---

20 "labes"가 번역되지 않은 곳이 두 곳 있다: "원죄의 탓"(originalis culpae labe, [1]. 7) "모든 죄"(omni peccati labe [12], 25).
21 한문은 편의를 위해 삽입함.

여기선 "bedictus"가 "총복(寵福)을 밧아"라고 번역된 것이 흥미롭다. 또 교황칙서는 구약성경에서 마리아에 대한 다양한 예표를 찾아낸다.

① 노에 궤에도 보니(tum in arca illa Noe) 텬쥬 명으로 일워 온 셰샹이 물에 빠지는 뒤 홀노 온젼이 샹홈을 밧지 아니홈이오 ② 야곱의 사다리에도 보니(tum in scala illa) 싸희셔 하늘에 니르러 층층이 텬신(天神, Angeli Dei)이 오르느리고 그 꼭싹이에 텬쥬ㅣ(Dominus) 친히 의탁ᄒ심이오 ③ 모이셔(Moyses) 압희 거룩호 곳에 불투는 덤불에도 보니(tum in rubo illo) 염염호(焰焰, crepitantes) 불꼿 가온뒤 슬오뒤 샹홈을 밧지 아닐 쑨 아니라 더욱 아름다이 무셩홈이오 ④ 경에 긔록호신 원슈의게 잡히지 못홀 뎍누(敵樓)에도 보니(tum in illa inexpugnabili turri a facie inimici) 일쳔 방패와 용병의 만 가지 군긔 둘녀 둘님이오(pendent) ⑤ 이 봉호 동산에도 보니(tum in horto illo concluso) 아모 비계(秘計, ullis insidiarum fraudibus)의 샹홈과 범홈을 모름이오 ⑥ 이 텬쥬의 빗난 셩에도 보니(tum in corusca illa Dei civitate,) 그 긔디(基址, fundamenta)가 거룩호 산 즁에 잇슴이오 ⑦ 이 텬쥬의 거룩호 당에도 보니(tum in augustissimo illo Dei templo) 텬쥬의 춤 빗츠로 빗최여 쥬의 영광으로 츙만홈이라.[22]

여기서 마리아는 노아의 궤(①, 창세 6:9), 야곱의 사다리(②, 창세 28:12), 모세의 떨기나무 덤불(③, 출애 3:2), 다윗의 탑(④ 아가 4:4) 봉한 동산(⑤ 아가 4:12), 천주의 도성(⑥ 시편 87:3), 천주의 성전(⑦ 이사 6:1-42)으로 비유된다. 특별히 라틴어 문장의 'tum in … + 관계대명사절' 구문을 "…에도 보니"라고 하며 관계대명사절을 번역한 것이 주목할 만하다.

---

22 Sire.L.13, 13v~14r; *Ineffabilis Deus*, 제13단락; "형언할 수 없으신 하느님," 27. 번호와 라틴어와 한문은 편의를 위해 삽입함.

또한 구약성경의 다양한 표상들이 마리아에게 적용된다. 여기선 "조출훈", "거륵훈", "예루사름" 등의 표현이 흥미롭다.

> 조출훈 빅합(白鴿, columbam mundam)이오 거륵훈 예루사름이오 텬쥬의 지존훈(excelsum) 보좌오 거륵훈 결약지궤(結約之櫃, arcam)오 무시무죵훈신(無始無終, aeterna) 지혜가 주긔의게 지으신 집이라 온젼이 아름답고 고으며 텬쥬끠 지극히 친이후고 조곰도 씌(labis naevo) 뭇음이 업서 지극히 놉흔 쟈의 입에서 나와 만 가지 보비를 구초고 친훈 쟈에 의탁훈 왕후(Reginam)라 후엿고[23]

또한 교부들은 마리아를 가시밭에 백합, 아담이 지어진 갈지 않은 땅, 낙원, 썩지 않은 나무, 봉한 샘, 하느님의 전, 은혜의 싹, 하느님의 특별한 작품으로 비유했는데, 옛한글본에는 다음과 같이 나온다.

> 형극(荊棘) 즁에 옥줌화ㅣ라(玉簪花 lilium inter spinas) 후고 슌젼(純全)후고 슌박(淳朴)후며 훙샹 강복(降福)홈을 밧고 아모 죄 씌에 무드지 아니후야 새 아담이 문돌닌(formatus) 숫 짜히루(terram ... virgineam)후며 지극히 광명후고 미려(美麗)후야 텬쥬ㅣ 친히 심으시고 독훈 비얌(serpentis)의 온갓 계교ㅣ 드지 못후는(defensum) 졍결홈과 샹싱홈(常生 immortalilatis)과 희락(喜樂)의 동산(paradisum)이라 후며 썩지 못후야 죄의 좀이 훙샹 샹후지 아닌 남기(lignum)며 훙샹 조출후야(illimem) 셩신의 덕력으로(德力 virtute) 봉훈 시암(fontem)이며 텬쥬의 당(templum)이며 샹싱(常生, immortalitatis)의 보비루 후고 홀노 후나히

---

23 Sire.L.13, 14v; *Ineffabilis Deus*, 제14단락; "형언할 수 없으신 하느님," 27, 29. 라틴어와 한문은 편의를 위해 삽입함.

신 죽음의 아니오 싱명의 녀즈(filiam)며 셩노(聖怒, irae)의 아니오 셩춍 (gratiae)의 싹시(germen) 되여 샹히(常 semper) 싱싱ᄒ야(virens) 샹ᄒ 고 썩은 쑬희(radice)에셔 뎡ᄒ신 평샹(平常)ᄒᆫ 법(statas communesque leges) 외에 련쥬의 특별ᄒᆫ 공부(工夫 singulari Dei providentia)로 퓌엿 도다(effloruerit)[24]

여기선 라틴어의 "non ... sed" 구분의 번역이 흥미롭다. 라틴어 본문의 "non mortis sed vitae filiam, non irae sed gratiae germen"이 옛한글본에선 "죽음의 아니오 싱명의 녀즈며 셩노의 아니오 셩춍의 싹시 되여"라고 번역되어 라틴어의 속격이 그대로 표현되었다.

더 나아가 교부들은 마리아에 대해 비유적인 표현을 사용했을 뿐만 아니라 직접적으로 마리아에 대해 교의적으로 진술했다. 죄에 있어서 마리아는 "조곰도 므를 바ㅣ 업서 임의 셩춍(聖寵)을 풍셩히 밧ᄋ샤 죄악을 온젼이 닉엿다"고 서술한다.[25] 또한 마리아는 조상들의 회복자, 후손을 살리신 자, 영원으로부터 선택되고 미리 준비되며 뱀의 머리를 깨뜨릴 분으로 예언되며, 늘 하느님과 사귀고, 영원한 결속으로 연합하고, 그리스도의 거처라고 묘사된다. 교황칙서는 마리아가 이렇게 될 수 있는 까닭이 육신의 특성(habitu) 때문이 아니라 근원적인 은총 때문이라고 강조한다.

조샹을 슈보ᄒ고(修補, reparatricem) 후스(後嗣)를 살니신 쟈 (vivificatricem)ㅣ라 ᄒ며 지극히 놉흔 쟈의 긔벽(開闢) 젼에(a saeculo)

---

24 Sire.L.13, 16v~17r; *Ineffabilis Deus*, 제16단락; "형언할 수 없으신 하느님," 31. 라틴어와 한문은 편의를 위해 삽입함.

25 Sire.L.13, 17r; *Ineffabilis Deus*, 제16단락; "형언할 수 없으신 하느님," 31. 라틴어와 한문은 편의를 위해 삽입함. 여기서 라틴어 본문은 "plus gratiae collatum fuit ad vincendum omni ex parte peccatum"인데, 목적을 나타내는 동명사구(ad vincendum omni ex parte peccatum)를 결과로 번역하면서 어순을 유지한 것이 눈에 띈다.

글히시고(praeparatam) 또로 두신(electam) 쟈ㅣ며 비얌의 독흔 대가리롤 넓아 끠치신(contrivit) 쟈라 호고 특은(特恩)으로(per gratiam) 아모 죄 씌를 면호고 육신이나 령혼이나 졍신(intellectus)에 아모 무들물(contagione) 밧지 아니호야 흉샹 텬쥬로 더브러 뫼시고(Deo conversatam) 당신과 흔가지로 영원흔 미즘으로(foedere) 합호야(coniunctam) 캄캄흔 가온대 잠간도 잇지 아니코 흉샹 광명흔 즁에 잇서 실노 그리스도의 가히 거호실 바(habitaculum)ㅣ니 육신의 아롭다오심(habitu)이 아니오 오직 최초 특총(特寵 gratia originali)으로 인흠이라 호니라[26]

또한 교부들은 마리아의 탄생에 대해 증언했다. 마리아의 육신은 "아담으로 조차 나온 거시로듸 아담의 씌를 밧지 아닌 고로"[27] "실노 텬쥬ㅣ 친히 지으시고 셩신이 몯두샤 새 베세릐엘이 되샤 신묘(神妙)흔 공부로 슌금과 몯 가지로 보븨로 쑤미신 당(tabernaculum)"이다.[28] 이 어구의 라틴어 본문은 "propterea beatissimam Virginem tabernaculum esse ab ipso Deo creatum, Spiritu Sancto formatum, et purpureae revera operae, quod novus ille Beseleel auro intextum variumque effinxit"인데, 옛한글본은 "purpureae revera operae, quod novus ille Beseleel"을 "새 베세릐엘이 되샤 신묘흔 공부로"라고 번역했다. 반면 현대어본은 "새 브살렐(Beseleel)이 … (짠) 임금의 홍의(紅衣)를 입은 작품"이라고 옮겨 차이를 보여준다. 일반적으로 현대어본처럼 해석하지만, 옛한글본의 번역도 표현은 어색하지만 구문적으로는

---

26 Sire.L.13, 17r~18r; *Ineffabilis Deus*, 제16단락; "형언할 수 없으신 하느님," 32-33.
27 Sire.L.13, 18r; *Ineffabilis Deus*, 제17단락; "형언할 수 없으신 하느님," 33.
28 Sire.L.13, 18r; *Ineffabilis Deus*, 제17단락; "형언할 수 없으신 하느님," 33.

가능한 번역이라고 판단된다.[29]

또한 교부들의 증언에 따르면 마리아는 "다른 사름과 크게 달나 그 본셩은 통ᄒᆞ딕(communicavit) 죄(culpa)는 통ᄒᆞ지 아니ᄒᆞ니"[30] "셩신의 온갓 셩춍의 궁뎐(domicilium)이 홀노 온젼이 되샤 텬쥬 ᄒᆞ나 외에 모든 이에 쵸월ᄒᆞ야 게루빔 세랍핀과 텬신져픔(天神諸品, omni exercitu Angelorum)에서 본딕(natura) 더 아름답고 존귀ᄒᆞ고 거륵ᄒᆞ"다.[31] 따라서 기도문에는 성모를 "홀노 조촐ᄒᆞ고 아름다온 빅합(白鴿, columba)이오 온젼이 곱고 흥샹 퓌엿는 미괴화(玫槐花, rosa)오 흥샹 복되고 씨 뭇지 아니코 샹홈을 밧지 못한 결졍홈(潔淨, innocentia)이오 새 에와 | 되여 엠마누엘을 나흐신 쟈"로 예찬한다.[32] 옛한글 번역은 이 부분에서 모호하다. 라틴어 본문은 "undequaque purissima et semper immaculata semperque beata, ac celebretur uti innocentia, quae numquam fuit laesa,"이라고 나오는데, "undequaque purissima"를 "온젼이 곱고"로 번역하여 "미괴화"를 꾸미고, "immaculata"와 "beata"의 순서를 바꾸어 "celebretur"를 생략하고 직접 "innocentia"를 꾸며주는 식으로 번역했다.

4) 전례와 교회의 직책

"형언할 수 없으신 하느님"은 마리아의 원죄 없으신 잉태의 교의를 논

---

29 "quod"가 관계대명사이고 "tabernaculum"과 관련된다면, "purpureae revera operae"는 "tabernaculum"의 성질을 나타내든지, quod절 안으로 들어가 "effinxit"을 꾸밀 수 있다.

30 Sire.L.13, 18v; *Ineffabilis Deus*, 제17단락; "형언할 수 없으신 하느님," 35. 반면 현대어본에선 '본성으로는 통한다'는 표현이 분명히 드러나지 않는다.

31 Sire.L.13, 19v; *Ineffabilis Deus*, 제17단락; "형언할 수 없으신 하느님," 35. 라틴어와 한문은 편의를 위해 삽입함.

32 Sire.L.13, 19v; *Ineffabilis Deus*, 제17단락; "형언할 수 없으신 하느님," 35. 라틴어와 한문은 편의를 위해 삽입함.

증하면서 전례를 강조한다. 여기서 "lex credendi ipsa supplicandi lege statueretur"(밋는 법을 긔도ᄒᆞ는 법으로 뎡ᄒᆞ셧도다)라는 중요한 어구가 나온다.[33] 또한 교황칙서는 마리아 무염시태에 대한 청원들과 교의 결정 과정을 요약적으로 소개한다. 이 과정에서 여러 가지 형태의 전례와 교회의 직책들과 기관들이 언급되었고, 조선말로도 번역되었다(<표 6>).

〈표 6〉 전례와 직책과 관련된 용어의 번역

Ineffabilis Deus	Sire.L.13	형언할 수 없으신 하느님
Academia (Theologica)	태학(太學)	신학 학술원
acta	스젹	문헌
Alexander VII	아릭산 데칠위	알렉산델 7세
altaria	졔딕	제단
Antistes (Sacrorum/catholicorum)	쥬교	주교
Apostolus	종도	사도
Caieta	가예다	가예타
Capitulum (Ecclesiarum suarum)	탁덕(좌당에 쇽ᄒᆞᆫ 회의)	참사회의
Cappellam (Pontificiam)	(교종이 거동ᄒᆞ야)대례(大禮)ᄒᆞ기	(교황의) 소성당
Cardinalis	홍의쥬교	추기경
cathedra	좌(座)	좌
censura et poena	기졀(棄絕)과 신벌(神罰)	벌칙 규정/ 처벌 규정
Cherubim	게루빔	게루빔
Clerus	탁덕	사제
Congregatio (Cardinalium)	의회(홍의주교[紅衣主敎])	특별 위원회(추기경들의)
Congregatio	회	수도단체
Consilium	공소회(公事會)	공의회
consistorium	대좌긔(大座起)	추기경회
Constitutio	죠셔(詔書)	헌장
Consultor (Theologi)	성학(聖學)에 닉은 탁덕	신학 참사관
conventio (ecclesiasticis)	서로 모힌	회합(교회의)
cultus ac veneratio (publicus)	공례(公例)	공경 (공적)
cultus	공경ᄒᆞ는 례, 쳠례	전례,

---

33 *Ineffabilis Deus*, 제4단락; Sire.L.13, 6r.

Ineffabilis Deus	Sire.L.13	형언할 수 없으신 하느님
Curia caelestis	텬죠(天朝)	천상 어좌
Decretum	죠셔(詔書)	교령
Doctor	학쟈	신학자
Ecclesia (orientalis/occidentalis)	(동)회/(셔)회	동서방의
Ecclesia (Romana)	(로마)회	로마 교회
Elisabeth	이사벨	엘리사벳
Emmanuel	엠마누엘	임마누엘
Encyclica Littera	글	회칙
Episcopus	쥬교	주교
Familia (Religiosa)	슈도(修道)ᄒᆞ는 회	수도가족
festum (dies)	쳠례(瞻禮)	축일
festum Conceptionis cum octava	팔일쳠례	8부를 겸한 잉태축일
festum Conceptionis	성모잉티쳠례	무염시태축일
festum Nativitatis	성탄쳠례픔	성탄축일
fidelis (populus)	교우, 빅셩, 교우 빅셩	신자
Gabriel	갑열	가브리엘
Gregorius XV	에오린 데십오위	그레고리오 15세
Gregorius XVI	웨리오 데십륙위	그레고리오 16세
Ierusalem	예루사름	예루살렘
Index librorum prohibitorum	금(禁)흔 칙의 녈목(列目)	금서목록
indulgentia	은샤(恩赦)	대사(大赦)
Lauretanae Litaniae	성모 도문(禱文)	로레또 호칭기도
Liberiana Basilica	리베리아나 성당(聖堂)	리베리아 대성당
Liturgia (sacrosancta)	례졀(禮節)	(장엄한) 예절
Martyr	치명쟈(致命者)	순교자
missa	미사(弥撒)	미사
monasteria	슈원(修院)	수도원
monumentum (liturgiae)	경문(經文, 례졀의)	전례서
monumentum	유력(遺歷)	문헌
Moyses	모이서	모세
officium	일과(日課)	성무일도
Ordo (regularis)	슈도(修道)ᄒᆞ는 회	수도회
pagina	흔 쟝	한 쟝
Pastor	쥬교 탁덕(鐸德)	사목자
Pater	성ᄉᆞ(聖師)	교부

Ineffabilis Deus	Sire.L.13	형언할 수 없으신 하느님
patrona	쥬보(主保)	보호자
Paullus V	바로 데오위	바오로 5세
Paullus	바로	바오로
Petrus	베드루	베드로
Philippus Rex	국왕 비리버	필립보 국왕
Pius	비오	비오
Pontifex (Romanus)	교종(教宗)	교황 (로마)
pontificatus	즉위	교황 재위
populus (fidelis)	빅셩, 교우 빅셩	신자 (열심한)
postulatio recepta	쳥후는 문쟝	청원서들
postulatio	쳥, 셩흠	간청
praeconium	찬숑(讚頌)	찬미
praerogativa	특별흔 은혜, 특은(特恩)	특전, 특권
prex (publica)	공도(公禱)	공적 기도
prex	근구, 긔도(祈禱)	기도
Princeps Apostolorum	셩 베드루	사도들의 으뜸
princeps	국왕	국왕
Propheta	션지쟈	예언자
religio sacramenti	거룩히 밍셰흠	성사적 공경
Sedes (Apostolica)	종도좌(宗徒座)	성좌
sensus	의향(意向)	견해
Seraphim	세라핌	세라빔
Sixtus IV	식스도 데스위	식스도 4세
Sodalitas	[없음]	신심단체
supplico	기도후다	기도
Synodus	공회(公會)	공의회
templum	셩당(聖堂)	성전
titulus	긔호(記號)	칭호
traditio	젼흔 바 도리	전승
Tridentina	디던디노	트리엔트
vir Ecclessiasticus	탁덕(鐸德)	성직자
xenodochia	병원	병원

부록

A M. l'Abbé SIRE,
Directeur et Professeur au séminaire Saint-Sulpice.

Corée, 8 septembre 1863.

MONSIEUR,

J'ai reçu, vers le mois de février, la lettre que vous m'avez adressée de Paris, pour me demander de vous procurer la Traduction manuscrite, en langue Coréenne, de la Bulle *Ineffabilis*, où est proclamé dogme de foi l'Immaculée Conception de la SAINTE VIERGE, et augmenter ainsi la vaste Collection destinée à PIE IX, dont vous avez si heureusement formé le projet.

Comment pouvais-je ne pas entrer dans des vues qui sont si bien en harmonie avec les sentiments dont je me sens animé pour la gloire de la VIERGE SANS TACHE, sentiments puisés dans ma Famille et développés par les soins de la pieuse Société de Saint-Sulpice, dont vous avez l'honneur de faire partie?

J'aurais voulu me mettre tout de suite au travail, mais le texte *latin* de la Bulle, resté en arrière, n'est parvenu en *Corée* que vers la fin de juin, plusieurs mois après votre lettre, et ne m'a été envoyé que quelques semaines plus tard.

Malgré le temps considérable que j'ai consacré à ce *travail de traduction*, et les soins assidus que j'ai mis à *faire orner le manuscrit*, le résultat est loin de répondre à mes désirs. Il est loin surtout de répondre à la grandeur de l'OEuvre vraiment Catholique à laquelle il est destiné, et je n'aurais pas le courage de vous l'adresser, sans la pensée que vous ne pouviez recourir à un autre, ou ailleurs, pour faire figurer la *langue Coréenne* dans la Collection de toutes les langues.

J'ose donc vous l'envoyer par notre courrier d'hiver. Je mets ces pages sous la protection toute spéciale de MARIE IMMACULÉE, afin qu'elle daigne les conduire au milieu des mille dangers des routes; et que, parvenues au pied de *Notre-Dame de France*, pour aller de là entre les mains de N. T. S. P. le Pape PIE IX, elles soient à Rome un Monument des hommages et de la dévotion de la petite Église de *Corée* envers l'Immaculée Conception.

Je rends grâces en même temps à cette bonne Mère de vous avoir inspiré de penser à nous, et de nous avoir donné l'occasion de joindre notre acte de foi reconnaissante à celui de tous les Peuples.

Vous me demandez, en outre, pour votre grande *Collection des documents relatifs à la définition du 8 décembre* 1854, conservée au Puy, quelques détails sur les cérémonies qui auraient eu lieu dans la Corée à l'occasion de cette solennelle Définition. Je dois vous avouer qu'il n'y en a pas eu. Notre position de proscrits, la trop grande gêne où nous sommes, l'impossibilité d'essayer aucune pompe ou démonstration extérieure, ne nous ont permis de célébrer aucune de ces Fêtes qui ont été célébrées de toutes parts d'une manière si éclatante et si consolante. Nos chrétiens, du reste, élevés dans la dévotion à MARIE, MÈRE DE DIEU, Patronne de cette Mission, ont cru dès l'origine au Mystère de son Immaculée Conception. Jamais aucune parole de doute n'a retenti à leurs oreilles; et, dans leur foi simple, naïve, ils se trouvent heureux de penser qu'ils ont toujours cru ce que le Père de tous les fidèles leur propose aujourd'hui d'une manière explicite. *Toute la joie est ici concentrée dans le cœur*, ou bien ne se révèle, comme parmi les premiers Chrétiens persécutés, que par quelques paroles. Fasse la VIERGE IMMACULÉE qu'il nous soit bientôt permis de sortir de cet état et de célébrer des Fêtes comme on en célèbre partout, dans les autres parties du Monde!

Je profite de cette occasion pour vous prier de présenter mes hommages à M. le Supérieur, ainsi qu'à tous ceux d'entre vous qui veulent bien encore penser à moi devant DIEU, et de m'accorder quelque part à vos prières et à vos saints sacrifices.

J'ai l'honneur d'être, Monsieur, en l'union des Saints Cœurs de JÉSUS et de MARIE, votre très-humble serviteur,

† ANTOINE, Évêque d'Acônes,
Coadjuteur du Vicaire apostolique de la Corée.

생-쉴피스 신학교 지도신부이며 교수이신
시르 신부님에게,

조선에서, 1863년 9월 8일

신부님께,

저는 2월경에 당신이 파리에서 보낸 편지를 받았습니다. 신부님은 제게 거룩하신 동정녀의 원죄 없는 잉태의 교리가 선포된 교황칙서 "형언할 수 없으신 하느님"을 조선말로 번역한 필사본을 마련하여, 신부님께서 매우 성공리에 계획하신 비오 9세에게 바치는 방대한 문서집을 확대하도록 요청하셨습니다.

어떻게 제가 흠 없으신 동정녀의 영광을 위해 제가 느끼는 감정, 곧 제 가족에게서 이끌어내지고, 신부님도 명예롭게 속해 있는 경건한 생-쉴피스회의 관심에 의해 발전된 이 감정과 잘 조화되는 그러한 계획에 참여하지 않을 수 있겠습니까?

저는 즉시 이 작업을 하고 싶었습니다만, 칙서의 라틴어 본문이 신부님의 편지가 있은 지 몇 달이 지난 6월 말경에야 겨우 조선에 도착했고, 그리고도 몇 주 후에야 저에게 보내졌습니다.

이 번역 작업에 제가 바친 상당한 시간과 필사본을 아름답게 장식하기 위해 쏟은 노력에도 불구하고, 결과는 제 기대에 미치지 못합니다. 특별히 진정으로 가톨릭적인 이 칙서의 위대함에 부합하기엔 거리가 멉니다. 신부님께서 모든 언어로 이루어진 문서집에 한국어를 포함시키기 위해서, 다른 사람이나 다른 곳에는 의지할 수 없을 것이라는 생각만 없었어도, 신부님께

이 번역을 보내드릴 용기조차 내지 못했을 것입니다.

그래서 저는 겨울 우편을 통해 감히 이 번역본을 보내고자 합니다. 저는 이 번역본의 모든 지면을 흠이 없으신 마리아의 특별한 보호에 맡겨 드립니다. 마리아께서 행로의 수많은 위험 가운데서 이 번역본을 인도하셔서 프랑스 노트르담에 도달하고, 거기로부터 우리의 거룩한 아버지 교황 비오 9세의 손에 들어가게 하시길 기원합니다. 그리하여 이 번역본은 로마에서 원죄 없으신 잉태에 대한 조선의 작은 교회의 경의와 헌신의 기념비가 되기를 바랍니다.

동시에 저는 이 선하신 성모님께 감사드립니다. 그분은 신부님이 우리에 대해 생각하도록 영감을 주셨고, 또한 저희가 감사하며 행하는 믿음의 행동을 모든 민족의 믿음의 행동에 결합시킬 기회를 우리에게 주셨습니다.

신부님께서는 그 외에도, 르퓌에 보관되어 있는 1854년 12월 8일의 결정과 관련된 방대한 신부님의 문서집을 위해, 이 장엄한 결정에 따라 조선에서 열리기로 했던 기념식에 대한 몇 가지 세부 사항들을 제게 요청하셨습니다. 기념식은 열리지 못했음을 고백합니다. 금지된 종교를 믿는 우리의 지위, 우리가 처해있는 커다란 곤경, 외적으로 성대한 행렬이나 예식을 시도하기에 불가능한 상황 때문에, 우리는 매우 훌륭하고 위안을 주는 방식으로 온 지역에서 기념된 이 축하 행사들 가운데 그 어떤 것도 거행할 수 없었습니다. 그러나 이 선교지의 주보이신 천주의 모친 마리아에 대한 신심으로 양육된 우리 그리스도인들은 원죄 없으신 잉태의 신비를 처음부터 믿었습니다. 어떤 의심의 말도 그들의 귀에 들리지 않았습니다. 또한 저희 신자들은, 그들의 단순하고 순진한 신앙으로, 모든 신자의 아버지이신 교황 성하께서 오늘 분명한 방식으로 제안하신 것을 항상 믿어왔다는 생각에 매우 기뻐합니다. 여기서 모든 기쁨은 마음 속에만 간직하고, 혹은 박해를 받던 최초의 그리스도인들이 그랬던 것처럼 몇 마디 말로만 드러나곤 합니다. 흠

없는 동정녀께서 우리가 이 상황에서 벗어나 세계 도처에서 기념하는 것처럼 우리도 축제들을 거행할 수 있도록 허락해 주시길!

저는 이 기회를 빌려 교장 신부님께, 그리고 여러분들 가운데 천주 앞에서 저를 생각하고 기도와 미사성제 안에서 저와 한마음이 되기를 원하는 모든 분들에게 저의 경의를 표해주시기를 청합니다.

저는 예수와 마리아의 성심의 일치 안에서 당신의 지극히 비천한 종이 된 것을 영광으로 여깁니다.

+ 앙투안 다블뤼, 아콘의 명의주교이며
조선대목구 부주교

참고문헌

1차 자료

Benjamin Brueyre, Dictionarium latino nankinense juxta materiarum ordinem dispositum, 1847.

Bibliotheca Apostolica Vaticana Sire.L.13.

Societatis Missionum ad Exteros, Parvum vocabularium Latino-Coreanum: ad usum studiose juventutis Coreanae, Hongkong: Typis Societatis Missionum ad Exteros, 1891.

Gononalves, Joaquim Affonso, 辣丁中華合字典 Lexicon Manuale: latino sinicum continens omnia vocabula latina utilia, et primitiva, etiam Scripturae Sacrae, Macau, 1839.

Gononalves, Joaquim Affonso, 辣丁中華合璧字典 Lexicon magnum: latino-sinicum ostendens etymologiam, posodiam et constuctionem vocabulorum, Macau, 1841.

内田慶市,『南京官話資料集-《拉丁語南京語詞典》他二種-』, 関西大學東西学術研究所 資料集刊48, 大阪府: 関西大学出版部, 2020.

2차 자료

Duval-Arnould, Louis, "La collection Sire de la Bibiothéque Vaticane," Miscellanea Bibliothecae Apostolicae Vaticanae Bd. 9, 2002, 115-168쪽.

Sire, Marie-Dominique, Rapport a n.t.s.p. le pape Pie IX sur les deux collections de Puy et de Rome relatives a la définition du dogme de L'immaculée conception par l'abbé Marie-Domique Sire, Paris: E. Plos et Cte, Imprimeurs-editeurs, 1877.

이정운,『교황 비오 9세 사도적 헌장 "형언(형언)할 수 없으신 하느님" -Ineffabilis Deus-』, 화성: 수원 가톨릭대학 출판부, 1994.

한국교회사연구소 편역,『베르뇌주교 서한집 下』, 조선교구 역대교구장 문서 제2집, 서울: 한국교회사연구소, 2018.

제2부
———
라틴어 · 옛한글 편집 및 현대어 번역

서문-인준서

/1r/Traduction
en langue coréenne de la bulle
par laquelle N.T.S.P.[1] le pape Pie IX a
proclamé dogme de foi le mystère de
l'Immaculée Conception de la Sainte Vierge
faite à la demande de Monseigneur l'abbé
Sire Directeur au séminaire de Saint
Sulpice pour être présentée à Sa
Sainteté le Pape Pie IX par Monseigneur
Evêque du Puy

Fait à Han Yang Capitale de Corée
le 25 Novembre 1863.

vu et approuvé
+ Siméon Berneux évêque de
Capse Vicaire apostolique de Corée

---

1 N.T.S.P.: notre très-saint Père.

서문-인준서

우리의 지극히 거룩하신 신부 비오 9세 교황 성하께서
거룩하신 동정녀의 원죄 없는 잉태의 신비를
신앙의 교의로 선포하신 칙서를
생 쉴피스 신학교의 교장인 시르 몬시뇰의 요청에 따라
르퓌 교구장 주교를 통하여
비오 9세 교황 성하께 바치기 위하여
조선말로 옮긴
번역문

1863년 11월 25일
조선의 수도 한양에서 작성함

이를 검토하여 인준함
+ 갑사의 주교, 조선 대목구장 시메옹 베르뇌

PIUS EPISCOPUS, SERVUS SERVORUM DEI.
AD PERPETUAM REI MEMORIAM.

[1]

INEFFABILIS Deus, cuius viae misericordia et veritas, cuius voluntas omnipotentia, et cuius sapientia attingit a fine usque ad finem fortiter et disponit omnia suaviter,

cum ab omni aeternitate praeviderit luctuosissimam totius humani generis ruinam ex Adami trasgressione derivandam, atque in mysterio a saeculis abscondito primum suae bonitatis opus decreverit per Verbi incarnationem sacramento occultiore complere,

본문-번역

/1v/비오 쥬교
ᄉ정의 영구히 긔억홈을 위ᄒᆞ야

피우스[1] 주교(主敎)[2]
사정(事情)[3]의 영구한 기억을 위하여

글ᄋᆞ디 지극ᄒᆞ신 텬쥬의 ᄒᆡᆼᄒᆞ신 바ㅣ 인ᄌᆞ와 진실이오 그의 향이 젼능이오 그 지혜 ᄌᆞ초지죵에 강의히 밋ᄎᆞ시고 모든 일을 평슌히 /2r/안비ᄒᆞ시ᄂᆞ도다

가로되 지극하신 천주(天主)[4]의 행하신 바가 인자와 진실이요, 그의 향(向)[5]은 전능이요, 그의 지혜는 자초지종(自初至終) 강의(剛毅)히[6] 미치시고, 모든 일을 평순(平順)히[7] 안배(按配)하시는도다.

무시지시로브터 인류의 참혹히 ᄯᅥ러짐이 아담의 거ᄉᆞ림으로 조차 날 줄을 알으시고 심오ᄒᆞ신 ᄯᅳᆺ에 그 인ᄌᆞ로이 베프신 첫 공부를 셩ᄌᆞ의 강싱ᄒᆞ신 더

---

1 비오 Pius.
2 쥬교 Episcopus.
3 ᄉ정 res.
4 텬쥬 Deus.
5 향 voluntas.
6 강의히 fortiter: 강하게, 강직하게.
7 평슌히 suaviter: 평화롭게.

ut contra misericors suum propositum homo diabolicae iniquitatis versutia actus in culpam non periret, et quod in primo Adamo casurum erat, in secundo felicius erigeretur,

ab initio et ante saecula Unigenito Filio suo matrem, ex qua caro factus in beata temporum plenitudine nasceretur, elegit atque ordinavit, tantoque prae creaturis universis est prosequutus amore, ut in illa una sibi propensissima voluntate complacuerit.

옥 오묘훈 공부로 치오기롤 뎡후시니

무시지시(無始之始)[8]로부터 인류의 참혹(慘酷)히 떨어짐이 아담[9]의 거슬림으로 좇아 날 줄을 아시고, 심오하신 뜻에[10] 그 인자로이 베푸신 첫 공부(工夫)[11]를 성자(聖子)[12]의 강생(降生)[13]하신 더욱 오묘한 공부(工夫)로 채우기를 정하시니,

이는 마귀의 악훈 궤휼노 죄에 써러진 사롬으로 호여곰 죽지 아니호야 쥬의 인조호신 본 쯧을 뒤지지 아니케 호심이오 또 첫 아담을 인호야 써러진 거슬 둘재 아담을 인호야 다힝이 니루키게 호심이니라

이는 마귀의[14] 악한 궤휼로 죄에 떨어진 사람으로 하여금 죽지 아니하여 주의 인자하신 본 뜻에 뒤지지[15] 아니하게 하심이요, 또 첫 아담을 인하여 떨어진 것을 둘째 아담을 인하여 다행히 일으키게 하심이니라.

이러므로 무시지시로브터 강싱호실 복된 긔약에 당신 아돌을 나흐실 /2v/ 모친을 간션호시매 만유에셔 특별이 亽랑호샤 홀노 그 호나흘 극진훈 졍으로 고이시돗 호야

---

8 무시지시로브터 ab omni aeternitate: 영원부터.

9 아담 Adam.

10 심오호신 쯧에 in mysterio a saeculis abscondito: 라틴어 표현 "a saeculis"(오랜 세월동안)에 해당되는 번역은 없다.

11 공부 opus: 일, 작업.

12 셩조 Verbum: Filius의 번역어로도 사용되고 있다.

13 강싱 incarnatio.

14 마귀의 diabolicus.

15 뒤지지 contra: 뒤떨어지지, 늦어지지.

Quapropter illam longe ante omnes Angelicos Spiritus, cunctosque Sanctos caelestium omnium charismatum copia de thesauro divinitatis deprompta ita mirifice cumulavit, ut Ipsa ab omni prorsus peccati labe semper libera, ac tota pulcra et perfecta eam innocentiae et sanctitatis plenitudinem prae se ferret, qua maior sub Deo nullatenus intelligitur, et quam praeter Deum nemo assequi cogitando potest.

Et quidem decebat omnino, ut perfectissimae sanctitatis splendoribus semper ornata fulgeret, ac vel ab ipsa originalis culpae labe plane immunis amplissimum de antiquo serpente triumphum referret tam venerabilis mater, cui Deus Pater unicum Filium suum, quem de corde suo aequalem sibi genitum tamquam seipsum diligit, ita dare disposuit, ut naturaliter esset unus idemque communis Dei Patris, et Virginis Filius, et quam ipse Filius substantialiter facere sibi matrem elegit, et de qua Spiritus Sanctus voluit, et operatus est, ut conciperetur et nasceretur ille, de quo ipse procedit.

이러므로 무시지시로부터[16] 강생(降生)하실 복된 기약(期約)에 당신 아들을[17] 낳으실 모친을 간선(簡選)하시니[18], 만유(萬有)에서 특별히 사랑하사 홀로 그 하나를 극진한 정으로 고이시듯[19] 하여

텬쥬의 보븨로온 곳 집에셔 만 가지 은츙의 풍셩홈을 내샤 그 모친을 모든 신셩에 초월ᄒ게 신묘히 ᄭ미샤 써 아모 죄 ᄯᅦ에 뭇지 아니ᄒ야 온젼이 곱고 아름다와 쳥결홈과 거륵홈으로 이러ᄐᆞ시 원만케 ᄒ시니 텬쥬 다음에ᄂᆞᆫ 더 즈음홀 길이 업슬 거시오 텬쥬 밧긔ᄂᆞᆫ 아모도 가히 셩각으로 밋지 못ᄒ리로다

천주의 보배로운 곳 집에서 만 가지 은총의 풍성함을 내시어, 그 모친을 모든 신성(神聖)[20]에 초월하게 신묘(神妙)히[21] 꾸미시어, 이로써 아무 죄 때에 묻지 아니하여 온전히 곱고 아름다워 청결함과 거룩함으로 이렇듯이 원만하게 하시니, 천주 다음에는 더 즈음할 길이 없을 것이요, 천주 밖에는 아무도 가히 생각으로 미치지[22] 못하리로다.

대개 이 공경ᄒᆞ오신 모친은 텬쥬 셩부ㅣ ᄌᆞ긔와 굿치 픔에셔 나ᄒ시고 ᄌᆞ긔와 굿치 /3r/ ᄉᆞ랑ᄒᆞ시ᄂᆞᆫ 셩ᄌᆞ를 주샤 써 텬쥬 셩부의 아돌과 동졍녀의 아돌이 ᄒᆞ나히 되게 ᄒᆞ기를 명ᄒ시고 셩ᄌᆞㅣ 혈육의 모친으로 굴히시고 셩신이

---

16 무시지시로브터 ab initio et ante saecula.
17 당신 아돌을 Unigenito Filio suo: 라틴어 표현 "Unigenito"(독생자)에 해당되는 번역은 없다.
18 간션ᄒ다 eligo et ordino: 골라내다, 선택하다.
19 고이시돗 ᄒ다 complaceo: 사랑하다.
20 신셩 Angelicus Spiritus et Sanctus: 영적인 천사들과 성인들.
21 신묘히 mirifice.
22 밋다 assequor: 미치다, 도달하다.

[2]

Quam originalem augustae Virginis innocentiam cum admirabili eiusdem sanctitate, praecelsaque Dei Matris dignitate omnino cohaerentem catholica Ecclesia, quae a Sancto semper edocta Spiritu columna est ac firmamentum veritatis, tamquam doctrinam possidens divinitus acceptam, et caelestis revelationis deposito comprehensam multiplici continenter ratione, splendidisque factis magis in dies explicare, proponere, ac fovere nunquam destitit.

> 긔묘ᄒᆞ신 공부로 ᄌᆞ긔롤 발ᄒᆞ신 이룰 잉틱ᄒᆞ야 나게 ᄒᆞ실 모친이니 온젼ᄒᆞᆫ 거륵홈의 광치로 ᄒᆞᆼ샹 빗나고 원죄의 ᄊᆡᆺ지 조곰도 무드지 아니ᄒᆞ야 녯 ᄇᆡ얌을 온젼이 이긤이 진실노 맛당ᄒᆞ도다

대개 이 공경하는 모친은 천주 성부(聖父)[23]께서 자기와 같이 품에서 낳으시고, 자기와 같이 사랑하시는 성자[24]를 주사, 이로써 천주 성부의 아들과 동정녀(童貞女)[25]의 아들이 하나로 되게 하기를 정하시고,
성자께서 혈육의 모친으로 가리시고[26], 성신(聖神)[27]께서 기묘(奇妙)하신 공부(工夫)로 자기를 발하신 이를 잉태하여 낳게 하실 모친이니, 온전한 거룩함의 광채로 항상 빛나고, 원죄(原罪)[28]의 때까지 조금도 물들지 아니하여, 옛 뱀을 온전히 이김이 진실로 마땅하도다.

> 동정녀의 원죄에 뭇지 아니심이 그 긔이ᄒᆞ신 거륵홈과 텬쥬의 모친 지존ᄒᆞ신 위와 합당홀 ᄲᅮᆫ 아니라 셩신의 ᄀᆞᄅᆞ치심을 밧아 진도의 동냥이신 /3v/ 셩교회 계셔 ᄒᆞᆼ샹 텬쥬로 조차 온 ᄭᅩᆾ치오 텬쥬의 믁계ᄒᆞ신 즁에 포함ᄒᆞᆫ 도리로 보샤 만흔 빙거와 나타나는 ᄉᆞ젹으로 더옥 풀고 미양 ᄀᆞᄅᆞ치신지라

동정녀의 원죄에 묻지 아니하심이 그 기이하신 거룩함과 천주의 모친의 지존하신 위(位)[29]와 합당할 뿐 아니라 성신의 가르치심을 받아 진리의 동냥(棟

---

23 셩부 Pater.
24 셩ᄌᆞ Filius.
25 동정녀 Virgo.
26 골히다 elego: 가리다, 선택하다.
27 셩신 Spiritus Sanctus.
28 원죄 originalis culpa.
29 위 dignitas.

Hanc enim doctrinam ab antiquissimis temporibus vigentem, ac fidelium animis penitus insitam, et Sacrorum Antistitum curis studiisque per catholicum orbem mirifice propagatam ipsa Ecclesia luculentissime significavit, cum eiusdem Virginis Conceptionem publico fidelium cultui ac venerationi proponere non dubitavit.

Quo illustri quidem facto ipsius Virginis Conceptionem veluti singularem, miram, et a reliquorum hominum primordiis longissime secretam, et omnino sanctam colendam exhibuit, cum Ecclesia nonnisi de Sanctis dies festos concelebret.

樑)³⁰이신 성교회(聖敎會)³¹에 계시어 항상 천주로 좇아 온 끝이요, 천주의 묵계(黙啓)³²하신 중에 포함된 도리(道理)³³로 보(保)하사³⁴ 많은 빙거(憑據)³⁵와 나타난 사적(事蹟)³⁶으로 더욱 풀고 매(每)양³⁷ 가르치신지라.

> 이 도리 녯젹브터 확실이 잇고 교우의 ᄆᆞ음에 박히고 쥬교들의 셩근으로 임의 온 텬하에 펴인 거슬 셩교회 계셔도 동졍녀의 잉틱홈을 교우의게 공례로 공경ᄒᆞ기를 허락ᄒᆞ샤 분명이 드러나게 ᄒᆞ시ᄂᆞ니 대개 셩교회ᄂᆞᆫ 다만 셩인을 가져 쳠례를 셰우시니

이 도리 옛적부터 확실히 있고 교우의 마음에 박히고 주교(主敎)³⁸들의 성근(聖勤)³⁹으로 이미 온 천하에 퍼진 것을 성교회에 계셔도 동정녀의 잉태함을 교우에게 공례(公例)로 공경하기를 허락하시어 분명히 드러나게 하시나니, 대개 성교회는 다만 성인을 가져 첨례(瞻禮)를 세우시니,

> 이 셰우심으로 써 동졍녀의 잉틱홈이 각별ᄒᆞ고 신긔ᄒᆞ고 다른 사ᄅᆞᆷ의 잉틱와 크게 /4r/다ᄅᆞ고 온젼이 거룩ᄒᆞᆫ 거ᄉᆞ로 뵈이심이라

---

30 동냥 columna ac firmamentum: 기둥, 들보.
31 성교회 catholica Ecclesia.
32 묵계 caelestis revelatio.
33 도리 doctrina.
34 보후다 accipio: 보유하다, 가지고 있다.
35 빙거 ratio: 근거.
36 ᄉᆞ적 factum: 업적의 남은 자취.
37 믹양 semper: 매번, 항상.
38 쥬교 Sacrorum Antistites.
39 셩근 cura et studium: 근면함.

Atque iccirco vel ipsissima verba, quibus divinae Scripturae de increata Sapientia loquuntur, eiusque sempiternas origines repraesentant, consuevit tum in ecclesiasticis officiis, tum in sacrosancta Liturgia adhibere, et ad illius Virginis primordia transferre, quae uno eodemque decreto cum Divinae Sapientiae incarnatione fuerant praestituta.

[3]
Quamvis autem haec omnia penes fideles ubique prope recepta ostendant, quo studio eiusmodi de Immaculata Virginis Conceptione doctrinam ipsa quoque Romana Ecclesia omnium Ecclesiarum mater et magistra fuerit prosequuta,

이 세우심으로써 동정녀의 잉태함이 각별하고, 신기하고, 다른 사람의 잉태와 크게 다르고, 온전히 거룩한 거사(擧事)로 보이심이라.

일노 인ᄒᆞ야 ᄯᅩᄒᆞᆫ 셩경의 무시무죵ᄒᆞ신 지혜를 ᄀᆞᄅᆞ치신 말과 그 영원ᄒᆞ신 근원을 형용ᄒᆞ시는 말을 일과와 례졀에 동졍녀의 시초에 옴겨 붓치기를 어려워 아니ᄒᆞ시니 이 시초는 무시무죵ᄒᆞ신 지혜의 강셩ᄒᆞ심으로 더브러 홈긔 뎡ᄒᆞ심일시라

일로 인하여 또한 성경(聖經)⁴⁰의 무시무종(無始無終)하신 지혜를 가르치신 말과 그 영원하신 근원을 형용하시는 말을 일과(日課)⁴¹와 예절⁴² 안에서 동정녀의 시초에 옮겨 붙이기를 어려워 아니하시니, 이 시초는 무시무종하신 지혜의 강생하심으로 더불어 함께 정하심이라.

이 모든 일이 만방 교우 즁에 잇는 거시 비록 모든 회의 어미와 스승이신 로마회의 졍셩되이 동졍녀 무염원죄ᄒᆞ신 도리를 위ᄒᆞ심을 뵈이나

이 모든 일이 만방의 교우 중에 있는 것이 비록 모든 회(會)⁴³의 어미와 스승이신 로마회⁴⁴의 정성되이 동정녀 무염원죄(無染原罪)하신⁴⁵ 도리를 위하심을 보이나,

---

40 성경 divina Scriptura.
41 일과 ecclesiasticum officium.
42 례절 sacrosancta Liturgia.
43 회 Ecclesia.
44 로마회 Romana Ecclesia.
45 무염원죄ᄒᆞᆫ immaculatus.

tamen illustria huius Ecclesiae facta digna plane sunt, quae nominatim recenseantur, cum tanta sit eiusdem Ecclesiae dignitas, atque auctoritas, quanta[2] illi omnino debetur, quae est catholicae veritatis et unitatis centrum, in qua solum inviolabiliter fuit custodita religio, et ex qua traducem fidei reliquae omnes Ecclesiae mutuentur oportet.

Itaque eadem Romana Ecclesia nihil potius habuit, quam eloquentissimis quibusque modis Immaculatam Virginis Conceptionem, eiusque cultum et doctrinam asserere, tueri, promovere et vindicare.

Quod apertissime planissimeque testantur et declarant tot insignia sane acta Romanorum Pontificum Decessorum Nostrorum, quibus in persona Apostolorum Principis ab ipso Christo Domino divinitus fuit commissa suprema cura atque potestas pascendi agnos et oves, confirmandi fratres, et universam regendi et gubernandi Ecclesiam.

---

2 quanta: 1854 quanto.

그러나 /4v/이 회의 놉흠과 즁홈이 지극ᄒ야 셩교의 진실홈과 ᄒ나힘의 근본이 되시고 홀노 셩도를 차착 업시 보존ᄒ시고 다른 모든 회 맛당이 일노 조차 신덕을 밧아 누릴 거시니 이 회의 힝ᄒ신 바를 ᄌ셰히 술피는 거시 맛당ᄒ도다

그러나 이 회의 높음과 중함이 지극하여 성교(聖敎)의 진실함과 하나임의 근본이 되시고, 홀로 성도(聖道)⁴⁶를 차착(差錯) 없이 보존하시고, 다른 모든 회 마땅히 일로 좇아 신덕(信德)⁴⁷을 받아 누릴 것이니, 이 회의 행하신 바를 자세히 살피는 것이 마땅하도다.

대개 로마회의 극진이 힘써 여러 형적으로 동졍녀 원죄 업시 잉ᄐ의 도리와 공경홈을 증거ᄒ고 보호ᄒ고 현양ᄒ신 거슬

대개 로마회는 극진히 힘써 여러 형적(形跡)으로 동정녀 원죄 없는 잉태의 도리와 공경함을 증거하고, 보호하고, 현양(顯揚)하신 것을

여러 녯 교종의 ᄉ젹에 ᄇᆰ이 나타나니 뎌들은 오쥬 예수ㅣ 셩 베드루의게 맛기신 온젼한 권을 니어 고양과 양을 치고 뎨형을 견고케 ᄒ고 /5r/모든 회를 다스리고 거느리는 쟈ㅣ니라

여러 옛 교종(敎宗)⁴⁸의 사적(事籍)⁴⁹에 밝히 나타나니, 저들은 오주(吾主)⁵⁰ 예

---

46 셩도 religio: 거룩한 종교예식.
47 신덕 fides.
48 교종 Romanus Pontifex.
49 ᄉ젹 tot insignia sane acta: '실로 매우 유명한 행적들'에 대한 기록.
50 오쥬 Dominus: 우리의 주.

[4]

Enimvero Praedecessores Nostri vehementer gloriati sunt Apostolica sua auctoritate festum Conceptionis in Romana Ecclesia instituere, ac proprio officio, propriaque missa, quibus praerogativa immunitatis ab hereditaria labe manifestissime asserebatur, augere, honestare, et cultum jam³ institutum omni ope promovere, amplificare sive erogatis indulgentiis, sive facultate tributa civitatibus, provinciis, regnisque, ut Deiparam sub titulo immaculatae Conceptionis patronam sibi deligerent,

---

3 cultum jam: 1854 cultum.

수께서 성 페트루스[51]에게 맡기신 온전한 권(權)을 이어, 고양(羔羊)[52]과 양(羊)을 치고, 졔형(諸兄)[53]을 견고하게 하고, 모든 회를 다스리고, 거느리는 자이니라.

녯 교종들을 보건대 큰 영광으로 알아 그 본 권으로 셩모잉틱쳠례를 로마회에 셰우고 본 일과와 본 미사를 뎡ᄒᆞ야 놉히고 경문에는 특별한 은혜로 원죄에 뭇지 아니심을 쇼연이 닐으고 젼에 셰우신 바 공경ᄒᆞᄂᆞᆫ 례를 더ᄒᆞ기를 힘쓰샤 은샤도 베프시고 읍이나 도나 나라의게 무염원죄ᄒᆞ신 셩모를 쥬보 삼기를 허락ᄒᆞ시고

옛 교종(敎宗)[54]들을 보건대, 큰 영광으로 알아 그 본 권으로 성모잉태첨례(聖母孕胎瞻禮)[55]를 로마회에 세우고, 본 일과(日課)[56]와 본 미사(彌撒)[57]를 정(定)하여 높이고, 경문(經文)에는 특별한 은혜로 원죄[58]에 묻지 아니하심을 소연(昭然)히[59] 이르고, 전에 세우신바 공경하는 예를 더하기를 힘쓰시어 은사도 베푸시고, 읍이나 도나 나라에게 무염원죄하신 성모(聖母)[60]를 주보(主保)[61] 삼기를 허락하시고,

---

51 셩 베드루 persona Apostolorum Principis.
52 고양 agnus: 어린 양.
53 졔형 fratres.
54 녯 교종 Praedecessor Noster.
55 셩모잉틱쳠례 festum Conceptionis.
56 일과 officium.
57 미사 missa.
58 원죄 hereditaria labes.
59 쇼연이 manifestissime: 명백히.
60 성모 Deipara.
61 쥬보 patrona: 보호자, 수호자.

sive comprobatis Sodalitatibus, Congregationibus, Religiosisque Familiis ad Immaculatae Conceptionis honorem institutis, sive laudibus eorum pietati delatis, qui monasteria, xenodochia, altaria, templa sub Immaculati Conceptus titulo erexerint, aut sacramenti religione interposita Immaculatam Deiparae Conceptionem strenue propugnare spoponderint.

Insuper summopere laetati sunt decernere Conceptionis festum ab omni Ecclesia esse habendum eodem censu ac numero, quo festum Nativitatis, idemque Conceptionis festum cum octava ab universa Ecclesia celebrandum, et ab omnibus inter ea, quae praecepta sunt, sancte colendum, ac Pontificiam Cappellam in Patriarchali Nostra Liberiana Basilica die Virginis Conceptioni sacro quotannis esse peragendam.

쏘 무염원죄ᄒᆞ신 셩모 공경ᄒᆞ기를 위ᄒᆞ야 셰운 바 갓가지 회를 쥰허ᄒᆞ시고 쏘 슈원이나 병원이나 졔ᄃᆡ나 셩당을 /5v/셰워 무염원죄 긔호로 닐ᄏᆞᆺ는 쟈의 졍셩을 기리시고 쏘 거륵히 밍셰ᄒᆞ야 무염원죄ᄒᆞ신 도리를 강의히 보호ᄒᆞ기를 뎡ᄒᆞᆫ 쟈를 찬미ᄒᆞ시고

또 무염원죄하신 성모 공경하기를 위하여 세운바 갖가지 회를 준허하시고, 또 수원(修院)[62]이나 병원[63]이나 제대(祭臺)[64]나 성당(聖堂)[65]을 세워 무염원죄 기호로 일컫는 자의 정성을 기리시고, 또 거룩히 맹세하여 무염원죄하신 도리를 강의(剛毅)히 보호하기를 정한 자를 찬미하시고,

쏘 셩모잉ᄐᆡ쳠례를 온 텬ᄒᆞ에 셩탄쳠례품과 ᄀᆞᆺ치 뎡ᄒᆞ며 팔일쳠례와 본분쳠례로 모든 이로 직희게 ᄒᆞ셔 잉ᄐᆡ쳠례 본 날은 히마다 리베리아나 셩당에 교종이 거동ᄒᆞ야 대례ᄒᆞ기를 명ᄒᆞ시고

또 성모잉태첨례를 온 천하에 성탄첨례품(聖誕瞻禮品)[66]과 같이 정하며 팔일첨례(八日瞻禮)[67]와 본분첨례(本分瞻禮)[68]로 모든 이로 지키게 하시어 잉태첨례 본 날은 해마다 리베리아나 성당[69]에 교종(敎宗)이 거동하여 대례(大禮)하기를 정하시고,

---

62 슈원 monasterium.
63 병원 xenodochium.
64 졔ᄃᆡ altarium.
65 셩당 templum.
66 셩탄쳠례품 festum Nativitatis.
67 팔일쳠례 festum Conceptionis cum octava.
68 본분쳠례 festum praeceptum.
69 리베리아나 셩당 Liberiana Basilica.

Atque exoptantes in fidelium animis quotidie magis fovere hanc de Immaculata Deiparae Conceptione doctrinam, eorumque pietatem excitare ad ipsam Virginem sine labe originali conceptam colendam, et venerandam, gavisi sunt quam libentissime facultatem tribuere, ut in Lauretanis Litaniis, et in ipsa Missae praefatione Immaculatus eiusdem Virginis proclamaretur Conceptus, atque adeo lex credendi ipsa supplicandi lege statueretur.

Nos porro tantorum Praedecessorum vestigiis inhaerentes non solum quae ab ipsis pientissime sapientissimeque fuerant constituta probavimus, et recepimus, verum etiam memores institutionis Sixti IV proprium de Immaculata Conceptione officium auctoritate Nostra munivimus, illiusque usum universae Ecclesiae laetissimo prorsus animo concessimus.

쏘 무염원죄시잉모틱한 도리를 교우 무음에 날노 기르고 무염원죄호신 동녀 공경호는 졍셩을 흥긔호기를 원호샤 셩모 도문과 미사 가온대 무염원죄의 /6r/말솜 두기를 흔연이 허락호야 밋는 법을 긔도호는 법으로 뎡호셧도다

또 무염원죄시잉모태(無染原罪孕母胎)한 도리를 교우 마음에 날로 기르고 무염원죄하신 동녀(童女)[70] 공경하는 정성을 흥기(興氣)하기를[71] 원하시어 성모 도문(禱文)[72]과 미사(弥撒) 가운데 무염원죄의 말씀 두기를 흔연(欣然)히[73] 허락하여 믿는 법을 기도하는 법으로 정하셨도다.

우리는 녯 교죵의 자최를 붋아 졍셩되고 슬긔로이 일우신 바를 새로 쥰뎡호야 밧을 뿐 아니라 또한 식스도 뎨ᄉ위 뎡호신 바를 긔억호야 무염원죄시잉모틱의 본 일과를 감뎡호야 온 텬하에 모든 이 쓰기를 즐겨 허락호엿노라

우리는 옛 교종(敎宗)의 자취를 밟아 정성되고 슬기로이 이루신 바를 새로 준정(準正)하여 받을 뿐 아니라, 또한 식스투스 제사위(第四位)[74] 정하신 바를 기억하여 무염원죄시잉모태의 본 일과(日課)를 감정(監定)하여[75] 온 천하에 모든 이 쓰기를 즐겨 허락하였노라.

---

70 동녀 Virgo.

71 흥긔호다 excito: 번영하나, 번성하다.

72 셩모 도문 Lauretanae Litaniae: 로레토의 호칭 기도. 이탈리아 로레토에서 암송되던 호칭 기도.

73 흔연이 libentissime: 흔쾌히.

74 식스도 뎨ᄉ위 Sixtus IV.

75 감뎡ᄒ다 munio: 책을 허가하다.

[5]

Quoniam vero quae ad cultum pertinent[4], intimo plane vinculo cum eiusdem objecto conserta sunt, neque rata et fixa manere possunt, si illud anceps sit, et in ambiguo versetur, iccirco Decessores Nostri, Romani Pontifices, omni cura Conceptionis cultum amplificantes, illius etiam obiectum ac doctrinam declarare, et inculcare impensissime studuerunt. Etenim clare aperteque docuere, festum agi de Virginis Conceptione, atque uti falsam, et ab Ecclesiae mente alienissimam proscripserunt illorum opinionem, qui non Conceptionem ipsam,

sed sanctificationem ab Ecclesia coli arbitrarentur et affirmarent. Neque mitius cum iis agendum esse existimarunt, qui ad labefactandam de Immaculata Virginis Conceptione doctrinam excogitato inter primum atque alterum Conceptionis instans et momentum discrimine, asserebant, celebrari quidem Conceptionem, sed non pro primo instanti atque momento. Ipsi namque Praedecessores Nostri suarum partium esse duxerunt, et beatissimae Virginis Conceptionis festum, et Conceptionem pro primo instanti tamquam verum cultus obiectum omni studio tueri ac propugnare.

---

4 pertinent: 1854 partinent.

공경ᄒᆞᄂᆞᆫ 례에 쇽ᄒᆞᆫ 바는 공경ᄒᆞᄂᆞᆫ 바와 서로 긴히 년ᄒᆞ야 ᄒᆞ나히 분명치 아니면 둘재도 일명치 못ᄒᆞᆯ지라 고로 녯 교종들이 셩모잉틱의 공경홈을 /6v/더옥 널니고져 ᄒᆞ야 그 위ᄒᆞᄂᆞᆫ 바와 도리를 붉이 알게 ᄒᆞ시니 이 쳠례ᄂᆞᆫ 동정녀의 잉틱를 위홈인 줄노 붉이 ᄀᆞ르치시고 혹이 닐ᄋᆞ되 그 잉틱홈이 아니오

공경하는 예에 속한 바는 공경하는 바와 서로 긴히 연하여 하나도 분명치 아니하면 둘째도 일정치 못할지라. 고로 옛 교종(敎宗)들이 성모잉태의 공경함을 더욱 널니고자[76] 하여 그 위하는 바와 도리를 밝히 알게 하시니, 이 첨례는 동정녀의 잉태를 위함인 줄로 밝히 가르치시고, 혹이 이르되 그 잉태함이 아니요,

다만 그 거룩게 ᄒᆞ심을 밧음을 공경흔다 ᄒᆞᄂᆞᆫ 물이 그리고 셩교회의 쯧과 크게 다른 줄노 결단ᄒᆞ시고 또 무염원죄잉틱의 도리를 흔들고져 ᄒᆞ야 잉틱의 시말을 분별ᄒᆞ야 잉틱홈을 공경ᄒᆞ나 그 최초를 공경치 아니훈다 말도 아오로 엄히 물니치시며 대개 녯 교종들이 본분으로 알고 동녀의 잉틱홈과 잉틱의 최초를 굿치 공경ᄒᆞᆯ /7r/바ㅣ 되는 줄노 결단ᄒᆞ엿ᄂᆞ니

다만 그 거룩하게 하심을 받음을 공경한다 하는 말이 그리고, 성교회의 뜻과 크게 다른 줄로 결단하시고, 또 무염원죄잉태의 도리를 흔들고자 하여 잉태의 시말(始末)을 분별하여 잉태함을 공경하나, 그 최초를 공경치 아니한다 말도 아울러 엄히 물리치시며, 대개 옛 교종(敎宗)들이 본분으로 알고 동녀의 잉태함과 잉태의 최초를 같이 공경할 바가 되는 줄로 결단하였나니.

---

76 널니다 amplifico: 넓히다, 늘리다.

Hinc decretoria plane verba, quibus Alexander VII Decessor Noster sinceram Ecclesiae mentem declaravit inquiens "Sane vetus est Christifidelium erga eius beatissimam Matrem Virginem Mariam pietas sentientium, eius animam in primo instanti creationis, atque infusionis in corpus fuisse speciali Dei gratia et privilegio, intuitu meritorum Iesu Christi eius Filii humani generis Redemptoris, a macula peccati originalis praeservatam immunem, atque in hoc sensu eius Conceptionis festivitatem solemni ritu colentium, et celebrantium."

[6]
Atque illud in primis solemne quoque fuit iisdem Decessoribus Nostris doctrinam de Immaculata Dei Matris Conceptione sartam tectamque omni cura, studio et contentione tueri. Etenim non solum nullatenus passi sunt, ipsam doctrinam quovis modo a quopiam notari, atque traduci,

verum etiam longe ulterius progressi perspicuis declarationibus, iteratisque vicibus edixerunt, doctrinam, qua Immaculatam Virginis Conceptionem profitemur, esse, suoque merito haberi cum ecclesiastico cultu plane consonam, eamque veterem, ac prope universalem et eiusmodi, quam Romana Ecclesia sibi fovendam,

이러므로 아릭산 데칠위 셩교회의 뜻을 붉이 드러내여 글으샤디 동졍이신 셩모 마리아의 령혼은 내심을 밧아 육신에 결합ᄒ던 최초에 텬쥬의 특별ᄒ신 은혜와 셰상 구쇽ᄒ신 그 아돌 예수 그리스도의 쟝리 공노를 인ᄒ야 원죄의 무들믈 면ᄒ심을 밋음과 쏘ᄒ 이 뜻으로 교우들의 셩모잉틱를 공경ᄒ는 일이 녯젹브터 ᄂ려오는 끚치라 ᄒ셧ᄂ니라

이러므로 알렉산더 제칠위(第七位)[77] 성교회의 뜻을 밝히 드러내어 가라사대, 동정이신 성모 마리아의 영혼(靈魂)[78]은 내심을 받아 육신에 결합하던 최초에 천주의 특별하신 은혜와 세상 구속하신 그 아들 예수 그리스도의 장래 공로(功勞)를 인하여 원죄의 물듦을 면하심을 믿음과 또한 이 뜻으로 교우들의 성모잉태를 공경하는 일이 옛적부터 내려오는 끝[79]이라 하셨느니라.

젼 교종들이 쏘ᄒ 셩모잉틱의 무염원죄ᄒ 도리를 ᄒ샹 졍셩과 힘을 다ᄒ야 호위ᄒ셧ᄂ니 대개 /7v/이 도리를 무슴 모양으로 쑤짓거나 나믈홈을 춤아 두지 아니실 쁜 아니라

전(前) 교종(敎宗)들이 또한 성모잉태의 무염원죄한 도리를 항상 정성과 힘을 다하여 호위하셨나니, 대개 이 도리를 무슨 모양으로 꾸짖거나 나무람을 참아 두지 아니하실 뿐 아니라

쏘ᄒ 이에셔 멀니 더ᄒ야 신신히 붉이 말ᄒ샤 동녀의 원죄 업시 잉틱ᄒ엿다 ᄒ는 도리 진실노 셩교회의 공경ᄒ는 바와 온젼이 흡합ᄒ고 녜브터 ᄂ려오

---

77 아릭산 데칠위 Alexander VII.
78 령혼 anima.
79 끚 Christifidelium pietas: 신심. 신심의 시작이자 마지막이라는 의미.

tuendamque susceperit, atque omnino dignam, quae in sacra ipsa Liturgia, solemnibusque precibus usurparetur.

Neque his contenti, ut ipsa de Immaculato Virginis Conceptu doctrina inviolata persisteret, opinionem huic doctrinae adversam sive publice, sive privatim defendi posse severissime prohibuere, eamque multiplici veluti vulnere confectam esse voluerunt. Quibus repetitis luculentissimisque declarationibus, ne inanes viderentur, adjecere[5] sanctionem:

[7]

quae omnia laudatus Praedecessor Noster Alexander VII his verbis est complexus[6]: "Nos considerantes, quod Sancta Romana Ecclesia de Intemeratae semper Virginis Mariae Conceptione festum solemniter celebrat, et speciale ac proprium super hoc officium

---

5 adjecere: 1854 addicere.
6 quae omnia ... complexus: 라틴어본에서는 [6]단락에 해당되나, 옛한글본에는 [7]단락에 해당한다.

고 만방에 잇고 로마회에서 가히 붓들며 위ᄒᆞ염족ᄒᆞ고 례졀과 공도ᄒᆞᄂᆞᆫ 가온대 가히 쓸 줄노 결단ᄒᆞ시며

또한 이에서 멀리 더하여 신신(新新)히[80] 밝히 말하사 동녀의 원죄 없이 잉태하였다 하는 도리 진실로 성교회의 공경하는 바와 온전히 흡합(洽合)하고[81], 예부터 내려오고 만방에 있고 로마회에서 가히 붙들며 위함직하고, 예절[82]과 공도(公禱)[83]하는 가운데 가히 쓸 줄로 결단하시며,

그ᄲᅮᆫ 아니라 동녀의 원죄 업시 잉ᄐᆡᄒᆞ신 도리를 범치 못ᄒᆞ게 ᄒᆞᄂᆞᆫ ᄯᅳᆺ으로 그 샹반ᄒᆞᆫ 변논을 ᄉᆞᄉᆞ로이나 눔의 압희나 엄금ᄒᆞ샤 뭇 방망이로 쳐 다시 니러셔지 /8r/못ᄒᆞ게 코져 ᄒᆞ시고 이러케 만코 볽은 쳐분을 ᄂᆞ리오시나 혹 쓸ᄃᆡ업ᄂᆞᆫ 말이 될가 ᄒᆞ야 ᄯᅩᄒᆞᆫ 벌을 더ᄒᆞ시니라

그뿐 아니라 동녀의 원죄 없이 잉태하신 도리를 범치 못하게 하는 뜻으로 그 상반한 변론을 사사(私私)로이나, 남의 앞에나 엄금하사, 뭇 방망이로 쳐 다시 일어서지 못하게 하고자 하시고, 이렇게 많고 밝은 처분을 내리시나, 혹 쓸데없는 말이 될까 하여 또한 벌을 더하시니라.

아ᄅᆡᆨ산 뎨칠위이 모든 ᄉᆞ연을 포함ᄒᆞ야 갈ᄋᆞ샤ᄃᆡ 우리ᄂᆞᆫ 거록흔 로마회에셔 셩모 무염원죄잉ᄐᆡ쳠례를 대례로 지내심과 젼 교종 식스도 뎨ᄉᆞ위의 유익ᄒᆞ고 긔록흔 셰우심으로 조차 이 쳠례에 젼브터 특별히 본 일과를 명흔

---

80 신신흔 perspicuus: 새로운, 신선한.
81 흡합ᄒᆞᄂᆞᆫ consonus: 일치하다.
82 례졀 sacra Liturgia.
83 공도 prex solemnis.

olim ordinavit iuxta piam, devotam, et laudabilem institutionem, quae a Sixto IV Praedecessore Nostro tunc emanavit; volentesque laudabili huic pietati et devotioni, et festo, ac cultui secundum illam exhibito, in Ecclesia Romana post ipsius cultus institutionem nunquam immutato; Romanorum Pontificum Praedecessorum Nostrorum exemplo, favere,

nec non tueri pietatem, et devotionem hanc colendi, et celebrandi beatissimam Virginem, praeveniente scilicet Spiritus Sancti gratia, a peccato originali praeservatam, cupientesque in Christi grege unitatem spiritus in vinculo pacis, sedatis offensionibus, et iurgiis, amotisque scandalis conservare: ad praefatorum Episcoporum cum Ecclesiarum suarum Capitulis, ac Philippi Regis, eiusque Regnorum oblatam Nobis instantiam, ac preces;

> 거슬 싱각ᄒ고 ᄯᅩ 젼 교종들의 자최ᄅᆞᆯ 볿아 로마회에 셰운 후 브터 ᄃᆡᄃᆡ로 직흰 바 이 유일ᄒᆞᆫ 신공과 쳠례를 위ᄒᆞ기ᄅᆞᆯ /8v/원ᄒᆞ고

알렉산더 칠위께서 모든 사연(事緣)을 포함하여 가라사대[84], 우리는 거룩한 로마회에서 성모 무염원죄잉태첨례를 대례로 지내심과 전(前) 교종(敎宗) 식스투스 제사위의 유익하고 거룩한 세우심으로 좇아, 이 첨례에 전부터 특별히 본 일과(日課)를 정한 것을 생각하고, 또 전(前) 교종(敎宗)들의 자취를 밟아 로마회에 세운 후부터 대대로 지킨바, 이 유일한 신공(神功)[85]과 첨례[86]를 위하기를 원하고,

> ᄯᅩ 거륵ᄒᆞ신 동녀 셩신의 특춍으로 원죄에 면ᄒᆞ신 거슬 공경ᄒᆞᄂᆞᆫ 졍셩을 호위코져 ᄒᆞ고 ᄯᅩ 교우 무리 가온대 다톰과 ᄶᅵ롬과 걸닐 긔회를 아사 화평홈을 ᄆᆡ자 심신의 합일홈을 보존ᄒᆞ기를 원ᄒᆞ야 여러 쥬교와 그 좌당에 속ᄒᆞᆫ 회의 탁덕과 국왕 비리버와 그 모든 나라희 근쳥ᄒᆞᄂᆞᆫ 샹셔를 조차 응ᄒᆞ야

또 거룩하신 동녀 성신의 특총(特寵)으로 원죄에 면하신 것을 공경하는 정성[87]을 호위하고자 하고, 또 교우 무리 가운데 다툼과 찌름과 걸닐[88] 기회를 앗아가 화평함을 맺어 심신의 합일함을 보존하기를 원하여, 여러 주교와 그 좌당에 속한 회의 탁덕(鐸德)[89]과 국왕 필립푸스[90]와 그 모든 나라에

---

84 알렉산더 ... 가라사대: 이 구절은 라틴어본에서 [6]단락에 해당된다.
85 신공 pietas et devotio.
86 쳠례 festum ac cultus.
87 정성 pietas et devotio.
88 걸닐 기회 scandalum.
89 탁덕 Capitulum.
90 비리버 Philippus.

Constitutiones, et Decreta, a Romanis Pontificibus Praedecessoribus Nostris, et praecipue a Sixto IV, Paulo V[7] et Gregorio XV[8], edita in favorem sententiae asserentis, Animam beatae Mariae Virginis in sui creatione, et in corpus infusione, Spiritus Sancti gratia donatam, et a peccato originali praeservatam fuisse, nec non et in favorem festi, et cultus Conceptionis eiusdem Virginis Deiparae, secundum piam istam sententiam, ut praefertur, exhibiti, innovamus, et sub censuris, et poenis in eisdem Constitutionibus contentis, observari mandamus.

[8]

Et insuper omnes et singulos, qui praefatas Constitutiones, seu Decreta ita pergent interpretari, ut favorem per illas dictae sententiae, et festo seu cultui secundum illam exhibito, frustrentur, vel qui hanc eamdem sententiam, festum seu cultum in disputationem revocare, aut contra ea quoque modo directe, vel indirecte aut quovis praetextu, etiam de definibilitatis eius examinandae, sive Sacram Scripturam, aut Sanctos Patres, sive Doctores glossandi vel interpretandi, denique alio quovis praetextu seu occasione, scripto

---

7 Paulo V: 1854 Paullo XV.
8 Gregorio XV: 1854 Gregorio V.

간청하는 상서를 좇아 응하여

젼 교종들과 특별이 식스도 뎨ᄉᆞ위와 바로 뎨오위와 에오뢴 뎨십오위의 베프신 죠셔에 동녀 마리아의 령혼이 내심을 밧아 육신에 결합ᄒᆞᆫ 최초에 셩신의 특춍을 닙어 원죄를 /9r/면ᄒᆞ라 ᄒᆞᄂᆞᆫ 도리와 셩모잉틱의 쳠례와 공경홈을 위ᄒᆞᄂᆞᆫ 명령을 새로 반포ᄒᆞ고 온젼이 직희기를 분부ᄒᆞ되 그대로 아니ᄒᆞᄂᆞᆫ 쟈ᄂᆞᆫ 이 죠셔에 두신 바 신벌과 기졀을 당홀 줄노 알지니라

전(前) 교종(敎宗)들과 특별히 식스투스 제사위와 파울루스[91] 제오위(第五位)와 그레고리우스[92] 제십오위(第十五位)의 베푸신 조서(詔書)[93]에 동녀 마리아의 영혼이 내심을 받아 육신에 결합한 최초에 성신의 특총을 입어 원죄를 면하라 하는 도리와 성모잉태의 첨례와 공경함을 위하는 명령을 새로 반포하고 온전히 지키기를 분부하되, 그대로 아니하는 자는 이 조서에 두신 바 신벌(神罰)[94]과 기절(棄絶)[95]을 당할 줄로 알지니라.

ᄯᅩ 누구를 의논치 말고 이 죠셔들을 그릇 풀어 이 도리와 쳠례에 은혜 베프신 거슬 헛되게 ᄒᆞᄂᆞᆫ 쟈와 이 도리와 쳠례로 공경ᄒᆞᄂᆞᆫ 바를 다시 변논ᄒᆞ거나 바로 ᄒᆞ던지 비겨 ᄒᆞ던지 무슴 모양으로 되뎍ᄒᆞ거나 판결홀 만ᄒᆞᆫ 일인가 샹고ᄒᆞ기를 핑계ᄒᆞ던지 셩ᄉᆞ와 학쟈의 말을 주내기를 핑계ᄒᆞ던지 /9v/ 무슴 핑계와 긔틀을 의논치 말고 혹 말노나 셔ᄌᆞ로 감히 강논ᄒᆞ거나 되뎍ᄒᆞᄂᆞᆫ

---

91 바로 Paulus: 바울, 바오로.
92 에오뢴 Gregorius: 그레고리, 그레고리오.
93 죠셔 Constitutio et Decretum.
94 신벌 poena.
95 기절 censura: 교회 공동체에서 추방당하는 벌.

seu voce loqui, concionari, tractare, disputare, contra ea quidquam determinando, aut asserendo, vel argumenta contra ea afferendo, et insoluta relinquendo, aut alio quovis inexcogitabili modo disserendo ausi fuerint; praeter poenas et censuras in Constitutionibus Sixti IV contentas, quibus illos subiacere volumus, et per praesentes subiicimus,

etiam concionandi, publice legendi, seu docendi, et interpretandi facultate, ac voce activa, et passiva in quibuscumque electionibus, eo ipso absque alia declaratione privatos esse volumus; nec non ad concionandum, publice legendum, docendum, et interpretandum perpetuae inhabililatis poenas ipso facto incurrere absque alia declaratione; a quibus poenis nonnisi a Nobis ipsis, vel a Successoribus Nostris Romanis Pontificibus absolvi, aut super iis dispensari possint; nec non eosdem aliis poenis, Nostro, et eorumdem Romanorum Pontificum Successorum Nostrorum arbitrio infligendis, pariter subjacere volumus, prout subiicimus per praesentes, innovantes Paulli V et Gregorii XV superius memoratas

> 의논을 내여 풀지 아니코 두거나 혹 미리 싱각지 못홀 무숨 공교흔 법으로 변논ᄒᆞᄂᆞᆫ 쟈ᄂᆞᆫ 즉금 우리 분부ᄒᆞ야 식스도 데ᄉᆞ위 죠셔에 두신 바 신벌과 기절을 당홀 외에

또 누구를 의논(議論)치 말고 이 조서들을 그릇 풀어, 이 도리와 첨례에 은혜 베푸신 것을 헛되게 하는 자와 이 도리와 첨례로 공경하는 바를 다시 변론하거나, 바로 하든지, 비켜 하든지, 무슨 모양으로 대적하거나 판결할 만한 일인가 상고하기를 핑계하던지, 성사(聖師)[96]와 학자[97]의 말을 주(註)내기를[98] 핑계하던지, 무슨 핑계와 기틀을 의논치 말고, 혹 말로나 서자(書字)로 감히 강론하거나 대적하는 의논을 내어 풀지 아니하고 두거나, 혹 미리 생각지 못할 무슨 공교한 법으로 변론하는 자는 즉금 우리 분부하여 식스투스 제사위 조서에 두신 바, 신벌과 기절을 당할 외에,

> ᄯᅩᄒᆞᆫ 뎨셩ᄒᆞ고 ᄀᆞᄅᆞ치고 강도ᄒᆞᄂᆞᆫ 권과 쳔을 노코 밧ᄂᆞᆫ 권을 아ᄉᆞᆷ을 다시 닐ᄋᆞ지 아니ᄒᆞ여도 절노 당홀 거시오 ᄯᅩᄒᆞᆫ 뎨셩ᄒᆞ고 ᄀᆞᄅᆞ치고 강도ᄒᆞᄂᆞᆫ 권을 흥샹 못 밧음 죽흔 쟈ㅣ 됨을 다시 닐ᄋᆞ지 아니ᄒᆞ여도 절노 당홀 거시니 이 모든 벌은 /10r/다만 우리나 훗 교종이나 능히 샤ᄒᆞ고 면홀 거시오 ᄯᅩ 이 우희 거륵흔 반로 뎨오위와 에오로 뎨십오위의 죠셔를 새로 반포ᄒᆞ야 뎌 무리들이 우리나 훗 교종들의 의향대로 명홀 바 다른 벌을 아오로 당홀 줄을 이 죠셔로 알게 ᄒᆞ노라

---

96 셩ᄉᆞ Sanctus Pater: 성인.
97 셩ᄉᆞ와 학쟈 sive Sacram Scripturam, aut Sanctos Patres, sive Doctores: 라틴어 표현 "sive Sacram Scripturam"(성경)에 해당되는 번역은 없다.
98 주내다 glosso vel interpretor: 주석하고 해석하다.

Constitutiones sive Decreta[9].

[9]

Ac libros, in quibus praefata sententia, festum, seu cultus secundum illam in dubium revocatur, aut contra ea quomodocumque, ut supra, aliquid scribitur, aut legitur, seu locutiones, conciones, tractatus, et disputationes contra eadem continentur, post Paulli V supra laudatum Decretum edita, aut in posterum quomodolibet edenda, prohibemus sub poenis et censuris in Indice librorum prohibitorum contentis, et ipso facto absque alia declaratione pro expresse prohibitis haberi volumus et mandamus."

---

9 Decreta: 1854 Deceta.

또한 제성(題醒)하고[99], 가르치고, 강도하는 권과 천(薦)[100]을 놓고 받는 권을 앗음[101]을 다시 이르지 아니하여도 절로 당할 것이요, 또한 제성하고, 가르치고, 강도(講道)하는[102] 권을 항상 못 받음 직한 자가 됨을 다시 이르지 아니하여도 절로 당할 것이니, 이 모든 벌은 다만 우리나 후(後) 교종(敎宗)이나 능히 사하고 면할 것이요, 또 이 위에 거룩한 파울루스 제오위와 그레고리우스 제십오위의 조서를 새로 반포하여 저 무리들이 우리나 후(後) 교종(敎宗)들의 의향대로 정할 바, 다른 벌을 아울러 당할 줄을 이 조서로 알게 하노라.

> 이 도리나 이 도리롤 쏠아 베픈 쳠례롤 셔주로써 의심ᄒᆞ던지 무슴 모양으로 벽파ᄒᆞ던지 말이나 강논이나 변논을 실은 칙은 바로 데오위 죠셔 후에 난 거실넌지 이 압희 엇더케 날넌지 엄금ᄒᆞ야 다시 닐ᄋ지 아니ᄒᆞ여도 절노 일금훈 거스로 알게 /10v/코져 ᄒᆞ야 분부ᄒᆞ디 거스리는 쟈는 금한 칙의 녈목에 뎡ᄒᆞ신 벌과 기졀을 당홀 줄노 닐ᄋ노라 ᄒᆞ셧ᄂᆞ니라

이 도리나 이 도리를 따라 베푼 첨례를 서자(書字)로써 의심하든지, 무슨 모양으로 벽파(劈破)하던지, 말이나, 강론이나, 변론을 실은 책은 파울루스 제오위 조서 후에 난 것이던지, 이 앞에 어떻게 나던지, 엄금하여 다시 이르지 아니하여도 절로 일금(一禁)한[103] 것으로 알게 하고자 하여 분부하되, 거스르는 자는 금한 책의 열목(列目)[104]에 정하신 벌과 기절을 당할 줄로 이르

---

99 데성ᄒᆞ다 concionor, publice lego: 깨우치게 하다, 격려하다, 강화하다.
100 천 electio: 사람을 어떤 자리에 추천함.
101 아슴 privatus: 빼앗음.
102 강도ᄒᆞ다 interpretor.
103 일금ᄒᆞ다 prohibeo: 아주 엄하게 금지하다.
104 열목 index: 목록.

[10]

Omnes autem norunt quanto studio haec de Immaculata Deiparae Virginis Conceptione doctrina a spectatissimis Religiosis Familiis, et celebrioribus Theologicis Academiis ac praestantis"simis rerum divinarum scientia Doctoribus fuerit tradita, asserta ac propugnata. Omnes pariter norunt quantopere solliciti fuerint Sacrorum Antistites vel in ipsis ecclesiasticis conventibus palam publiceque profiteri, sanctissimam Dei Genitricem Virginem Mariam ob praevisa Christi Domini Redemptoris merita nunquam originali subiacuisse peccato, sed praeservatam omnino fuisse ab originis labe, et iccirco sublimiori modo redemptam.

Quibus illud profecto gravissimum, et omnino maximum accedit, ipsam quoque Tridentinam Synodum, cum dogmaticum de peccato originali ederet decretum, quo iuxta sacrarum Scripturarum, sanctorumque Patrum, ac probatissimorum Conciliorum testimonia statuit, ac definivit, omnes homines nasci originali culpa infectos, tamen solemniter declarasse, non esse suae intentionis in decreto ipso, tantaque definitionis amplitudine comprehendere beatam, et Immaculatam Virginem Dei Genitricem Mariam. Hac enim

노라 하셨느니라.

> 이 동졍이신 셩모 무염원죄잉틱의 도리를 유공흔 여러 회와 유명흔 태학과 셩교 도리에 쵸월흔 학쟈들이 엇더케 힘써 젼ᄒ고 ᄀᆞᄅ치고 보호홈을 모르는 이 업고 쏘흔 쥬교들이 서로 모힌 가온대라도 동졍이신 셩모 마리아ㅣ 구속ᄒ신 오쥬 예수의 공노를 미리 닙어 조곰도 원죄에 업ᄃᆞ리지 아니시고 날 째에 끼치는 씩를 온젼이 면ᄒ샤 /11r/구속지은을 쵸월ᄒ게 닙으신 거슬 엇더흔 셩근으로 나타나게 증거ᄒ심을 모르는 이 업ᄂᆞᆫ지라

이 동정이신 성모 무염원죄잉태의 도리를 유공(有功)한[105] 여러 회와 유명한 태학(太學)과 성교도리[106]에 초월한 학자들이 어떻게 힘써 전하고, 가르치고, 보호함을 모르는 이 없고, 또한 주교들이 서로 모인 가운데라도 동정이신 성모 마리아께서 구속하신 오주 예수의 공로를 미리 입어 조금도 원죄에 엎드리지 아니하시고, 날 때에 끼치는 때를 온전히 면하사 구속지은(救贖之恩)[107]을 초월하게 입으신 것을 어떠한 성근(聖勤)으로 나타나게 증거하심을 모르는 이 없는지라.

이에셔 더 지즁지대히 뵈일 바는 디던디노 공회도 원죄를 가져 신덕도리를 명홀시 셩경과 셩ᄉᆞ들과 여러 공ᄉᆞ회의 증거를 쏠아 모든 사롬이 날제 원죄에 무든 거슬 판단흔 후에 그 판문과 판문의 널니 밋츤 ᄯᅳᆺ 안희 지극히 조츌ᄒ신 동졍 셩모 마리아를 포함홀 ᄯᅳᆺ이 없는 줄노 나타나게 닐ᄋᆞ심이니 ᄉᆞ계와 시계를 혜아리건대 이 말솜으로 공회에 모히던 쥬교들이 거륵ᄒ신 동

---

105 유공흔 spectatissimus: 공적이 있는.
106 성교도리 rerum divinarum scientia.
107 구속지은을 닙은 redemptus.

declaratione Tridentini Patres, ipsam beatissimam Virginem ab originali labe solutam pro rerum temporumque adiunctis satis innuerunt, atque adeo perspicue significarunt, nihil ex divinis litteris, nihil ex traditione, Patrumque auctoritate rite afferri posse, quod tantae Virginis praerogativae quovis modo refragetur.

[11]

Et re quidem vera hanc de Immaculata beatissimae Virginis Conceptione doctrinam quotidie magis gravissimo Ecclesiae sensu, magisterio, studio, scientia, ac sapientia tam splendide explicatam, declaratam, confirmatam, et apud omnes catholici orbis populos, ac nationes mirandum in modum propagatam, in ipsa Ecclesia semper extitisse voluti[10] a majoribus acceptam, ac revelatae doctrinae charactere insignitam illustria venerandae antiquitatis Ecclesiae orientalis et occidentalis monumenta validissime testantur.

---

10 voluti: 1854 veluti.

> 정녀의 원죄 /11v/씨에 묻지 아닌 거슬 넉넉히 알게 홀 쓴 아니라 아오로 성경과 젼흔 바 도리와 셩ᄉᆞ들에셔 동녀의 특은을 조곰도 비쳑ᄒᆞᄂᆞᆫ 말을 능히 내지 못홀 줄노 쇼연이 ᄀᆞᄅᆞ치시니라

이에서 더 지중지대(至重至大)하게 보일 바는 트리덴툼 공회[108]도 원죄를 가져 신덕도리(信德道理)[109]를 정할새 성경(聖經)과 성사(聖師)들과 여러 공사회(公事會)[110]의 증거를 따라, 모든 사람이 날 때에 원죄에 물든 것을 판단한 후에, 그 판문(判文)과 판문의 널리 미친 뜻 안에 지극히 조찰하신[111] 동정 성모 마리아를 포함할 뜻이 없는 줄로 나타나게 이르심이니, 사계와 시계를 헤아리건대, 이 말씀으로 공회에 모이던 주교들이 거룩하신 동정녀의 원죄 때에 묻지 않은 것을 넉넉히 알게 할 뿐 아니라 아울러 성경(聖經)[112]과 전한 바 도리[113]와 성사(聖師)들에서 동녀의 특은(特恩)을 조금도 배척하는 말을 능히 내지 못할 줄로 소연(昭然)이[114] 가르치시니라.

> 이 동졍녀무염원죄잉틱의 도리가 과연 셩회에 녜브터 잇ᄂᆞᆫ지라 ᄀᆞᄅᆞ침과 공부와 학식과 지혜와 셩회의 진실흔 보호ᄒᆞ심으로 플고 닐ᄋᆞ고 붉혀 뎐ᄒᆞ 만국과 만민의게 신긔히 펴인 거슬 셩회 즁에셔 흥샹 션진들의 젼흔 것과 믁계흔 도리의 보룸이 잇ᄂᆞᆫ 줄노 넉엿시니 곳 녯적 동회와 셔회의 /12r/붉고 실흔 자최에 증거가 잇ᄂᆞᆫ지라

---

108 디던디노 공회 Tridentina Synodus: 트리엔트 공의회.
109 신덕도리 dogmaticum decretum.
110 공ᄉᆞ회 probatus Concilium.
111 조찰흔 immaculatus: 깨끗한, 순결한.
112 성경 divina littera.
113 젼흔바 도리 traditio.
114 쇼연이 perspicue: 명백하게.

Christi enim Ecclesia sedula depositorum apud se dogmatum custos, et vindex nihil in his unquam permutat, nihil minuit, nihil addit, sed omni industria vetera fideliter, sapienterque tractando si qua antiquitus informata sunt, et Patrum fides sevit, ita limare, expolire studet, ut prisca illa caelestis doctrinae dogmata accipiant evidentiam, lucem, distinctionem, sed retineant plenitudinem, integritatem, proprietatem, ac in suo tantum genere crescant, in eodem scilicet dogmate, eodem sensu, eademque sententia.

[12]

Equidem Patres, Ecclesiaeque scriptores caelestibus edocti eloquiis nihil antiquius habuere, quam in libris ad explicandas Scripturas, vindicanda dogmata, erudiendosque fideles elucubratis summam Virginis sanctitatem, dignitatem, atque ab omni peccati labe integritatem, eiusque praeclaram de teterrimo humani generis hoste

이 동정녀무염원죄잉태의 도리가 과연 성회에 예부터 있는지라. 가르침과 공부와 학식과 지혜와 성회의 진실한 보호하심으로 풀고, 이르고, 밝혀 천하만국과 만민에게 신기하게 펴인 것을 성회 중에서 항상 선진들의 전한 것과 묵계한 도리의 보람[115]이 있는 줄로 여겼으니, 곧 옛적 동회(東會)와 서회(西會)[116]의 밝고 실한 자취에 증거가 있는지라.

> 대개 셩교회는 제게 맛흔 모든 신덕도리룰 셩실이 직희고 보호하야 조곰도 감히 변하게 하거나 감하거나 더하지 못한지라 오직 온젼한 힘으로 고젹을 실상대로 슬긔로이 거두어 녯적의 한 것과 션지의 밋음으로 심은 거슬 닥고 다듬기룰 공부하야 텬샹도리의 녯 긋츨 붉히고 분별하되 온젼함과 원만함과 진본을 보존하야 써 변치 아니하야 한 도리와 한 뜻에 한갈긋치 자라게 하느니라

대개 성교회는 저거 맡은 모든 신덕도리[117]를 성실히 지키고 보호하여 조금도 감히 변하게 하거나, 감하거나, 더하지 못한지라. 오직 온전한 힘으로 고적(古跡)을 실상대로 슬기로이 거두어 옛적에 한 것과 선지의 믿음으로 심은 것을 닦고 다듬기를 공부하여 천상도리(天上道理)[118]의 옛 끝을 밝히고 분별하되, 온전함과 원만함과 진본(眞本)을 보존하여, 이로써 변치 아니하여 한 도리와 한 뜻에 한결같이 자라게 하느니라.

보건대 텬샹도리룰 닉이 아는 셩수들과 셩교회 /12v/학쟈들이 녯젹브터 셩

---

115 보람 insignitus charactere: 표적, 표시.
116 동회와 셔회 Ecclesia orientalis et occidentalis: 동방교회와 서방교회.
117 신덕도리 dogma.
118 텬샹도리 caelestis doctrina.

victoriam multis mirisque modis certatim praedicare atque efferre.

Quapropter enarrantes verba, quibus Deus praeparata renovandis mortalibus suae pietatis remedia inter ipsa mundi primordia praenuntians et deceptoris serpentis retudit audaciam, et nostri generis spem mirifice erexit inquiens "Inimicitias ponam inter te et mulierem, semen tuum et semen illius" docuere, divino hoc oraculo clare aperteque praemonstratum fuisse misericordem humani generis Redemptorem, scilicet Unigenitum Dei Filium Christum Iesum, ac designatam beatissimam Ejus matrem Virginem Mariam, ac simul ipsissimas utriusque contra diabolum inimicitias insigniter expressas.

> 경을 풀고 신덕도리롤 호위ᄒ고 교우롤 ᄀᄅ치는 칙에 졍셩을 다ᄒ야 동졍녀의 지극ᄒ 거룩홈과 놉흔 위와 아모 죄 씨에 면홈과 인류의 포학ᄒ 원슈롤 긔묘히 이귐을 각양각식으로 징션ᄒ야 칭숑ᄒᄂ니

보건대, 천상도리를 익히 아는 성사(聖師)들과 성교회 학자들이 옛적부터 성경(聖經)을 풀고, 신덕도리를 호위하고, 교우를 가르치는 책에 정성을 다하여 동정녀의 지극한 거룩함과 높은 위와 아무 죄 때에 면함과 인류의 포악한 원수를 기묘히 이김을 각양각색(各樣各色)으로 쟁선(爭先)하여[119] 칭송하나니,

> 인ᄒ야 긔벽 초에 텬쥬ㅣ 교샤ᄒ 비얌의 괘씸홈을 썩그시고 인류의 브람을 신통이 니ᄅ키려ᄒ샤 인ᄌ로이 예비ᄒ신 사ᄅ믈 새롭게 홀 법을 미리 닐ᄋ실 ᄯᅢ 너와 녀인과 네 씨와 뎌의 씨 두 ᄉᆞ이에 원슈롤 미ᄌ리라 ᄒ심을 츄론홀 시 인류의 인ᄌᄒ신 구속쟈롤 /13r/이 말ᄉᆞᆷ에 붉이 ᄀᄅ치심을 뵈여 곳 텬쥬의 외아돌 예수 그리스도와 그 복되신 모친 동졍녀 마리아며 ᄯ호 두 분의 마귀와 원슈됨을 ᄀᄅ침이라

인하여 개벽 초에 천주께서 교사한 뱀의 괘씸함을 꺾으시고, 인류의 바람을 신통(神通)히 일으키려 하시어, 인자로이 예비하신 사람을 새롭게 할 법을 미리 이르실 때 너와 여인과 네 씨와 저의 씨 둘 사이에 원수를 맺으리라 하심을 추론할 새, 인류의 인자하신 구속자를 이 말씀에 밝히 가르치심을 보여, 곧 천주의 외아들 예수 그리스도와 그 복되신 모친 동정녀 마리아와 또한 두 분의 마귀와 원수됨을 가르침이라.

---

119 징션ᄒ야 certatim: 앞다투어.

Quocirca sicut Christus Dei hominumque mediator humana assumpta natura delens quod adversus nos erat chirographum decreti, illud cruci triumphator affixit, sic sanctissima Virgo arctissimo, et indissolubili vinculo cum Eo coniuncta una cum Illo, et per Illum sempiternas contra venenosum serpentem inimicitias exercens, ac de ipso plenissime triumphans, illius caput immaculato pede contrivit.

[13]

Hunc eximium, singularemque Virginis triumphum, excellentissimamque innocentiam, puritatem, sanctitatem, eiusque ab omni peccati labe integritatem, atque ineffabilem caelestium omnium gratiarum, virtutum, ac privilegiorum copiam, et magnitudinem iidem Patres viderunt tum in arca illa Noe, quae divinitus constituta a communi totius mundi naufragio plane salva et incolumis evasit; tum in scala illa, quam de terra ad caelum usque pertingere vidit Iacob, cuius gradibus Angeli Dei ascendebant, et descendebant, cuiusque vertici ipse innitebatur Dominus; tum in rubo illo, quem in loco sancto Moyses undique ardere, ac inter crepitantes ignis flammas non iam comburi aut iacturam vel minimam pati, sed pulcre virescere ac florescere conspexit;

대개 텬쥬와 사룸의게 거간ᄒ신 그리스도는 인셩을 취ᄒᄋ샤 우리 죄 안의 문셔를 ᄲ에아사 십ᄌ가에 영화로이 박으시며 거룩ᄒ신 동졍녀는 예수와 긴졀이 합ᄒ야 셔로 ᄯ러나지 못ᄒ니 예수와 ᄒ가지로 ᄯ 예수로 인ᄒ야 독한 비얌의게 묵은 원슈를 갑고 온젼이 이긔여 그 대가리를 ᄯ믓지 아닌 발노 붋아 ᄭ치셧도다

대개 천주와 사람에게 거간하신 그리스도는 인성(人性)을 취하시어, 우리 죄 안의 문서(文書)를 빼앗아 십자가에 영화롭게 박으시며, 거룩하신 동정녀는 예수와 긴절히 합하여 서로 떠나지 못하니, 예수와 한가지로 또 예수로 인하여 독한 뱀에게 묵은 원수를 갚고 온전히 이겨 그 대가리를 때묻지 않은 발로 밟아 깨치셨도다[120].

/13v/동졍녀의 이 쵸월ᄒᆫ 이긤과 ᄲ여난 졍결홈과 거륵홈과 아모 죄 ᄯᅵ에 면홈과 만 가지 총우며 덕힝이며 특은의 지극히 풍셩홈과 큼을 셩ᄉ들이 ᄯᅩᆫ 여러 모ᄉᆞᆼ에 알아낸지라 노에 궤에도 보니 텬쥬 명으로 일워 온 셰샹이 물에 ᄲᅡ지는 ᄃᆡ 홀노 온젼이 샹홈을 밧지 아니홈이오 야곱의 사다리에도 보니 ᄯᆞ희셔 하ᄂᆞᆯ에 니르러 층층이 텬신이 오르ᄂᆞ리고 그 ᄭᅩᆨᄯᅡᆨ이에 텬쥬ㅣ 친히 의탁ᄒ심이오 모이셔 압희 거륵ᄒᆫ 곳에 불ᄐᆞᆫ 덤불에도 보니 염염ᄒᆫ 불꼿 가온ᄃᆡ 숄오ᄃᆡ 샹홈을 밧지 아닐 /14r/ᄲᅮᆫ 아니라 더욱 아름다이 무셩홈이오

동정녀의 이 초월한 이김과 뛰어난 정결함과 거룩함과 아무 죄 때에 면함과 만 가지 총우(寵佑)[121]며, 덕행이며, 특은의 지극히 풍성함과 큼을 성사(聖師)

---

120 ᄭ치다 contero: 부수다, 조각내다.
121 총우 gratia: 천주의 사랑과 도우심.

tum in illa inexpugnabili turri a facie inimici, ex qua mille clypei pendent, omnisque armatura fortium; tum in horto illo concluso, qui nescit violari, neque corrumpi ullis insidiarum fraudibus; tum in corusca illa Dei civitate, cuius fundamenta in montibus sanctis; tum in augustissimo illo Dei templo, quod divinis refulgens splendoribus plenum est gloria Domini; tum in aliis ejusdem generis omnino plurimis, quibus excelsam Deiparae dignitatem, eiusque illibatam innocentiam, et nulli unquam naevo obnoxiam sanctitatem insigniter praenunciatam fuisse Patres tradiderunt.

들이 또한 여러 모상(貌像)에 알아낸지라. 노에[122]의 궤에도 보니 천주 명으로 이루어 온 세상이 물에 빠지는데 홀로 온전히 상함을 받지 아니함이요, 야곱[123]의 사다리에도 보니 땅에서 하늘에 이르러 층층이 천신이 오르내리고, 그 꼭대기에 천주께서 친히 의탁하심이요, 모이세스[124] 앞에 거룩한 곳에 불타는 덤불에도 보니 염염(焰焰)한[125] 불꽃 가운데 사르되[126], 상함을 받지 않을 뿐 아니라 더욱 아름답게 무성함이요,

경에 긔록ᄒᆞ신 원슈의게 잡히지 못ᄒᆞᆯ 뎍누에도 보니 일쳔 방픠와 용병의 만 가지 군긔 돌녀 둘님이오 이 봉ᄒᆞᆫ 동산에도 보니 아모 비계의 샹홈과 범홈을 모롬이오 이 텬쥬의 빗난 셩에도 보니 그 긔디가 거룩한 산즁에 잇슴이오 이 텬쥬의 거록ᄒᆞᆫ 당에도 보니 텬쥬의 춤 빗ᄎ로 빗최여 쥬의 영광으로 츙만홈이라 이 긋ᄒᆞᆫ 여러 삿ᄎ로 ᄯᅩᆫ 셩모의 놉흔 위와 덧덧ᄒᆞᆫ 조츌홈과 하ᄌᆞ 업ᄂᆞᆫ 거룩홈을 미리 모샹홈을 나타내니라

경에 기록하신 원수에게 잡히지 못할 적누(敵樓)[127]에도 보니 일천 방패와 용병의 만 가지 군기(軍器) 달려 둘림[128]이요, 이 봉한 동산에도 보니 아무 비계(秘計)[129]의 상함과 범함을 모름이요, 이 천주의 빛난 성에도 보니 그 기지(基址)[130]가 거룩한 산중에 있음이요, 이 천주의 거룩한 당에도 보니 천주의

---

122 노에 Noe: 노아.
123 야곱 Iacob.
124 모이서 Moyses: 모세.
125 염염하다 crepito: 활활 타고 있다.
126 슬오다 comburo: 불사르다, 불태우다.
127 뎍누 turra: 적을 감시하는 망루.
128 둘려 둘니다 pendo: 매달려서 둘러싸다.
129 비계 fraus insidiarum: 간악한 짓, 감춰진 술수.
130 긔디 fundamentum: 터전.

[14]

Ad hanc eamdem divinorum munerum veluti summam, originalemque Virginis, de qua natus est Iesus, integritatem describendam iidem Prophetarum adhibentes eloquia non aliter ipsam augustam Virginem concelebrarunt, ac uti columbam mundam, et sanctam Ierusalem, et excelsum Dei thronum, et arcam sanctificationis, et domum, quam sibi aeterna aedificavit Sapientia, et Reginam illam, quae deliciis affluens, et innixa super Dilectum suum ex ore Altissimi prodivit omnino perfecta, speciosa ac penitus cara Deo, et nullo unquam labis naevo maculata.

참 빛으로 비추어 주의 영광으로 충만함이라. 이 같은 여러 끝[131]으로 또한 성모의 높은 위와 덧덧한[132] 조찰함과 하자 없는 거룩함을 미리 모상(貌像)함을 나타내니라[133].

/14v/텬쥬의 은혜 모힘과 예수를 나흐신 동녀의 최초브터 완젼흠을 뵈이려 ㅎ야 셩ᄉ들이 쏘흔 션지쟈의 말ᄉᆷ을 빌어 이 지극ㅎ신 동졍녀를 닐코라 조출흔 빅합이오 거륵흔 예루사름이오 텬쥬의 지존흔 보좌오 거륵흔 결약지궤오 무시무죵ㅎ신 지혜가 즈긔의게 지으신 집이라 ㅎ고 경에 긔록ㅎ신 바 온젼이 아름답고 고으며 텬쥬끠 지극히 친이ㅎ고 조곰도 ᄯᅴᄆᆞᆺ음이 업서 지극히 놉흔 쟈의 입에셔 나와 만 가지 보비를 ᄀ초고 친흔 쟈에 의탁흔 왕후ᄅ ㅎ엿고

천주의 은혜 모임[134]과 예수를 낳으신 동녀의 최초부터 완전함을 보이려 하여 성사(聖師)들이 또한 선지자의 말씀을 빌려 이 지극하신 동정녀를 일컬어 조찰한 백합(白鴿)[135]이요, 거룩한 예루살렘이요, 천주의 지존한 보좌요, 거룩한 결약지궤(結約之櫃)[136]요, 무시무종하신 지혜가 자기에게 지으신 집이라 하고 경에 기록하신바, 온전히 아름답고 고우며, 천주께 지극히 친애하고 조금도 때묻음이 없어 지극히 높은 자의 입에서 나와 만 가지 보배를 갖추고, 친한 자에 의탁한 왕후(王后)라 하였고,

---

131 긋 genus.
132 덧덧흔 illibatus: 영원한.
133 이 긋흔 … 나타내니라 tum in aliis … Patres tradiderunt: 이 문장의 주어가 되는 라틴어 "Patres"(교부들)에 해당되는 번역은 없다.
134 은혜 모힘: munus.
135 빅합 columba: 흰 비둘기.
136 결약지궤 arca: 언약의 궤.

Cum vero ipsi Patres, Ecclesiaeque Scriptores animo menteque reputarent, beatissimam Virginem ab Angelo Gabriele sublimissimam Dei Matris dignitatem ei nuntiante, ipsius Dei nomine et iussu gratia plenam fuisse nuncupatam, docuerunt hac singulari solemnique salutatione nunquam alias audita ostendi, Deiparam fuisse omnium divinarum gratiarum sedem, omnibusque divini Spiritus charismatibus exornatam, immo eorumdem charismatum infinitum prope thesaurum, abyssumque inexhaustam, adeo ut nunquam maledicto obnoxia, et una cum Filio perpetuae benedictionis particeps ab Elisabeth divino acta Spiritu audire meruerit: *Benedicta Tu inter mulieres, et benedictus fructus ventris tui.*

[15]
Hinc non luculenta minus, quam concors eorumdem sententia, gloriosissimam Virginem, cui fecit magna, qui Potens est, ea caelestium omnium donorum vi, ea gratiae plenitudine, eaque innocentia emicuisse, qua veluti ineffabile Dei miraculum, immo omnium miraculorum apex, ac digna Dei mater extiterit, et ad

쏘 갑열 텬신이 복되신 /15r/동녀의게 텬쥬 모친 놉흔 위롤 보홀 쌔에 쥬 명을 쏠아 셩춍을 ᄀᆞ득히 닙으심으로 닐코롬을 궁구ᄒᆞ야 이 특별ᄒᆞ고 영화롭고 만고에 듯지 못ᄒᆞᆫ 하례ᄒᆞᄂᆞᆫ 말숨으로 우리의게 뵈이신 바롤 츄론ᄒᆞ야 갈ᄋᆞ듸 텬쥬의 모친이 곳 텬쥬 모든 셩춍의 좌오 셩신의 모든 은혜롤 ᄀᆞ초아 만 가지 은춍의 무량ᄒᆞᆫ 곳 집이며 무진ᄒᆞᆫ 바다히 되샤 조초지죵히 강화홈에 쇽ᄒᆞ지 아니코 아돌과 ᄒᆞᆫ가지로 덧덧이 강복홈을 누려 가히 셩신의 믁계ᄒᆞ심으로 조차 이사벨의 집에셔 너ㅣ 녀인 즁에 춍복을 밧으시며 /15v/ 쏘ᄒᆞᆫ 네 복 즁에 나신 쟈ㅣ 춍복을 밧아 계시다ᄒᆞ심을 드르셧도다 ᄒᆞ엿ᄂᆞ니라

또 가브리엘(Gabriel) 천신이 복되신 동녀에게 천주 모친 높은 위를 보(報)할 때에 주 명(命)을 따라[137] 성총을 가득히 입으심으로 일컬음을 궁구하여, 이 특별하고, 영화롭고, 만고에 듣지 못한 하례(賀禮)하는 말씀으로 우리에게 보이신 바를 추론하여 가로되 천주의 모친이 곧 천주 모든 성총의 좌(座)요, 성신의 모든 은혜를 갖추어 만 가지 은총의 무량한 곳 집이며, 무진(無盡)한[138] 바다가 되시어 자초지종(自初至終)으로 강화(降禍)함에[139] 속하지 아니하고, 아들과 한가지로 덧덧히 강복(降福)함을 누려 가히 성신의 묵계하심으로 좇아 엘리사벳[140]의 집에서 "너는 여인 중에 총복(寵福)을 받으시며 또한 네 복 중에 나신 자가 총복을 받아 계시다"하심을 들으셨도다 하였느니라.

이에 모든 이 ᄯᅩᆺ을 합ᄒᆞ야 능ᄒᆞ신 쟈의 크게 베프심을 밧은 영화로온 동졍

---

137 쥬 명을 ᄯᅩᆯ아 Dei nomine et iussu: "명"은 라틴어 "issus"(명령)의 번역으로 보았다. 라틴어 "nomen"(이름)에 해당되는 번역은 없다.

138 무진ᄒᆞᆫ inexhaustus: 무궁무진한, 무한한.

139 강화홈 maledictum: 재앙을 내림.

140 이사벨 Elisabeth.

Deum ipsum pro ratione creatae naturae, quam proxime accedens omnibus, qua humanis, qua angelicis praeconiis celsior evaserit.

Atque iccirco ad originalem Dei Genitricis innocentiam, iustitiamque vindicandam, non Eam modo cum Heva adhuc virgine, adhuc innocente, adhuc incorrupta, et nondum mortiferis fraudulentissimi serpentis insidiis decepta saepissime contulerunt, verum etiam mira quadam verborum, sententiarumque varietate praetulerunt. Heva enim serpenti misere obsequuta et ab originali excidit innocentia et illius mancipium evasit, sed beatissima Virgo originale donum iugiter augens, quin serpenti aures unquam praebuerit, illius vim potestatemque virtute divinitus accepta funditus labefactavit.

녀를 가져 붉이 닐ᄋ디 쳔샹 모든 은혜의 힘과 셩춍의 츙만홈과 지극훈 조출홈으로 이러투시 빗나 텬쥬의 놀나온 령젹인 둣 더욱 모든 령젹의 극진홈이 되고 텬쥬 모친 위에 지극히 합당ᄒ야 인셩의 분수대로 텬쥬끠 더홀 것 업시 갓가와 사롬과 텬신의 모든 찬숑에셔 쵸월ᄒ시도다 ᄒ니

이에 모든 이 뜻을 합하여 능하신 자의 크게 베푸심을 받은 영화로운 동정녀를 가져 밝히 이르되, 천상 모든 은혜의 힘과 성총의 충만함과 지극한 조찰함으로 이렇듯이 빛나, 천주의 놀라운 영적(靈迹)[141]인 듯 더욱 모든 영적(靈迹)의 극진함이 되고, 천주 모친 위에 지극히 합당하여 인성의 분수대로 천주께 더할 것 없이 가까워, 사람과 천신의 모든 찬송에서 초월하시도다 하니,

이러므로 텬쥬 셩모의 최초브터 /16r/조출홈과 의로옴을 드러내려 ᄒ야 아직 동녀오 아직 무죄ᄒ고 아직 셩ᄒ고 아직 교샤훈 비얌의 죽일 쇠에 속지 아닌 에와로 더브러 미양 비교홀 쓴 아니라 ᄯ흔 긔이훈 문법과 문ᄉ로 그 ᄶ혀여나심을 뵈인지라 대개 에와는 비얌을 참혹히 슌죵ᄒ야 원의에셔 ᄯ러져 그 죵이 되엿시며 복되신 동졍녀는 최초 은혜를 덧덧이 더ᄒ샤 비얌의게 귀를 기우리지 아닐ᄲᆫ더러 텬쥬끠 밧은 능력으로써 그 힘과 권셰를 근긔ᄉᆞ지 흔드셧도다

이러므로 천주의 성모의 최초부터 조찰함과 의로움을 드러내려 하여 아직 동녀요, 아직 무죄하고, 아직 성(盛)하고[142], 아직 교사(巧詐)한[143] 뱀의 죽일

---

141 령젹 miraculum: 기적.
142 셩훈 incorruptus: 온전한.
143 교샤훈 fraudulentissimus: 교활한.

[16]

Quaproter nunquam cessarunt Deiparam appellare vel lilium inter spinas, vel terram omnino intactam, virgineam, illibatam, immaculatam, semper benedictam, et ab omni peccati contagione liberam, ex qua novus formatus est Adam, vel irreprehensibilem, lucidissimum, amoenissimumque innocentiae, immortalitatis, ac deliciarum paradisum a Deo ipso consitum, et ab omnibus venenosi serpentis insidiis defensum, vel lignum immarcescibile, quod peccati vermis nunquam corruperit, vel fontem semper illimem, et Spiritus Sancti virtute signatum, vel divinissimum templum, vel immortalitatis thesaurum, vel unam et solam non mortis sed vitae filiam, non irae sed gratiae germen, quod semper virens ex corrupta infectaque radice singulari Dei providentia praeter statas communesque leges effloruerit.

꾀에 속지 않은 에와[144]로 더불어, 매양 비교할 뿐 아니라 또한 기이한 문법(文法)과 문사(文詞)로 그 뛰어나심을 보인지라. 대개 에와는 뱀을 참혹히 순종하여 원의(原義)[145]에서 떨어져 그 종이 되었으며, 복되신 동정녀는 최초 은혜를 덧덧이 더하사 뱀에게 귀를 기울이지 않을뿐더러 천주께 받은 능력으로써 그 힘과 권세를 근기(根基)[146]까지 흔드셨도다.

/16v/일노 인ᄒᆞ야 텬쥬의 셩모를 닐코라 미양 닐ᄋᆞ되 형극 즁에 옥줌화ㅣ라 ᄒᆞ고 슌젼ᄒᆞ고 슌박ᄒᆞ며 흥샹 강복홈을 밧고 아모 죄 ᄢᅵ에 무드지 아니ᄒᆞ야 새 아담이 ᄆᆞᄃᆞᆯ닌 숫 ᄯᅡ히루 ᄒᆞ며 지극히 광명ᄒᆞ고 미려ᄒᆞ야 텬쥬ㅣ 친히 심으시고 독한 ᄇᆡ얌의 온갖 계교ㅣ 드지 못ᄒᆞ는 정결홈과 샹싱홈과 희락의 동산이라 ᄒᆞ며 썩지 못ᄒᆞ야 죄의 좀이 흥샹 샹ᄒᆞ지 아닌 남기며 흥샹 조츌ᄒᆞ야 셩신의 덕력으로 봉ᄒᆞ신 시암이며 텬쥬의 당이며 샹성의 보븨루 ᄒᆞ고 홀노 ᄒᆞ나히신 죽음의 아니오 셩명의 /17r/녀ᄌᆞ며 셩노의 아니오 셩총의 ᄡᅡ시 되여 샹히 싱싱ᄒᆞ야 샹ᄒᆞ고 썩은 ᄲᅮᆯ희에서 뎡ᄒᆞ신 평샹한 법 외에 텬쥬의 특별한 공부로 픠엿도다 ᄒᆞ니라

일로 인하여 천주의 성모를 일컬어 매양 이르되, 형극(荊棘)[147] 중에 옥잠화(玉簪花)라 하고, 순전하고, 순박하며, 항상 강복함을 받고 아무 죄 때에 물들지 아니하여, 새 아담이 만들어진 숫[148] 땅이라 하며, 지극히 광명하고 미려하여 천주께서 친히 심으시고 독한 뱀의 온갖 계교가 들지 못하는 정결함과 상생(常生)함과 희락의 동산이라 하며, 썩지 못하여 죄의 좀이 항상 상하

---

144 에와 Heva: 하와.
145 원의 originalis innocentia: 인간이 범죄하기 이전에 하나님의 형상을 닮은 순수한 상태.
146 근긔ᄭᆞ지 funditus: 뿌리까지.
147 형극 spina: 가시.
148 숫 virgineus: 새로운.

Sed quasi haec, licet splendidissima, satis non forent, propriis definitisque sententiis edixerunt, nullam prorsus, cum de peccatis agitur, habendam esse quaestionem de sancta Virgine Maria, cui plus gratiae collatum fuit ad vincendum omni ex parte peccatum; tum professi sunt, gloriosissimam Virginem fuisse parentum reparatricem, posterorum vivificatricem, a saeculo electam, ab Altissimo sibi praeparatam, a Deo, quando ad serpentem ait, inimicitias ponam inter te et mulierem, praedictam, quae procul dubio venenatum eiusdem serpentis caput contrivit;

지 않는 남기[149]이며, 항상 조찰하여 성신의 덕력으로 봉하신 샘이며, 천주의 당이며, 상생의 보배라 하고, 홀로 하나이신 죽음이 아니요, 생명의 여자며, 성노(聖怒)가 아니요, 성총의 싹이 되며, 상(常)하여[150] 싱싱하여, 상하고 썩은 뿌리에서 정하신 평상한 법 외에 천주의 특별한 공부[151]로 피였도다 하니라.

이 모든 거시 비록 지극히 붉으나 오히려 부죡히 넉여 비유를 쓰지 아니ᄒᆞ고 바로 말ᄒᆞ야 닐ᄋᆞ되 죄를 의논홀 째에 진실노 거륵ᄒᆞ신 동졍녀 마리아는 조곰도 므를 바ㅣ 업서 임의 셩총을 풍셩히 밧으샤 죄악을 온젼이 닉엿다 ᄒᆞ고 쏘 영화로온 동녀ㅣ 조샹을 슈보ᄒᆞ고 후ᄉᆞ를 살니신 쟈ㅣ라 ᄒᆞ며 지극히 놉흔 쟈의 기벽 젼에 갈히시고 /17v/ᄯᅩ로 두신 쟈ㅣ며 텬쥬ㅣ 비얌ᄃᆞ려 너와 녀인 두 ᄉᆞ이에 원슈를 미즈리라 ᄒᆞ심으로 친히 미리 닐ᄋᆞ신 쟈ㅣ며 인ᄒᆞ야 비얌의 독ᄒᆞᆫ 대가리를 볿아 ᄶᅵ치신 쟈ㅣ라 ᄒᆞ고

이 모든 것이 비록 지극히 밝으나, 오히려 부족하게 여겨 비유를 쓰지 아니하고, 바로 말하여 이르되, 죄를 의논할 때에 진실로 거룩하신 동정녀 마리아는 조금도 물을[152] 바가 없어 임의 성총을 풍성히 받으시어, 죄악을 온전히 이겼다 하고, 또 영화로운 동녀가 조상을 수보(修補)[153]하고, 후사를 살리신 자[154]라 하며, 지극히 높은 자의 개벽 전에 가리시고 따로 두신 자이며, 천주께서 뱀더러 너와 여인 두 사이에 원수를 맺으리라 하심으로 친히 미리

---

149 남기 lignum: 나무.
150 샹히 semper: 항상.
151 공부 providentia.
152 므러보다 habeo quaestio: (의문을 가지고) 물어보다.
153 슈보 repatrix.
154 살니신 쟈 vivificatrix.

ac propterea affirmarunt, eamdem beatissimam Virginem fuisse per gratiam ab omni peccati labe integram, ac liberam ab omni contagione et corporis, et animae, et intellectus, ac semper cum Deo conversatam, et sempiterno foedere cum Illo coniunctam, nunquam fuisse in tenebris, sed semper in luce, et iccirco idoneum plane extitisse Christo habitaculum non pro habitu corporis, sed pro gratia originali.

[17]
Accedunt nobilissima effata, quibus de Virginis Conceptione loquentes testati sunt, naturam gratiae cessisse, ac stetisse tremulam pergere non sustinentem; nam futurum erat, ut Dei Genitrix Virgo non antea ex Anna conciperetur, quam gratia fructum ederet: concipi siquidem primogenitam oportebat, ex qua concipiendus esset omnis creaturae primogenitus.

이르신 자이며, 인하여 뱀의 독한 대가리를 밟아 깨치신[155] 자라 하고,

쏘 복되신 동녀ㅣ 특은으로 아모 죄 씨를 면호고 육신이나 령혼이나 졍신에 아모 무들믈 밧지 아니ᄒᆞ야 흥샹 텬쥬로 더브러 뫼시고 당신과 ᄒᆞᆫ가지로 영원ᄒᆞᆫ 미ᄌᆞᆷ으로 합ᄒᆞ야 캄캄ᄒᆞᆫ 가온대 잠간도 잇지 아니코 흥샹 광명ᄒᆞᆫ 즁에 잇서 실노 그리스도의 가히 거ᄒᆞ실 바ㅣ니 육신의 아롬다오심이 아니오 오직 최초 특총으로 /18r/인홈이라 ᄒᆞ니라

또 복되신 동녀가 특은으로 아무 죄 때를 면하고, 육신이나 영혼이나 정신에 아무 물듦을 받지 아니하여 항상 천주로 더불어 모시고, 당신과 한가지로 영원한 맺음으로 합하여 캄캄한 가운데 잠깐도 있지 않고, 항상 광명한 중에 있어 실로 그리스도의 가히 거하실 바이니, 육신의 아름다우심이 아니오, 오직 최초 특총으로 인함이라 하니라.

쏘 동졍녀의 잉튀홈을 놉히 칭숑ᄒᆞ야 닐ᄋᆞ디 인셩이 놀나와 썰고 감히 나아가지 못ᄒᆞ야 셩총의게 자리를 내여드렷거니 반두시 몬져 셩총이 열미를 낸 후에야 이에 텬쥬 셩모 동졍녀ㅣ 안나의게 잉튀홈을[156] 밧으시고 반두시 몬져 쟝녀ㅣ 잉튀홈을 밧으신 후에야 이에 만유의 쟝ᄌᆞㅣ 잉튀홈을 밧으실 거시라 ᄒᆞ고

또 동정녀의 잉태함을 높이 칭송하여 이르되, 인성이 놀라워 떨고 감히 나아가지 못하여 성총에게 자리를 내어드렸거니, 반드시 먼저 성총이 열매를

---

155 비얌의 ... 볿아 ᄭᅴ치신 procul dubio venenatum ... contrivit: 라틴어 "procul dubio"(확실히)에 해당되는 번역은 없다.

156 잉튀홈을: 사본에는 '임튀홈을'.

Testati sunt carnem Virginis ex Adam sumptam maculas Adae non admisisse, ac propterea beatissimam Virginem tabernaculum esse ab ipso Deo creatum, Spiritu Sancto formatum, et purpureae revera operae, quod novus ille Beseleel auro intextum variumque effinxit, eamdemque esse meritoque celebrari ut illam, quae proprium Dei opus primum extiterit, ignitis maligni telis latuerit, et pulcra natura, ac labis prorsus omnis nescia, tamquam aurora undequaque rutilans in mundum prodiverit in sua Conceptione immaculata.

Non enim decebat, ut illud vas electionis communibus lacesseretur iniuriis, quoniam plurimum a ceteris differens, natura communicavit non culpa, immo prorsus decebat, ut sicut Unigenitus in caelis Patrem habuit, quem Seraphim ter sanctum extollunt, ita matrem haberet in terris, quae nitore sanctitatis nunquam caruerit.

낸 후에야 이에 천주의 성모 동정녀가 안나[157]에게 잉태함을 받으시고, 반드시 먼저 장녀가 잉태함을 받으신 후에야 이에 만유의 장자가 잉태함을 받으실 것이라 하고,

쏘 동정녀의 육신이 아담으로 조차 나온 거시로되 아담의 씨를 밧지 아닌 고로 복되신 동녀ㅣ 실노 련쥬ㅣ 친히 지으시고 /18v/셩신이 문두샤 새 베세릐엘이 되샤 신묘한 공부로 슌금과 문 가지로 보븨로 쑤미신 당이니 가히 닐코라 련쥬의 본 공부오 악신의 불살을 밧지 못하고 본디 아름답고 아모 씨를 모르고 잉틱홀 쌔 무염원죄하야 태양이 비로소 오르기 젼에 스방에 쏘이는 광치와 굿치 셰샹에 나시니라 하니

또 동정녀의 육신이 아담으로 좇아 나온 것이로되, 아담의 때를 받지 않은 고로, 복되신 동녀가 실로 천주께서 친히 지으시고 성신이 만드시어 새 베셀르엘[158]이 되사, 신묘한 공부로 순금과 만 가지 보배로 꾸미신 당(堂)[159]이니 가히 일컬어 천주의 본 공부요, 악신의 불살을 받지 못하고, 본디 아름답고 아무 때를 모르고, 잉태할 때 무염원죄하여 태양이 비로소 오르기 전에 사방에 쏘이는 광채와 같이 세상에 나시니라 하니,

대개 이 간션하신 그릇시 다른 사롬과 크게 달나 그 본셩은 통하되 죄는 통하지 아니하니 공번된 샹홈을 밧는 거시 맛당치 아닐 쏜 아니라 지극히 맛당한 거슨 곳 셩쥬의 셩부를 텬샹에셔 모든 텬신이/19r/거륵하심으로 칭숑홈 굿치 셩쥬의 모친도 셰샹에셔 거륵한 빗치 업슬 때 업슴이로다

---

157 안나 Anna.
158 베세리엘 Beseleel: 브살렐. 출애굽기 31장 1~11절 참고.
159 당 tabernaculum.

Atque haec quidem doctrina adeo majorum mentes, animosque occupavit, ut singularis et omnino mirus penes illos invaluerit loquendi usus, quo Deiparam saepissime compellarunt immaculatam, omnique ex parte immaculatam, innocentem et innocentissimam, illibatam et undequaque illibatam, sanctam et ab omni peccati sorde alienissimam, totam puram, totam intemeratam, ac ipsam prope puritatis et innocentiae formam, pulcritudine pulcriorem, venustate venustiorem, sanctiorem sanctitate, solamque sanctam, purissimamque anima et corpore, quae supergressa est omnem integritatem, et virginitatem, ac sola tota facta domicilium universarum gratiarum Sanctissimi Spiritus, et quae, solo Deo excepto, extitit cunctis superior, et ipsis Cherubim, et Seraphim, et omni exercitu Angelorum *natura pulcrior, formosior et sanctior*, cui praedicandae caelestes et terrenae linguae minime sufficiunt.

대개 이 간선(簡選)하신 그릇이 다른 사람과 크게 달라 그 본성은 통하되 죄는 통하지 아니하니, 공변된[160] 상함을 받는 것이 마땅하지 않을 뿐 아니라 지극히 마땅한 것은 곧 성자의 성부를 천상에서 모든 천신이 거룩하심으로 칭송함 같이 성자의 모친도 세상에서 거룩한 빛이 없을 때 없음이로다.

셩ᄉᆞ와 션진들의 ᄆᆞᄋᆞᆷ과 명오에 이 도리 엇더케 박혓ᄂᆞᆫ지 긔이ᄒᆞ고 특별ᄒᆞᆫ 말법에 셩습ᄒᆞ야 텬쥬 셩모ᄅᆞᆯ ᄆᆡ양 닐ᄏᆞ라 조츨ᄒᆞ고 원통 조츨ᄒᆞ며 무죄ᄒᆞ고 지극히 무죄ᄒᆞ며 하ᄌᆞ 업고 조곰도 업ᄉᆞ며 거륵ᄒᆞ고 아조 죄 ᄯᅢ에 지극히 멀며 온젼이 졍결ᄒᆞ고 온젼이 ᄯᅢ뭇음이 업ᄉᆞ며 졍결홈과 무죄홈의 표준인 ᄃᆞᆺᄒᆞ야 아름다움에서 더 아름답고 고음에서 더 곱고 거륵홈에서 더 거륵ᄒᆞ며 홀노 령육에 /19v/ 거륵ᄒᆞ고 지극히 조츨ᄒᆞ야 모든 슌젼홈과 동졍임을 ᄯᅱ여나 셩신의 온갓 셩춍의 궁뎐이 홀노 온젼이 되샤 텬쥬 ᄒᆞ나 외에 모든 이에 쵸월ᄒᆞ야 게루빔 세라핌과 텬신져품에셔 본ᄃᆡ 더 아름답고 존귀ᄒᆞ고 거륵ᄒᆞ샤 텬샹텬하의 만구만셜이 찬숑ᄒᆞ야 밋지 못ᄒᆞ리로다 ᄒᆞ니라

성사(聖師)와 선진(先進)들의 마음[161]과 명오(明悟)[162]에 이 도리 어떻게 박혔는지 기이하고, 특별한 말법에 성습(聖習)하여[163] 천주의 성모를 매양 일컬어 조찰하고 온통 조찰하며, 무죄하고 지극히 무죄하며, 하자 없고 조금도 없으며, 거룩하고 아주 죄 때에 지극히 멀며 온전히 정결하고, 온전히 때 묻음이 없으며, 정결함과 무죄함의 표준인 듯하여 아름다움에서 더 아름답고, 고움에서 더 곱고, 거룩함에서 더 거룩하며, 홀로 영육에 거룩하고, 지극히 조찰하여 모든 순전함과 동정임을 뛰어넘어 성신의 온갖 성총의 궁전

---

160 공변된 communis: 공공의, 공통된.
161 ᄆᆞᄋᆞᆷ mens.
162 명오 anima.
163 셩습하다 invalesco: 거룩히 익히다, 배우다.

Quem usum ad sanctissimae quoque litugiae[11] monumenta atque ecclesiastica officia sua veluti sponte fuisse traductum, et in illis passim recurrere, ampliterque dominari nemo ignorat, cum[12] in illis Deipara invocetur et praedicetur veluti una incorrupta pulcritudinis columba, veluti rosa[13] semper vigens, et undequaque purissima[14] et semper immaculata semperque beata, ac celebretur[15] uti innocentia, quae nunquam fuit laesa, et altera Heva, quae Emmanuelem peperit.

---

11 liturgiae: 1854 litugiae.
12 cum: 1854 cumr.
13 rosa: 1854 brosa.
14 purissima: 1854 purisrsima.
15 celebretur: 1854 celectur.

(宮殿)이 홀로 온전히 되시어, 천주 하나 외에 모든 이에 초월하여 케루빔[164]과 세라핌[165]과 천신제품(天神諸品)[166]에서[167], 본디 더 아름답고, 존귀하고, 거룩하시어, 천상천하의 만구만설(萬口萬說)이 찬송하여 미치지 못하리로다 하니라.

이 말법은 거록호 례졀의 경문과 성교회 일과에 졀노 흘너들고 죵죵 뵈이고 크게 나타난 줄을 모르는 이 업스니 대개 경문에 텬쥬 셩모를 브르지지며 홀노 조출호고 아롬다온 빅합이오 온젼이 곱고 흥샹 퓌엿는 /20r/ 미괴화오 흥샹 복되고 씨뭇지 아니코 샹흠을 밧지 못훈 결졍홈이오 새 에와ㅣ 되여 엠마누엘을 나흐신 쟈로 닐큿느니라

이 말법은 거룩한 예절의 경문(經文)과 성교회 일과(日課)에 절로 흘러들고, 종종 보이고, 크게 나타난 줄을 모르는 이 없으니, 대개 경문(經文)에 천주의 성모를 부르짖으며, 홀로 조찰하고 아름다운 백합(白鴿)이요, 온전히 곱고 항상 피어 있는 매괴화(玫瑰花)[168]요, 항상 복되고 때묻지 아니하고[169] 상함을 받지 못한 결정(潔淨)함이요[170], 새 에와가 되며 엠마누엘[171]을 낳으신 자로 일컫느니라.

---

164 게루빔 Cherubim.
165 세라핌 Seraphim.
166 텬신져픔 omnis exercitus Angelorum.
167 에서: ~부다, 한층 더.
168 미괴화 rosa.
169 흥샹 복되고 씨뭇지 아니코 purissima et semper immaculata semperque beata: 라틴어 "purissima"(지극히 순수하고)에 해당되는 번역은 없다.
170 결졍흠 innocentia: 순수함, 순결함.
171 엠마누엘 Emmanuel.

[18]

Nil igitur mirum si de Immaculata Deiparae Virginis Conceptione doctrinam iudicio Patrum divinis litteris consignatam, tot gravissimis eorumdem testimoniis traditam, tot illustribus venerandae antiquitatis monumentis expressam et celebratam, ac maximo gravissimoque Ecclesiae indicio propositam et confirmatam tanta pietate, religione et amore ipsius Ecclesiae Pastores, populique fideles quotidie magis profiteri sint gloriati, ut nihil iisdem dulcius, nihil carius, quam ferventissimo affectu Deiparam Virginem absque labe originali conceptam ubique colere, venerari, invocare, et praedicare.

Quamobrem ab antiquis temporibus Sacrorum Antistites, Ecclesiastici viri, regulares Ordines, ac vel ipsi Imperatores et Reges ab hac Apostolica Sede enixe efflagitarunt, ut Immaculata sanctissimae Dei Genitricis Conceptio veluti catholicae fidei dogma definiretur. Quae postulationes hac nostra quoque aetate iteratae fuerunt, ac potissimum felicis recordationis Gregorio XVI Praedecessori Nostro, ac Nobis ipsis oblatae sunt tum ab Episcopis, tum a Clero saeculari, tum a Religiosis Familiis, ac summis Principibus et fidelibus populis.

텬쥬 셩모 동졍녀 무염원죄잉틱의 도리가 본딕 셩경에 실니고 셩슈들의 지즁흔 증거로 젼ᄒ고 샹고의 분명흔 유력에 나타나고 셩교회의 지즁지대흔 판단흠으로 뵈인즉 쥬교 탁덕과 교우 빅셩들이 날노 지극흔 졍셩과 ᄉ랑으로 이 도리를 더욱 밋고 드러내기를 영광으로 알아 무염원죄잉틱ᄒ신[172] 텬쥬 셩모를 쳐쳐히 지셩으로 위ᄒ고 /20v/공경ᄒ고 브르지지고 강논ᄒ기를 즐기고 됴화ᄒᄂ 거시 엇지 괴이ᄒ리오

천주의 성모 동정녀 무염원죄잉태의 도리가 본디 성경에 실리고, 성사(聖師)들의 지중한 증거로 전하고, 상고(上古)의 분명한 유력(遺歷)에 나타나고, 성교회의 지중지대(至重至大)한 판단함으로 보인즉, 주교 탁덕(鐸德)과 교우 백성들이 날로 지극한 정성(精誠)과 사랑으로 이 도리를 더욱 믿고 드러내기를 영광으로 알아, 무염원죄잉태하신 천주의 성모[173]를 처처(處處)에서 지성(至誠)[174]으로 위하고, 공경하고, 부르짖고, 강론하기를 즐기고, 좋아하는 것이 어찌 괴이하리요.

일노 조차 녜브터 쥬교들이나 탁덕이나 슈도ᄒᄂ 회나 뎨황과 국왕들도 종도좌의게 텬쥬 셩모 무염원죄잉틱흠을 신덕도리로 판단흠을 ᄀ쳥ᄒ엿고 근셰에도 이 ᄀᆺ흔 쳥이 ᄯ흔 잇어 특별이 우리 션 교종 웨리오[175] 뎨십륙위에 니르러 자조 되고 ᄯ흔 쥬교들과 탁덕과 슈도ᄒᄂ 회와 놉흔 국왕과 빅셩들의 쳥흠이 우리의게도 니르럿ᄂ니라

---

172 잉틱ᄒ신: 사본에는 "인틱ᄒ신".
173 텬쥬 셩모를 Deiparam Virginem: 라틴어 "Virginem"(동정녀)에 해당되는 번역은 없다.
174 지셩 affectus ferventissimus: 지극 정성.
175 웨리오: 단락 [8]에서는 "에오릳"라고 되어 있다.

[19]

Nos itaque singulari animi Nostri gaudio haec omnia probe noscentes, ac serio considerantes, vix dum licet immeriti arcano divinae Providentiae consilio ad hanc sublimem Petri Cathedram evecti totius Ecclesiae gubernacula tractanda suscepimus, nihil certe antiquius habuimus, quam pro summa Nostra vel a teneris annis erga sanctissimam Dei Genitricem Virginem Mariam veneratione, pietate et affectu ea omnia peragere, quae adhuc in Ecclesiae votis esse poterant, ut beatissimae Virginis honor augeretur, eiusque praerogativae uberiori luce niterent. Omnem autem maturitatem adhibere volentes constituimus peculiarem VV. FF. NN. S. R. E. Cardinalium religione, consilio[16], ac divinarum rerum scientia illustrium Congregationem, et viros ex Clero tum saeculari, tum regulari, theologicis disciplinis apprime excultos selegimus, ut ea omnia, quae Immaculatam Virginis Conceptionem respiciunt, accuratissime perpenderent, propriamque sententiam ad Nos deferrent.

---

16 consilio: 1854 concilio.

일로 좇아 예부터 주교들이나, 탁덕(鐸德)[176]이나, 수도하는 회[177]나, 제황과 국왕들도 종도좌(宗徒座)[178]에게 천주의 성모 무염원죄 잉태함을 신덕도리로 판단함을 간청하였고, 근세(近歲)에도 이 같은 청이 또한 있어, 특별히 우리 선(先) 교종(敎宗) 그레고리우스 제십육위에 이르러 자주 되고, 또한 주교들과 탁덕과 수도하는 회[179]와 높은 국왕과 백성들의 청함이 우리에게도 이르렀느니라.

우리는 이 모든 거슬 붉이 알아 지극히 즐거온 므음으로 /21r/근신히 ᄉᆞ랑ᄒᆞᄂᆞᆫ 즁에 텬쥬의 은밀ᄒᆞ신 ᄯᅳᆺ으로 비록 공이 업ᄉᆞ나 베드루의 놉흔 좌에 올나 온 셩교회의 다ᄉᆞ림을 잡으매 곳 힘을 다ᄒᆞ야 어린 ᄣᅢ로 조차 텬쥬 셩모 동졍녀 마리아ᄅᆞᆯ 공경ᄒᆞ고 ᄉᆞ랑ᄒᆞᄂᆞᆫ 우리 졍셩을 쏠아 복되신 동녀의 영광을 더ᄒᆞ고 그 특은을 더옥 나타내기ᄅᆞᆯ 위ᄒᆞ야 교즁의 원ᄒᆞᄂᆞᆫ 바ᄅᆞᆯ 온젼이 일우려 ᄒᆞᆯ ᄉᆡ 만만 신즁히 힝코져 ᄒᆞ야 이에 졍셩과 의견과 셩학 지식에 유명ᄒᆞᆫ 홍의쥬교 의회ᄅᆞᆯ 특별이 셰우고 ᄯᅩ 셰속과 슈원에셔 텬쥬도리에 지극히 닉은 탁덕들을 /21v/굴히여 ᄒᆞ여곰 동녀의 원죄 업시 잉ᄐᆡᄒᆞᆷ에 관계ᄒᆞᆫ 모든 ᄉᆞ졍을 ᄌᆞ셰히 구힉ᄒᆞᆫ 후에 뎌의 본 의견을 우리의게 드리기ᄅᆞᆯ 분부ᄒᆞ엿고 ᄯᅩ 동녀의 원죄 없시 잉ᄐᆡᄒᆞᆷ을 쟝ᄎᆞᆺ 판단ᄒᆞ기ᄅᆞᆯ 쳥ᄒᆞᄂᆞᆫ 문쟝을 인ᄒᆞ야

우리는 이 모든 것을 밝히 알아, 지극히 즐거운 마음으로 근신히 사랑하는 중에 천주의 은밀하신 뜻으로 비록 공이 없으나, 페트루스[180]의 높은 좌에 올라, 온 성교회의 다스림을 잡으매, 곧 힘을 다하여 어린 때로 좇아 천주

---

176 탁덕 Eccelsiasticus Vir.
177 슈도ᄒᆞᄂᆞᆫ 회 Ordo regularis.
178 종도좌 Apostolica Sedes: 사도좌.
179 슈도ᄒᆞᄂᆞᆫ 회 Religiosa Familia.
180 베드루 Petrus: 베드로

Quamvis autem Nobis ex receptis postulationibus de definienda tandem aliquando Immaculata Virginis Conceptione perspectus esset plurimorum Sacrorum Antistitum sensus, tamen Encyclicas Litteras die 2 Februarii anno 1849 Caietae datas ad omnes Venerabiles Fratres totius catholici orbis sacrorum Antistites misimus, ut, adhibitis ad Deum precibus, Nobis scripto etiam significarent, quae esset suorum fidelium erga Immaculatam Deiparae Conceptionem pietas, ac devotio, et quid ipsi praesertim Antistites de hac ipsa definitione ferenda sentirent, quidve exoptarent, ut, quo fieri solemnius posset, supremum Nostrum iudicium proferremus.

의 성모 동정녀 마리아를 공경하고 사랑하는 우리 정성을 따라 복되신 동녀의 영광을 더하고, 그 특은을 더욱 나타내기를 위하여 교중의 원하는 바를 온전히 이루려 할 새, 만만(萬萬)[181] 신중히 행하고자 하여, 이에 정성(精誠)과 의견과 성학(聖學) 지식에 유명한 홍의주교(紅衣主敎)[182] 의회를 특별히 세우고, 또 세속과 수원(修院)에서 천주도리[183]에 지극히 익은 탁덕들을 갈하여[184], 하여금 동녀의 원죄 없이 잉태함에 관계한 모든 사정을 자세히 구핵(究覈)한[185] 후에, 저의 본 의견을 우리에게 드리기를 분부하였고, 또 동녀의 원죄 없이 잉태함을 장차 판단하기를 청하는 문장을 인하여,

비록 여러 쥬교의 의향을 붉이 알앗시나 쏘흔 강싱 후 일쳔팔뷕ᄉ십구년 이월 뎨이일에 가예다에셔 보텬하에 우리 공경ᄒ온 뎨형 모든 쥬교의게 글을 보내여 ᄒ여곰 텬쥬ᄭᅴ 근구ᄒᆞᆫ 후에 그 쇽ᄒᆞᆫ 교우들이 텬쥬 셩모 원죄 업시 잉ᄐᆡᄒᆞᆷ을 엇더케 밋고 공경ᄒᆞᆷ과 아오로 이 도리 /22r/판단ᄒᆞᆯ 여부를 부듸 스ᄉᆞ로 엇더케 싱각ᄒᆞᆷ과 우리의 ᄯᅳᆺ 판단을 현연이 반포ᄒᆞ기를 위ᄒᆞ야 엇더케 원흠을 셔ᄌᆞ로 우리의게 통ᄒᆞ기를 분부ᄒᆞ엿노라

비록 여러 주교의 의향을 밝히 알았으나, 또한 강생 후 일천팔백사십구년 이월 제이일에 가예타[186]에서 보천하(普天下)에 우리 공경하는 제형 모든 주교에게 글을 보내어 하여금 천주께 간구한 후에, 그 속한 교우들이 천주의

---

181 만만 omnis: 완전히.
182 홍의쥬교 VV. FF. NN. S. R. E. Cardinalis: Venerabilis Frater Noster Sanctae Romanae Ecclesiae Cardinalis(공경하는 우리 형제, 거룩한 로마 교회의 추기경). 단락 [21] 참조.
183 텬쥬도리 theologica disciplina.
184 골히다 seligo: 가려내다, 선택하다.
185 구힉ᄒᆞ다 perpendo: 속속들이 조사하다.
186 가예다 Caieta: 이탈리아 라치오주 라티나 지방에 위치한 도시.

[20]

Non mediocri certe solatio affecti fuimus ubi eorumdem Venerabilium Fratrum ad Nos responsa venerunt. Nam iidem incredibili quadam iucunditate, laetitia, ac studio Nobis rescribentes non solum singularem suam, et proprii cuiusque Cleri, Populique fidelis erga Immaculatum beatissimae Virginis Conceptum pietatem, mentemque denuo confirmarunt, verum etiam communi veluti voto a Nobis expostularunt, ut Immaculata ipsius Virginis Conceptio supremo Nostro iudicio et auctoritate definiretur.

Nec minori certe interim gaudio perfusi sumus, cum VV. FF. NN. S. R. E. Cardinales commemoratae peculiaris Congregationis, et praedicti Theologi Consultores a Nobis electi pari alacritate et studio post examen diligenter adhibitum hanc de Immaculata Deiparae Conceptione definitionem a Nobis efflagitaverint.

성모 원죄 없이 잉태함을 어떻게 믿고, 공경함과 아울러 이 도리 판단할 여부를 부디 스스로 어떻게 생각함과 우리의 끝 판단을 현연(顯然)히[187] 반포하기를 위하여 어떻게 원함을 서자(書字)로 우리에게 통하기를 분부하였노라.

> 우리 공경ᄒᆞ온 뎨형의 회답이 임의 니ᄅᆞ매 과연 위로됨이 젹지 아닌지라 대개 모든 이 형언ᄒᆞᆯ 길 업ᄂᆞᆫ 즐거옴과 셩근으로 붓슬 잡아 ᄌᆞ긔 의견과 쇽ᄒᆞᆫ 탁덕과 교우 ᄇᆡᆨ셩의 복된 동졍녀 원죄 업시 잉ᄐᆡᄒᆞ심을 밋고 공경ᄒᆞᄂᆞᆫ ᄯᅳᆺ을 다시 증거ᄒᆞᆯ ᄲᅮᆫ 아니라 ᄯᅩ한 여츌일구ᄒᆞ야 동졍녀 원죄 업시 잉ᄐᆡᄒᆞᆷ을 /22v/ 우리 결ᄉᆞ와 권으로 판단ᄒᆞ기를 근쳥ᄒᆞ고

우리 공경하는 제형의 회답이 이미 이르매, 과연 위로됨이 적지 아니한지라. 대개 모든 이 형언할 길 없는 즐거움과 성근(聖勤)으로 붓을 잡아 자기 의견과 속한 탁덕과 교우 백성의 복된 동정녀 원죄 없이 잉태하심을 믿고, 공경하는 뜻을 다시 증거할 뿐 아니라 또한 여출일구(如出一口)[188]하여 동정녀 원죄 없이 잉태함을 우리 결사(決死)와 권(權)으로 판단하기를 간청하고,

> 겸ᄒᆞ야 우리 특별이 셰운 회의 홍의쥬교들과 특별이 골ᄒᆡᆫ 셩학에 닉은 탁덕들이 졍셩과 힘을 ᄀᆞ치 다ᄒᆞ야 ᄉᆞ연을 ᄌᆞ셰히 구ᄒᆡᆨᄒᆞᆫ 후에 이 텬쥬 셩모 원죄 업시 잉ᄐᆡᄒᆞᆷ을 판단ᄒᆞ기를 ᄯᅩᄒᆞᆫ 근구ᄒᆞ니 우리 즐거옴이 더옥 ᄀᆞ득ᄒᆞ며

겸하여 우리 특별히 세운 회의 홍의주교(紅衣主敎)들과 특별히 갈한 성학에 익은 탁덕들이 정성과 힘을 같이 다하여 사연을 자세히 구핵(究覈)한 후에, 이 천주의 성모 원죄 없이 잉태함을 판단하기를 또한 간구하니, 우리 즐거

---

187 현연ᄒᆞᆫ solemnior: 분명한.
188 여출일구 commune veluti votum a Nobis: 한 입에서 나온 것 같음, 이구동성(異口同聲).

[21]

Post haec illustribus Praedecessorum Nostrorum vestigiis inhaerentes, ac rite recteque procedere optantes indiximus et habuimus Consistorium, in quo Venerabiles Fratres Nostros Sanctae Romanae Ecclesiae Cardinales alloquuti sumus, eosque summa animi Nostri consolatione audivimus a Nobis exposcere, ut dogmaticam de Immaculata Deiparae Virginis Conceptione definitionem emittere vellemus.

[22]

Itaque plurimum in Domino confisi advenisse temporum opportunitatem pro Immaculata sanctissimae Dei Genitricis Virginis Mariae Conceptione definienda, quam divina eloquia, veneranda traditio, perpetuus Ecclesiae sensus, singularis catholicorum Antistitum, ac fidelium conspiratio et insignia Praedecessorum Nostrorum acta, constitutiones mirifice illustrant atque declarant;

움이 더욱 가득하며,

인흐야 젼 교종들이 영화로온 자최룰 볿아 법답게 바로 나아가기룰 원흐야 대좌긔룰 뎡흐야 추리고 우리 공경흐온 뎨형 거륵흔 로마회의 홍의쥬교들 의게 말을 베픈 후에 곳 모든이 텬쥬 셩모 /23r/원죄 업시 잉틱홈을 신덕도리로 판단흐기룰 우리의게 쳥홈을 듯고 ᄆᆞ옴의 즐거옴이 지극흐니라

인하여 전(前) 교종(敎宗)들이 영화로운 자취를 밟아 법(法)답게[189] 바로 나아가기를 원하여 대좌기(大座起)[190]를 정하여 차리고, 우리 공경하는 제형 거룩한 로마회의 홍의주교(紅衣主敎)들[191]에게 말을 베푼 후에, 곧 모든 이가 천주의 성모 원죄 없이 잉태함을 신덕도리[192]로 판단하기를 우리에게 청함을 듣고, 마음의 즐거움이 지극하니라.

일노 조차 온젼이 쥬ᄭᅴ 의지흐야 싱각건대 텬쥬 셩모 동졍 마리아 원죄 업시 잉틱홈이 셩경과 젼흔 바 도리와 셩교회의 뎟뎟흔 의향과 쥬교들과 모든 교우들의 일심의 합홈과 젼 교종들의 죠셔와 힝흐심으로 임의 현연이 붉고 나타는 거ᄉᆞ 힝혀 텬쥬의 뎡흐신 아조 판단홀 긔약이 니루럿다 흐야

이리로 좇아 온전히 주께 의지하여 생각건대, 천주의 성모 동정 마리아 원죄 없이 잉태함이 성경과 전한 바, 도리와 성교회의 떳떳한 의향과 주교들과 모든 교우들의 일심의 합함과 전(前) 교종(敎宗)들의 조서와 행하심으로

---

189 법답게 rite: 법에 맞게.
190 대좌긔 Consistorium: 추기경 회의; cf. 좌긔후다: 일을 처리하다, 판단하다.
191 뎨형 거륵흔 로마회의 홍의주교 Venerabilis Frater Noster Sanctae Romanae Ecclesiae Cardinalis.
192 신덕도리 dogmatica definitio.

rebus omnibus diligentissime perpensis, et assiduis, fervidisque ad Deum precibus effusis, minime cunctandum Nobis esse censuimus supremo Nostro iudicio Immaculatam ipsius Virginis Conceptionem sancire, definire, atque ita pientissimis catholici orbis desideriis, Nostraeque in ipsam sanctissimam Virginem pietati satisfacere, ac simul in Ipsa Unigenitum Filium[17] suum Dominum Nostrum Iesum Christum magis atque magis honorificare, cum in Filium redundet quidquid honoris et laudis in Matrem impenditur.

[23]

Quare postquam nunquam intermisimus in humilitate et ieiunio privatas Nostras et publicas Ecclesiae preces Deo Patri per Filium Eius offerre, ut Spiritus Sancti virtute mentem Nostram dirigere, et confirmare dignaretur, implorato universae caelestis Curiae praesidio, et advocato cum gemitibus Paraclito Spiritu, eoque sic adspirante, ad honorem Sanctae et Individuae Trinitatis, ad decus et ornamentum Virginis Deiparae, ad exaltationem Fidei catholicae, et

---

17 Filium: 1854 Fidelium.

임의 현연(顯然)히 밝고 나타난 것은 행여 천주의 정하신 아주 판단할 기약이 이르렀다 하여,

> 모든 ᄉ연을 다시 근실이 궁구ᄒ고 미양 /23v/텬쥬ᄭᅴ 근졀ᄒᆫ 긔도를 밧쳐 동졍녀 원죄 업시 잉ᄐᆡᄒᆞᆷ을 우리 결ᄉᆞ로 뎡ᄒ고 판단ᄒ기를 지체ᄒ지 못ᄒᆞᆯ 줄노 ᄠᅳᆺᄒ니 일노써 보텬하 교우의 열졀ᄒᆫ 원의와 거륵ᄒ신 동졍녀 위ᄒᄂᆫ 우리 졍셩을 치울 거시오 아오로 셩모를 인ᄒ야 그 외아돌 우리 쥬 예수 그리스도를 더옥 총양케 ᄒᆯ 거시니 모친을 공경ᄒ고 찬송ᄒᄂᆫ 모든 거시 아들의게 도라감이니라

모든 사연을 다시 근실(勤實)히 궁구하고, 매양 천주께 간절한 기도를 바쳐 동정녀 원죄 없이 잉태함을 우리 결사(決死)로 정하고 판단하기를 지체하지 못할 줄로 뜻하니, 이로써 보천하에 교우의 열절(熱切)한[193] 원의(原義)와 거룩하신 동정녀 위하는 우리 정성을 채울 것이요, 아울러 성모를 인하여 그 외아들 우리 주 예수 그리스도를 더욱 총양(寵揚)하게 할 것이니, 모친을 공경하고 찬송하는 모든 것이 아들에게 돌아감이니라.

> 그런고로 겸비ᄒᆫ ᄠᅳᆺ과 대지로써 우리 ᄉᆞᄉ 긔도와 셩교회 공도를 셩조로 인ᄒ야 텬쥬 셩부ᄭᅴ 드려 /24r/셩신의 도으심으로 우리 ᄆᆞ음을 거ᄂᆞ리시기를 간단 업시 구ᄒᆫ 후에 텬죠의 호위ᄒᆞᆷ을 쳥ᄒ고 셩신의 슬피 브르지져 그 인도ᄒᆞ심을 ᄯᅩ라 삼위일톄신 셩삼의 공경ᄒᆞᆷ을 위ᄒ고 텬쥬 셩모 동졍녀의 영광을 위ᄒ고 진도의 드러남과 셩교회의 널님을 위ᄒ야

---

193 열졀ᄒᆫ pientissimus: 열성적인, 열렬한.

Christianae Religionis augmentum,

auctoritate Domini Nostri Iesu Christi, beatorum Apostolorum Petri, et Paulli, ac Nostra declaramus, pronunciamus et definimus, doctrinam, quae tenet, beatissimam Virginem Mariam in primo instanti suae Conceptionis fuisse singulari omnipotentis Dei gratia et privilegio, intuitu meritorum Christi Iesu Salvatoris humani generis, ab omni originalis culpae labe praeservatam immunem, esse a Deo revelatam, atque iccirco ab omnibus fidelibus firmiter constanterque credendam.

그런고로 겸비한 뜻과 대제(大齊)[194]로써 우리 사사(私私)[195] 기도와 성교회 공도(公禱)[196]를 성자로 인하여 천주 성부께 드려 성신의 도우심으로 우리 마음을 거느리시기를 간단(間斷)[197]없이 간구한 후에 천조(天朝)[198]의 호위함을 청하고, 성신께 슬피 부르짖어 그 인도하심을 따라 삼위일체(三位一體)이신 성삼(聖三)[199]의 공경함을 위하고, 천주의 성모 동정녀의 영광을 위하고, 진도(眞道)[200]의 드러남과 성교회[201]의 늘림을[202] 위하여,

오쥬[203] 예슈 그리스도와 셩 베드루 바로 죵도와 우리의 권으로 써 일뎡코 판단ᄒᆞ야 복되신 동졍녀 잉퇴ᄒᆞ시ᄂᆞᆫ 최초에 젼능 텬쥬의 특별ᄒᆞᆫ 은춍으로 인류 구쇽ᄒᆞ신 예수 그리스도의 쟝뤼 공노를 미리 닙어 원죄의 씨를 /24v/ 온젼이 면ᄒᆞ심이 텬쥬의 믁계ᄒᆞ신 도리로 완결ᄒᆞ고 모든 교우들은 확실ᄒᆞ고 흥구ᄒᆞᆫ 뜻으로 맛당이 밋을 줄노 알게 ᄒᆞ노라

오주 예수 그리스도와 성 페트루스와 파울루스 종도(宗徒)[204]와 우리의 권으로써 일정하게 판단하여, 복되신 동정녀 잉태하시는 최초에 전능 천주의 특별한 은총으로 인류 구속하신 예수 그리스도의 장래 공로(功勞)를 미리 입어

---

194 대지 ieiunium: 단식재(斷食齋).
195 ᄉᆞᄉᆞ[로온] privatus: 개인적인.
196 공도 publica prex.
197 간단ᄒᆞ다 intermitto: 끊기다, 중지하다.
198 텬죠 caelestis Curia: 천조(天朝). 하늘에 있는 조정(朝廷).
199 삼위일톄신 셩삼 Sancta et Individua Trinitas.
200 진도 Fides catholica.
201 셩교회 Christiana Religio.
202 널림 augmentum: 늘림, 확장.
203 오쥬 Dominus Noster.
204 죵도 Apostololus: 사도.

Quapropter si qui secus ac a Nobis definitum est, quod Deus avertat, praesumpserint corde sentire, ii noverint, ac porro sciant, se proprio iudicio condemnatos, naufragium circa fidem passos esse, et ab unitate Ecclesiae defecisse, ac praeterea facto ipso suo semet poenis a iure statutis subiicere, si quod corde sentiunt, verbo aut scripto, vel alio quovis externo modo significare ausi fuerint.

[24]
Repletum quidem est gaudio os Nostrum et lingua Nostra exultatione, atque humillimas maximasque Christo Iesu Domino Nostro agimus et semper agemus gratias, quod singulari suo beneficio Nobis licet immerentibus concesserit hunc honorem atque hanc gloriam et laudem sanctissimae suae Matri offerre et decernere.

원죄의 때를 온전히 면하심이 천주의 묵계하신 도리로 완결하고, 모든 교우들은 확실하고 항구한 뜻으로 마땅히 믿을 줄로 알게 하노라.

이러므로 쥬의 은혜로 아모도 거스리지 말게 ᄒᆞ심을 ᄇᆞ라ᄃᆡ 누구를 의논치 말고 만일 우리 판단ᄒᆞᆫ 바와 감히 달니 ᄆᆞᄋᆞᆷ에 ᄉᆡᆼ각ᄒᆞ면 맛당이 알지니 제 ᄉᆞᄉᆞ 뜻으로 결안ᄒᆞ야 신덕에 걸녀 믄허짐이오 지극히 ᄒᆞ나히신 셩회에 갈닌 거시오 ᄯᅩ 만일 ᄆᆞᄋᆞᆷ에 ᄉᆡᆼ각ᄒᆞᆫ 거슬 말이나 셔ᄌᆞ나 혹 다른 모양으로 감히 밧긔 나타내면 법에 뎡ᄒᆞ신 벌을 졀노 당ᄒᆞᆷ이니라

이러므로 주의 은혜로 아무도 거스르지 말게 하심을 바라되 누구를 의논하지 말고, 만일 우리 판단한 바와 감히 달리 마음에 생각하면 마땅히 알지니, 제 사사(私私) 뜻으로 결안하여 신덕에 걸려 무너짐이요, 지극히 하나이신 성회에 갈린[205] 것이요, 또 만일 마음에 생각한 것을 말이나, 서자(書字)나, 혹 다른 모양으로 감히 밖에 나타내면 법에 정하신 벌을 절로 당함이니라.

/25r/과연 즐거옴이 우리 입에 ᄀᆞ득ᄒᆞ고 우리 혀가 흔연이 ᄶᅱ노ᄂᆞᆫ도다 오 쥬 예수 그리스도ㅣ 특별ᄒᆞᆫ 은혜로 우리 비록 공이 업ᄉᆞ나 그 거룩ᄒᆞ신 모친의게 이 영광과 존귀ᄒᆞᆷ을 뎡ᄒᆞ고 드러ᄂᆞᆫ 영광을 허락ᄒᆞ셧시니 겸손ᄒᆞᆫ 뜻으로 크게 샤례ᄒᆞ고 뎟뎟이 샤례ᄒᆞ리이다

과연 즐거움이 우리 입에 가득하고, 우리 혀가 흔연(欣然)히 뛰노는도다[206]. 오주 예수 그리스도께서 특별한 은혜로 우리 비록 공이 없으나, 그 거룩하신 모친에게 이 영광과 존귀함을 정하고 드러난 영광을 허락하셨으니, 겸손

---

205 갈니다 deficio: 갈리다, 나뉘다.
206 흔연이 ᄶᅱ놀미 exultatio: 흔쾌히 뛰놂.

Certissima vero spe et omni prorsus fiducia nitimur fore, ut ipsa beatissima Virgo, quae tota pulcra et Immaculata venenosum crudelissimi serpentis caput contrivit, et salutem attulit mundo, quaeque Prophetarum Apostolorumque praeconium, et honor Martyrum, omniumque Sanctorum laetitia et corona, quaeque tutissimum cunctorum periclitantium perfugium, et fidissima auxiliatrix, ac totius terrarum orbis potentissima apud Unigenitum Filium suum mediatrix, et conciliatrix, ac praeclarissimum Ecclesiae sanctae decus et ornamentum, firmissimumque praesidium cunctas semper interemit haereses, et fideles populos, gentesque a maximis omnis generis calamitatibus eripuit, ac Nos ipsos a tot ingruentibus periculis liberavit;

velit validissimo suo patrocinio[18] efficere, ut Sancta Mater catholica Ecclesia cunctis amotis difficultatibus, cunctisque profligatis erroribus, ubicumque gentium, ubicumque locorum quotidie magis vigeat, floreat, ac regnet a mari usque ad mare et a flumine usque ad terminos orbis terrarum, omnique pace, tranquillitate, ac libertate

---

18 patrocinio: 1854 patronicio.

한 뜻으로 크게 사례하고 덧덧이 사례하리이다.

온젼이 밋고 부라건대 복되신 동녀ㅣ 원죄에 뭇지 아니코 온젼이 아름다오샤 임의 포악흔 비얌의 독흔 대가리를 볿아 씨쳐 셰샹에 성명을 가져오시고 션지쟈와 죵도들의 찬숑홈과 치명쟈의 영광과 져 셩의 즐거옴과 화관이 /25v/되시고 위험을 당ᄒᆞ는 이의 굿센 의탁과 셩실흔 도으심이오 그 외아들 압희 젼구ᄒᆞ야 온 셰샹의 화호ᄒᆞ심이오 셩교회의 영화로온 빗과 견고흔 호위홈이 되샤 흥샹 모든 녈교를 씨치시고 빅셩과 나라를 갓가지 화란에 건지시고 우리도 무수히 위박흔 즁에 구ᄒᆞ셧시니

온전히 믿고 바라건대, 복되신 동녀께서 원죄에 묻지 아니하고 온전히 아름다우시어 임의 포악한 뱀의 독한 대가리를 밟아 깨쳐 세상에 생명을 가져 오시고, 선지자와 종도들의 찬송함과 치명자(致命者)[207]의 영광과 저 성(聖)인들의 즐거움과 화관이 되시고, 위험을 당하는 이의 굿센 의탁과 성실한 도우심이요, 그 외아들 앞에 젼구(轉求)하여[208] 온 세상의 화호(化好)하심이요[209], 성교회의 영화로운 빛과 견고한 호위함이 되시어 항상 모든 열교(裂敎)[210]를 깨치시고, 백성과 나라를 갖가지 화란(禍亂)[211]에서 건지시고, 우리도 무수히 위박(危迫)한[212] 중에 구하셨으니,

이제도 쏘흔 그 지능흔 쥬보ᄒᆞ심으로 셩교회를 권고ᄒᆞ샤 모든 환난과 샤도

---

207 치명자 Martyr: 순교자.
208 젼구ᄒᆞ[는 쟈] mediatrix: 기도하[는 자], 중재하[는 자],.
209 화호ᄒᆞ[는 쟈] conciliatrix: 개종[한 자].
210 녈교 haeresis: 이교(異敎).
211 화란 calamitas: 재앙과 난리.
212 위박홈 ingruens periculum: 위험이 임박함.

fruatur, ut rei veniam, aegri medelam, pusilli corde robur, afflicti consolationem, periclitantes adjutorium[19] obtineant, et omnes errantes discussa mentis caligine ad veritatis ac iustitiae semitam redeant, ac fiat unum ovile, et unus pastor.

[25]
Audiant haec Nostra verba omnes Nobis carissimi catholicae Ecclesiae filii, et ardentiori usque pietatis, religionis, et amoris studio pergant colere, invocare, exorare beatissimam Dei Genitricem Virginem Mariam sine labe originali conceptam, atque ad hanc dulcissimam misericordiae et gratiae Matrem in omnibus periculis, angustiis, necessitatibus, rebusque dubiis ac trepidis cum omni fiducia confugiant.

---

19 adjutorium: 1854 asiutorium.

룰 이긔여 만민과 쳐쳐에 날노 더옥 셩ᄒ고 펴이고 바다희셔 바다히며 강의셔 셰샹 민 ᄭᆞᆺ히 니ᄅᆞ히 대힝ᄒᆞ야 화평홈과 편안홈을 누리게 /26r/ᄒᆞ샤 ᄡᅥ 죄인이 용셔홈과 병든 이 나음과 심약ᄒᆞᆫ 이 굿셈과 근심ᄒᆞᆫ 이 위로홈과 위퇴ᄒᆞᆫ 이 도음을 엇게 ᄒᆞ시고 길 일흔 쟈ᄂᆞᆫ 심신의 캄캄홈을 헷치고 진도와 의로온 길에 도라와 ᄒᆞᆫ 우리와 ᄒᆞᆫ 목쟈ㅣ 되게 ᄒᆞ시리로다

이제도 또한 그 지능(至能)[213]한 주보(主保)하심으로[214] 셩교회를 권고하시어 모든 환란과 사도(邪道)[215]를 이기어 만민과 처처(處處)에 날로 더욱 셩하고[216], 퍼지고,[217] 바다에서 바다에며, 강에서 셰상 맨 끝에 나란히 대행(大行)하여[218] 화평함과 편안함을 누리게 하시어, 이로써 죄인이 용서함과 병든 이 나음과 심약한 이 굳셈과 근심한 이 위로함과 위태한 이 도움을 얻게 하시고, 길 잃은 자는 심신의 캄캄함을 헤치고, 진도와 의로운 길에 돌아와 한 우리와 한 목자가 되게 하시리로다.

온 셩교회의 지극히 친이ᄒᆞᄂᆞᆫ ᄌᆞ식들아 이 우리 말ᄉᆞᆷ을 듯고 더옥 졍셩과 ᄉᆞ랑을 다ᄒᆞ야 복되신 텬쥬 셩모 동졍녀 마리아 원죄 업시 잉ᄐᆡᄒᆞ심을 공경ᄒᆞ고 브ᄅᆞ지지고 구홀 거시오 만 가지 위험과 급난홈과 의심홈과 겁낸 가온대 굿이 ᄇᆞ라는 /26v/ᄯᅳᆺ으로 이 인ᄌᆞᄒᆞ시고 은혜로오신 모친ᄭᅴ 도라 갈지어다

---

213 지능ᄒᆞ validissimus: 지극한 능력이 있는, 강한.
214 쥬보홈 patrocinium: 보호함, 후원함.
215 샤도 error: 미신.
216 셩ᄒ다 vigeo: 많다, 풍부하다.
217 펴이다 floreo: 퍼지다.
218 대힝ᄒ다 regno: 널리 알려지다, 크게 되다.

Nihil enim timendum, nihilque desperandum Ipsa duce, Ipsa auspice, Ipsa propitia, Ipsa protegente, quae maternum sane in nos gerens animum, nostraeque salutis negotia tractans de universo humano genere est sollicita, et caeli, terraeque Regina a Domino constituta, ac super omnes Angelorum choros Sanctorumque ordines exaltata adstans a dextris Unigeniti Filii Sui Domini Nostri Iesu Christi maternis suis precibus validissime impetrat, et quod quaerit invenit, ac frustrari non potest.

[26]
Denique ut ad universalis Ecclesiae notitiam haec Nostra de Immaculata Conceptione beatissimae Virginis Mariae definitio deducatur, has Apostolicas Nostras Litteras, ad perpetuam rei memoriam extare voluimus; mandantes ut harum transumptis, seu exemplis etiam impressis, manu alicuius Notarii publici subscriptis, et sigillo personae in ecclesiastica dignitate constitutae munitis eadem prorsus fides ab omnibus adhibeatur, quae ipsis praesentibus

온 성교회의 지극히 친애하는 자식들아, 이 우리 말씀을 듣고 더욱 정성과 사랑을 다하여 복되신 천주의 성모 동정녀 마리아 원죄 없이 잉태하심을 공경하고, 부르짖고, 구할 것이요, 만 가지 위험과 급난(急難)[219]함과 겁낸 가운데 굳이 바라는 뜻으로 이 인자하시고 은혜로우신 모친께 돌아갈지어다.

> 그 거느리고 돕고 돌보고 호위ᄒᆞ시ᄂᆞᆫ 아래ᄂᆞᆫ 두렵고 실망ᄒᆞᆯ 거시 업ᄂᆞ니 과연 어미 ᄆᆞ음으로 우리ᄅᆞᆯ 보시고 인류의 모든 일과 우리 구령ᄒᆞᄂᆞᆫ 일을 근신히 쥬션ᄒᆞ시며 텬쥬ᄭᅴ 샹텬하디에 모황의 위ᄅᆞᆯ 맞아 신셩 모든 픔 우희 계셔 그 아들 오쥬 예수 그리스도 곁에 안ᄌᆞ샤 모친의 힘으로 구ᄒᆞ시니 구ᄒᆞᄂᆞᆫ 바ᄅᆞᆯ 엇으시고 헛되이ᄂᆞᆫ 못ᄒᆞ심이니라

그 거느리고, 돕고, 돌보고, 호위하시는 아래는 두렵고 실망할 것이 없나니, 과연 어미 마음으로 우리를 보시고 인류의 모든 일과 우리 구령하는 일을 근신(謹愼)히[220] 주선하시며, 천주께 상천하지(上天下地)에 모황(母皇)의 위를 맡아 신성(神聖) 모든 품 위에 계시어, 그 아들 오주 예수 그리스도 곁에 앉으시어 모친의 힘으로 구하시니, 구하는 바를 얻으시고, 헛되이는 못하심이니라.

> ᄆᆞᆺ춤내 시러곰 복되신 동녀 마리아 원죄 업시 잉ᄐᆡᄒᆞ심의 /27r/ 우리 판단ᄒᆞᆷ을 온 셩교회에 젼파ᄒᆞ고 ᄉᆞ졍의 영구히 긔억ᄒᆞᆷ을 위ᄒᆞ야 종도좌에셔 난 이 판문에 젹엇시니 그 등셔나 판각에 만일 공변된 셔긔가 착명ᄒᆞ고 위에 잇ᄂᆞᆫ 사ᄅᆞᆷ이 답인ᄒᆞ엿시면 곳 이 본문 ᄀᆞᆺ치 쥰신ᄒᆞ기ᄅᆞᆯ 분부ᄒᆞ노라

---

219 급난 angustia: 갑작스러운 어려움.
220 근신ᄒᆞᄂᆞᆫ sollicitus: 주의하는, 조심하는.

adhiberetur, si forent exhibitae, vel ostensae.

[27]

Nulli ergo hominum liceat paginam hanc Nostrae declarationis, pronunciationis, ac definitionis infringere, vel ei ausu temerario adversari et contraire. Si quis autem hoc attentare praesumpserit, indignationem omnipotentis Dei ac beatorum Petri et Paulli Apostolorum eius se noverit incursurum.

[28]

Datum Romae apud Sanctum Petrum Anno Incarnationis Dominicae millesimo octingentesimo quinquagesime quarto VI Idus Decembris Anno MDCCCLIV. Pontificatus Nostri Anno Nono.

Romae apud Sanctum Petrum
Datum

마침내 시러곰[221] 복되신 동녀 마리아 원죄 없이 잉태하심의 우리 판단함을 온 성교회에 전파하고, 사정의 영구히 기억함을 위하여 종도좌에서 난 이 판문에 적었으니, 그 등서(謄書)[222]나 판각(板刻)에 만일 공변된 서기(書記)가 착명(着名)하고[223], 위(位)에 있는 사람이 답인(踏印)하였으면[224], 곧 이 본문같이 준신(遵信)하시를[225] [226] 분부하노라.

우리 결명ᄒᆞ고 판단ᄒᆞᆫ 바 이 ᄒᆞᆫ 쟝을 누구 의논치 말고 감히 업시ᄒᆞ거나 거스리거나 듸뎍지 못ᄒᆞᆯ 거시오 만일 혹 감히 범ᄒᆞ려 드는 쟈는 젼능ᄒᆞ신 텬쥬와 셩베드루 바오로 종도의 의노를 당홀 줄노 알니로다

우리 결정하고 판단한바, 이 한 장(張)을 누구 의논치 말고 감히 없이하거나[227], 거스리거나, 대적하지 못할 것이요. 만일 혹 감히 범하려 드는 자는 전능하신 천주와 성 페트루스와 파울루스 종도의 의노를 당할 줄로 알리로다.

/27v/ 예수 강생 후 일천팔빅오십ᄉ년 십이졀 초팔일
즉위 구년에

---

221 시러곰 ut: ~하기 위해.
222 등셔ᄒᆞᆫ transumptus: 베낀.
223 착명ᄒᆞ다 subscribo manu: 서명하다.
224 답인ᄒᆞ다 munio sigillo: 도장을 찍다.
225 쥰신ᄒᆞ다 adhibeo fides: 그대로 좇아서 믿다.
226 쥰신ᄒᆞ기를 fides ab omnibus adhibeatur, quae ipsis praesentibus adhiberetur, si forent exhibitae, vel ostensae: 라틴어 구문 "quae ipsis praesentibus adhiberetur, si forent exhibitae, vel ostensae"(이것들이 펼쳐져 보이게 되면, 참석한 이들에게 가져다 주기를)에 해당되는 번역은 없다.
227 업시ᄒᆞ는 temerarius: 없어지게 하다.

로마 셩 베드루 셩당에셔 반포

비오 교종 아홉재

예수 강생 후 일천팔백오십사년 십이절 초팔일 초팔일[228]

즉위 구년에

로마 성 페트루스 성당에서 반포

피우스 교종(敎宗) 아홉째

---

228 VI Idus: Idus는 로마력에서 12월의 13일을 의미한다.

결문

Nota ajoutée par M. Sire, directeur au séminaire de Saint Sulpice:
"ont signé ici, à ma demande, le jour da l'Epiphanie 1867,
dans ma cellule de Saint Sulpice, les 3 missionnaires désignés pour aller
remplacer les missionnaires martyrisés le 8 Mars, le 11 et le 30 1866."

Alexandre Jérémie Martineau de Luçon, missionnaire apostolique en Corée
Eugène Richard de Luçon, missionnaire apostolique en Corée
Gustave Blanc de Lyon, missionnaire apostolique en Corée

결문

생 쉴피스 신학교 교장 시르 몬시뇰에 의해 추가된 주석
"1866년 3월 8일, 11일, 30일에 순교한 선교사들을 대신하기 위하여 파견될 예정인
세 명의 선교사들이 나의 요청에 따라,
1867년 주님 공현 대축일에 생 쉴피스의 내 방에서,
다음과 같이 서명하였다."

뤼송 교구 출신이며 조선의 교황 파견 선교사인 알렉상드르 제레미 마르티노
뤼송 교구 출신이며 조선의 교황 파견 선교사인 의젠 리샤르
리용 교구 출신이며 조선의 교황 파견 선교사인 귀스타브 블랑

라틴어-한글 용어 찾아보기

표제어	예문	옛한글 번역	현대어 번역	단락 번호
a		씌	께	[25]
a		조차	좇아	[19]
	a fine usque ad finem	조초지죵	자초지종	[1]
ab		브터	부터	[1][2][18]
ab		에	에	[4][10]
ab		에셔	에서	[14][15]
ab		의게	에게	[18]
	ab initio et ante saecula	무시지시로브터	무시지시로부터	[1]
absconditus		심오훈	심오한	[1]
	mysterium absconditum	심오훈 뜻	심오한 뜻	[1]
absolvo		샤호다	사하다	[8]
absque		아니	아니	[8][9]
	absque labe originali	무염원죄[로]	무염원죄[로]	[18]
abyssus		바다	바다	[14]
ac		쏘	또	[23]
	ac simul	쏘훈	또한	[12]
academia		학	학	[10]
	Theologica Academia	태학	태학	[10]
accedo		오다	오다	[15]
	proxime accedo	갓가이 오다	가까이 오다	[15]
acceptus		젼훈	전한	[11]
accipio		밧다	받다	[15]
accipio		보호다	보하다	[2]
accuratissime		조세히	자세히	[19]
activus		노훈	놓은	[8]
actum		묵계홈	묵계함	[14]
	actum divino Spiritu	성신의 묵계홈	성신의 묵계함	[14]
actum		힝홈	행함	[22]

표제어	예문	옛한글 번역	현대어 번역	단락 번호
	tot insignia sane acta	ᄉᆞ젹	사적	[3]
actus		ᄢᅥ러진	떨어진	[1]
ad		ᄭᅴ	께	[15][19][22][25]
ad		위ᄒᆞ야	위하여	[1][23][26]
Adam		아담	아담	[1][16]
addo		더ᄒᆞ다	더하다	[11]
adeo		엇더케	어떻게	[17]
adeo		조초지죵히	조초지종으로	[14]
adhibeo		븟치다	붙이다	[2]
adhibeo		빌다	빌다	[14]
adhibeo		힝ᄒᆞ다	행하다	[19]
	adhibeo examen	구획ᄒᆞ다	구획하다	[20]
	adhibeo fides	쥰신ᄒᆞ다	준신하다	[26]
adhuc		아직	아직	[15]
adiungo		혜아리다	헤아리다	[10]
adjicio		더ᄒᆞ다	더하다	[6]
adjutorium		도음	도움	[24]
admirabilis		긔이흔	기이한	[2]
adspiro		인도ᄒᆞ다	인도하다	[23]
adsto		안짜	앉다	[25]
advenio		니르다	니르다	[22]
adversarius		뒤뎍ᄒᆞ는	대적하는	[27]
adversus		샹반흔	상반한	[6]
	quod adversus	죄	죄	[12]
advoco		브르지지다	부르짓다	[23]
aedifico		짓다	짓다	[14]
aeger		병든 이	병든 이	[24]
aequalis		ᄀᆞᆺ흔	같은	[1]
aetas		근셰	근세	[18]
aetas		셰	세	[18]
aeternitas		[*영원흠이, 영구흠이, 쟝구흠이, 무시무죵]		
	omnis aeternitas	무시지시	무시지시	[1]
aeternus		무시무죵흔	무시무종한	[14]
affectus		ᄉᆞ랑홈	사랑함	[19]

라틴어-한글 용어 찾아보기 | 149

표제어	예문	옛한글 번역	현대어 번역	단락 번호
	affectus ferventissimus	지셩	지성	[18]
affero		내다	내다	[8]
affigo		박다	박다	[12]
affirmo		[*증거하다, 결단하다]		
	arbitror et affirmo	닐ㅇ다	이르다	[5]
afflictus		근심흔 이	근심한 이	[24]
affluo		ᄀ초다	갖추다	[14]
agnus		고양	고양	[3]
ago		[*힝하다, 하다]		
	agendum esse existimo	물니시나	물리치다	[5]
	ago gratias	샤례하다	사례하다	[24]
ago		위하다	위하다	[5]
ago		의논하다	의논하다	[16]
aio		하다	하다	[16]
alacritas		졍셩	정성	[20]
Alexander VII		아릭산 데칠위	알렉산더 제칠위	[5][7]
alias		만고에	만고에	[14]
alienissimus		지극히 먼	지극히 먼	[17]
alienissimus		크게 다른	크게 다른	[5]
aliquando		[*엇던 때]		
	tandem aliquando	쟝ᄎ	장차	[19]
alius		다른	다른	[8][23]
alloquor		말을 베플다	말을 베풀다	[21]
altarium		제딘	제대	[4]
alter		새	새	[17]
	inter primum atque alterum … instans et momentum	시말	시말	[5]
altus		놉흔	높은	[14]
	altissimus	지극히 놉흔 [쟈]	지극히 높은 [자]	[14][16]
ambiguus		분명치 아니[흔]	분명치 아니[한]	[5]
amoenus		미려흔	미려한	[16]
amor		사랑	사랑	[18][25]
	prosequor amore	사랑하다	사랑하다	[1]
amoveo		앗다	앗다	[7]
amplifico		널니고져 하다	널리고자 하다	[5]

표제어	예문	옛한글 번역	현대어 번역	단락 번호
amplifico		더ᄒ다	더하다	[4]
ampliter		크게	크게	[17]
amplitudo		밋ᄎᆷ	미침	[10]
anceps		분명치 아니[ᄒᆫ]	분명치 아니[한]	[5]
angelicus		텬신엣	천신의	[15]
	Angelicus Spiritus et Sanctus	신성	신성	[1]
Angelus		텬신	천신	[14]
	Angelus Dei	텬신	천신	[13]
	Angelus Sanctus	신성	신성	[25]
	omnis exercitus Angelorum	텬신져픔	천신제품	[17]
angustia		급난흠	급난함	[25]
anima		령	영	[17]
		령혼	영혼	[5][7][16]
animus		ᄆᆞᄋᆞᆷ	마음	[2][4][17][19][21][25]
	laetissimo prorsus animo	즐겨	즐겨	[4]
	reputo animo menteque	궁구ᄒ다	궁구하다	[14]
Anna		안나	안나	[16]
annus		년	년	[19][28]
annus		ᄣᅢ	때	[19]
ante		[젼에, 압희, 몬져]		
	ab initio et ante saecula	무시지시로브터	무시지시로부터	[1]
	longe ante	초월ᄒ게	초월하게	[1]
antea		몬져	먼저	[16]
antiquitas		녯적	옛적	[11]
antiquitas		샹고	상고	[18]
antiquitus		녯적에	옛적에	[11]
antiquus		녯	옛	[1]
	antiquissimum tempus	녯적	옛적	[2]
	antiquus tempus	녯[적]	옛[적]	[18]
Antistes		쥬교	주교	[2][10][18][19][22]
	Sacrorum Antistites	쥬교	주교	[2][10][18][19]
apertissime		붉이	밝히	[3]
apex		극진흠	극진함	[15]

표제어	예문	옛한글 번역	현대어 번역	단락 번호
Apostolicus		죵도좌에셔 난	종도좌에서 난	[26]
	Apostolica Sedes	죵도좌	종도좌	[18]
Apostololus		죵도	종도	[23][24][27]
	persona Apostolorum Principis	셩 베드루	성 페트루스	[3]
appello		닐크루다	일커르다	[16]
apprime		지극히	지극히	[19]
apud		압희	앞에	[24]
arbitrium		의향	의향	[8]
arbitror		[*싱각하다]		
	arbitror et attimo	닐오다	이르다	[5]
arca		결약지궤	결약지궤	[14]
arca		궤	궤	[13]
arcanus		은밀흔	은밀한	[19]
arctissimo		긴절이	긴절히	[12]
ardentior		더옥	더욱	[25]
ardeo		불타다	불타다	[13]
argumentum		의논	의논하다	[8]
armatura		군긔	군기	[13]
ascendo		오르다	오르다	[13]
assequor		밋다	미치다	[1]
assero		그루치다	가르치다	[10]
assero		닐오다	이르다	[4]
assero		말후다	말하다	[5]
assero		증거하다	증거하다	[3]
assiduus		간절흔	간절한	[22]
assumo		취하다	취하다	[12]
atque		쏘	또	[4]
atque		쏘흔	또한	[5][6]
atque		아오로	아울러	[10]
attento		하려 들다	하려 들다	[27]
attingo		밋츠다	미치다	[1]
attulo		가져오다	가져오다	[24]
auctoritas		권	권	[4][20][23]
audacia		괘씸훔	괘씸함	[12]
audeo		감히 [후다]	감히 [하다]	[8][23][27]

표제어	예문	옛한글 번역	현대어 번역	단락 번호
audio		듣다	듣다	[14][21][25]
augeo		더후다	더하다	[15][19]
augeo		뎡후다	정하다	[4]
augmentum		널님	널림	[23]
augustissimus		거륵훈	거룩한	[13]
augustus		지극훈	지극한	[14]
auris		귀	귀	[15]
aurora		광치	광채	[17]
aurum		슌금	순금	[17]
auspex		도음	도움	[25]
aut		쏘	또	[4]
aut		혹	혹	[8]
autem		쏘	또	[19]
auxiliatrix		도으심	도우심	[24]
averto		거스리다	거스리다	[23]
Basilica		셩당	성당	[4]
	Liberiana Basilica	리베리아나 셩당	리베리아나 성당	[4]
beatus		복된	복된	[1][17]
	beatissimus	복된	복된	[14][15][16][23][24][25][26]
beatus		셩	성	[23]
	beata Maria	무리아	마리아	[7]
	beatissima Mater	셩모	성모	[5]
	beatissima Virgo	동녀	동녀	[5]
	beatissimus	거륵훈	거룩한	[7][10]
benedictio		강복홈	강복함	[14]
benedictus		강복홈을 밧은	강복함을 받은	[16]
benedictus		츙복을 밧은	총복을 받은	[14]
beneficium		은혜	은혜	[24]
Beseleel		베세리엘	베셀리엘 (*브살렐)	[17]
bonitas		인즈로움	인자로움	[1]
caelestis		텬샹엣	천상의	[11][12][15][17]
	caelestis charisma	은총	은총	[1]
	caelestis Curia	텬됴	천조	[23]
	caelestis doctrina	텬샹도리	천상도리	[11]

표제어	예문	옛한글 번역	현대어 번역	단락 번호
	caelestis eloquium	텬샹도리	천상도리	[12]
	caelestis et terrenus	텬샹텬하의	천상천하의	[17]
	caelestis gratia	총우	총우	[13]
	caelestis revelatio	믁계흠	묵계함	[2]
caelum		하늘	하늘	[13]
caelum		텬샹	천상	[17]
	caelum [et] terra	샹텬하디	상천하지	[25]
Caieta		가예다	가예타	[19]
calamitas		화란	화란	[24]
caligo		캄캄흠	캄캄함	[24]
Capitulum		탁덕	탁덕	[7]
caput		대가리	대가리	[12][16][24]
Cardinalis		[*홍의쥬교]		
	Venerabilis Frater Noster Sanctae Romanae Ecclesiae Cardinalis	홍의쥬교	홍의주교	[21]
	VV. FF. NN. S. R. E. Cardinalis	홍의쥬교	홍의주교	[19][20]
careo		업다	없다	[17]
carissimus		지극히 친이흐는	지극히 친애하는	[25]
caro factus		강싱흠	강생함	[1]
carus		됴화흐는	좋아하는	[18]
carus		친이흐는	친애하는	[14][25]
cathedra		좌	좌	[19]
catholicus		셩교의	성교의	[3]
	catholica Ecclesia	셩교회	성교회	[2][24][25]
	catholica Fides	진도	진도	[23]
	catholicae fidei dogma	신덕도리	신덕도리	[18]
	catholicorum Antistites	쥬교	주교	[22]
catholicus		온	온	[2]
	catholicus orbis	보텬하	보천하	[19][22]
	catholicus orbis	텬하	천하	[11]
cedo		자리를 내여주다	자리를 내어주다	[16]
celebrior		유명흔	유명한	[10]
celebro		공경흐다	공경하다	[5]
celebro		닐크루다	일커르다	[17]
celebro		지내다	지내다	[7]

표제어	예문	옛한글 번역	현대어 번역	단락 번호
celebro		직희다	지키다	[4]
celsus		[*놉흔]		
	evado celsior	쵸월ᄒᆞ다	초월하다	[15]
censeo		뜻ᄒᆞ다	뜻하다	[22]
censura		기절	기절	[7][9]
census		[호적, 구실]		
	eodem censu ac numero	ᄀᆞ치	같이	[4]
centrum		근본	근본	[3]
certatim		징션ᄒᆞ야	쟁선하여	[12]
certe		과연	과연	[20]
cesso		[*긋치다, 간단ᄒᆞ다]		
	cesso nunquam	ᄆᆡ양 닐ᄋᆞ다	매양 이르다	[16]
ceterus		다른	다른	[17]
character		[*인호, 각조, 주조, 글조]		
	insignitus charactere	보름	보람	[11]
charisma		은혜	은혜	[14]
	caelestis charisma	은총	은총	[1]
Cherubim		게루빔	케루빔	[17]
chirographus		문셔	문서	[12]
Christianus		[*그리스도엣, 교우, 봉교인, 그리스당]		
	Christiana Religio	셩교회	성교회	[23]
Christifidelis				
	Christifidelium pietas	ᄉᆞᆾ	끝	[5]
Christus		교우	교우	[7]
Christus		그리스도	그리스도	[5][12][16]
Christus		예수	예수	[3][10]
	Ecclesia Christi	셩교회	성교회	[11]
civitas		셩	성	[13]
civitas		읍	읍	[4]
clare aperteque		붉이	밝히	[5][12]
Clerus		탁덕	탁덕	[18][19][20]
	vir ex Clero	탁덕	탁덕	[19]
clypeus		방픠	방패	[13]
cogito		싱각ᄒᆞ다	생각하다	[1]
cohaereo		합당ᄒᆞ다	합당하다	[2]

표제어	예문	옛한글 번역	현대어 번역	단락 번호
collatus		밧은	받은	[16]
colo		거스ᄒᆞ다	거사하다	[2]
colo		공경ᄒᆞ다	공경하다	[5][25]
	colo et celebro	공경ᄒᆞ다	공경하다	[7]
	colo et veneror	공경ᄒᆞ다	공경하다	[4]
	colo sancte	대례ᄒᆞ다	대례하다	[4]
	colo solemni ritu	공경ᄒᆞ다	공경하다	[5]
colo		위ᄒᆞ다	위하다	[18]
columba		백합	백합	[14][17]
columna		동냥	동냥	[2]
	columna ac firmamentum	동냥	동냥	[2]
comburo		슬오다	사르다	[13]
commemoro		셰우다	세우다	[20]
committo		맛기다	맡기다	[3]
communico		통ᄒᆞ다	통하다	[17]
communis		공번된	공번된	[17]
	commune veluti votum a Nobis	여츌일구	여출일구	[20]
	communis mundus	세샹	세상	[13]
communis		평샹흔	평상한	[16]
	unus idemque communis naturaliter	ᄒᆞ나힘	하나임	[1]
compello		닐코ᄅᆞ다	일커르다	[17]
complaceo		고이시듯 ᄒᆞ다	고이시듯 하다	[1]
complector		포함ᄒᆞ다	포함하다	[7]
compleo		치오다	채우다	[1]
comprehendo		포함ᄒᆞ다	포함하다	[2][10]
comprobo		쥰허ᄒᆞ다	준허하다	[4]
concedo		허락ᄒᆞ다	허락하다	[4][24]
concelebro		닐코ᄅᆞ다	일커르다	[14]
concelebro		셰우다	세우다	[2]
Conceptio		성모잉틱	성모잉태	[5]
Conceptio		잉틱	잉태	[5]
Conceptio		잉틱홈	잉태함	[2][17][23]
	Conceptionis Virginis Deiparae festum	성모잉틱의 쳠례	성모잉태의 첨례	[7]

표제어	예문	옛한글 번역	현대어 번역	단락 번호
	Immaculata Conceptio	무염원죄	무염원죄[로]	[3][4]
	Immaculata Conceptio	무염원죄시잉모틱	무염원죄시잉태	[4]
	Immaculata Conceptio	무염원죄잉틱	무염원죄잉태	[10][11]
	Immaculata Conceptio	원죄 업시 잉틱	원죄 없이 잉태	[3]
	Immaculata Conceptio	원죄 업시 잉틱홈	원죄 없이 잉태함	[6]
	Immaculata Conceptio beatissimae Virginis Mariae	복되신 동녀 마리아 원죄 업시 잉틱홈	복되신 동녀 마리아 원죄 없이 잉태함	[26]
	Immaculata Dei Matris Conceptio	셩모잉틱의 무염원죄	셩모잉태의 무염원죄	[6]
	Immaculata Deiparae Conceptio	동정녀 원죄 업시 잉틱홈	동정녀 원죄 없이 잉태함	[20]
	Immaculata Deiparae Conceptio	무염원죄시잉모틱	무염원죄시잉태	[4]
	Immaculata Deiparae Conceptio	텬쥬 셩모 원죄 업시 잉틱홈	천주 셩모 원죄 없이 잉태함	[19][20]
	Immaculata Deiparae Virginis Conceptio	텬쥬 셩모 동정녀 무염원죄잉틱	천주 셩모 동정녀 무염원죄잉태	[18]
	Immaculata Deiparae Virginis Conceptio	텬쥬 셩모 원죄 업시 잉틱홈	천주 셩모 원죄 없이 잉태함	[21]
	Immaculata sanctissimae Dei Genitricis Conceptio	텬쥬 셩모 무염원죄 잉틱홈	천주 셩모 무염원죄 잉태함	[18]
	Immaculata sanctissimae Dei Genitricis Virginis Mariae Conceptio	텬쥬 셩모 원죄 업시 잉틱홈	천주 셩모 원죄 없이 잉태함	[22]
	Immaculata Virginis beatissimae Conceptio	동정녀무염원죄잉틱	동정녀무염원죄잉태	[11]
	Immaculata Virginis Conceptio	동정녀의 원죄 업시 잉틱홈	동정녀의 원죄 없이 잉태함	[20]
	Immaculata Virginis Conceptio	동녀의 원죄 업시 잉틱홈	동녀의 원죄 없이 잉태함	[19][22]
	Immaculata Virginis Conceptio	무염원죄잉틱	무염원죄잉태	[5]
	Virginis Conceptio	잉틱쳠례	잉태쳠례	[4]
conceptus		잉틱혼	잉태한	[18]
	sine labe originali conceptus	무염원죄혼	무염원죄한	[4]
conciliatrix		화호ᄒᆞ[ᄂᆞᆫ 쟈]	화호하[는 자]	[24]
concio		강논	강논	[9]
concionor		강론ᄒᆞ다	강논하다	[8]
concionor		뎨셩ᄒᆞ다	제셩하다	[8]

표제어	예문	옛한글 번역	현대어 번역	단락 번호
concipio		잉튀ᄒ다	잉태하다	[1][25]
concipio		잉튀홈을 밧다	잉태함을 받다	[17]
conclusus		봉ᄒ	봉한	[13]
concors		합ᄒ는	합하는	[15]
condemno		결안ᄒ나	결안하다	[23]
confero		비교ᄒ다	비교하다	[15]
conficio		치다	치다	[6]
confido		의지ᄒ다	의지하다	[22]
confirmatus		더욱 밋는	더욱 믿는	[18]
confirmo		견고케 ᄒ다	견고케 하디	[3]
confirmo		븕히다	밝히다	[11]
confirmo		증거ᄒ다	증거하다	[20]
confugio		도라가다	돌아가다	[25]
congregatio		의회	의회	[19]
congregatio		회	회	[4][20]
coniungo		합ᄒ다	합하다	[12][16]
consero		년ᄒ다	연하다	[5]
consero		심다	심다	[16]
conservo		보존ᄒ다	보존하다	[7]
considero		ᄉ랑ᄒ다	사랑하다	[19]
considero		싱각ᄒ다	생각하다	[7]
consigno		실니다	실리다	[18]
consilium		뜻	뜻	[19]
consilium		의견	의견	[19]
consilium		회	회	[10]
	probatissimum Concilium	공ᄉ회	공사회	[10]
consistorium		대좌긔	대좌기	[21]
consolatio		위로홈	위로함	[24]
consolatio		즐거옴	즐거움	[21]
consonus		흡합ᄒ는	흡합하는	[6]
conspiratio		일심	일심	[22]
constanter		항구ᄒ게	항구하게	[23]
constituo		셰우다	세우다	[19]
constituo		위를 맛다	위를 맡다	[25]
constituo		일우다	일우다	[4][13]
constitutio		죠셔	조서	[7][22]

표제어	예문	옛한글 번역	현대어 번역	단락 번호
	memorata Constitutio	죠셔	조서	[8]
constitutus		잇는	있는	[26]
consuesco		어려워 아니ᄒᆞ다	어려워 아니하다	[2]
contagio		무들미	물듦	[16]
contagio		ᄯᅴ	때	[16]
contentio		힘을 다홈	힘을 다함	[6]
contero		볿아 ᄡᅵ치다	밟아 깨치다	[16][24]
contero		ᄡᅵ치다	깨치다	[12]
contineo		뎡ᄒᆞ다	정하다	[9]
contineo		실다	실다	[9]
contineor		당ᄒᆞ다	당하다	[8]
contineor		두다	두다	[7]
contra		뒤지지	뒤지지	[1]
contra		듸뎍ᄒᆞ야	대적하여	[8]
contra		벽파ᄒᆞ야	벽파하여	[9]
contraeo		거스리다	거스리다	[27]
conventus		[회, 못거지, 언약]		
	ecclesiasticus conventus	서로 모힌 [곳]	서로 모인 [곳]	[10]
conversor		뫼시다	모시다	[16]
copia		풍셩함	풍성함	[1][13]
cor		ᄆᆞᆷ	마음	[23]
	pusillius corde	심약ᄒᆞᆫ 이	심약한 이	[24]
cor		픔	품	[1]
corona		화관	화관	[24]
corpus		육	육	[17]
corpus		육신	육신	[5][7][16]
corrumpo		샹ᄒᆞ다	상하다	[13][16]
coruscus		빗난	빛난	[13]
creo		[*죠셩ᄒᆞ다, ᄆᆞᆫ돌다]		
	creata natura	인셩	인성	[15]
	creatura omnis	만유	만유	[17]
	creaturae universae	만유	만유	[1]
creatio		냄	냄	[7]
credo		밋다	믿다	[4][23]
crepito		염염ᄒᆞ다	염염하다	[13]
cresco		자라게 ᄒᆞ다	자라게 하다	[11]

표제어	예문	옛한글 번역	현대어 번역	단락 번호
crudelis		포악ᄒᆞᆫ	포악한	[24]
crux		십ᄌᆞ가	십자가	[12]
culpa		죄	죄	[1][17]
	culpa originalis	원죄	원죄	[1][10][23]
cultus		공경ᄒᆞ는	공경하는	[6]
cultus		공경ᄒᆞ는 례	공경하는 례	[4][5]
	publicus cultus ac veneratio	공례	공례	[2]
cultus		공경ᄒᆞ는바	공경하는바	[8]
cultus		공경홈	공경함	[3][5][7]
cultus		쳠례	첨례	[8][9]
	festum ac cultus	쳠례	첨례	[8]
cum		겸ᄒᆞ야	겸하여	[20]
cum		더브러	더브러	[16]
cum		ᄠᅢ에	때에	[14][16]
cum		아오로	아울러	[5]
cum		ᄒᆞᆫ가지로	한가지로	[16]
cumulo		ᄭᅮ미다	꾸미다	[1]
cunctor		지체ᄒᆞ다	지체하다	[22]
cunctus		모든	모든	[1][17][24]
cupio		원ᄒᆞ다	원하다	[7]
cura		졍셩	정성	[6]
	cura et studium	셩근	성근	[2]
curia		[*도읍, 도회, 경도, 도회청]		
	caelestis Curia	텬죠	천조	[23]
custodio		보존ᄒᆞ다	보존하다	[3]
custos		직희는 [쟈]	지키는 [자]	[11]
debeo		맛당ᄒᆞ다	마땅하다	[3]
December		십이졀	십이절	[28]
deceptor		교샤ᄒᆞᆫ [쟈]	교사한 [자]	[12]
decerno		뎡ᄒᆞ다	정하다	[1][4][24]
Decessor		녯 [쟈]	옛 [자]	
	Decessor Noster	녯 교종	옛 교종	[5]
	Decessor Noster	전 교종	전 교종	[6]
	Decessor Noster Romanus Pontifex	녯 교종	옛 교종	[3]

표제어	예문	옛한글 번역	현대어 번역	단락 번호
decet		맛당ᄒ다	마땅하다	[1][17]
decipio		속이다	속이다	[15]
declaratio		결뎡흠	결정함	[27]
declaratio		닐홈	이름	[8][9]
declaratio		말ᄉᆞᆷ	말씀	[10]
declaratio		붉이 말홈	밝히 말함	[6]
declaratio		쳐분을 ᄂᆞ림	처분을 내림	[6]
declaro		나타나게 닐ᄋᆞ다	나타나게 이르다	[10]
declaro		나타나다	나타나다	[22]
	testor et declaro	나타나다	나타나다	[3]
declaro		닐ᄋᆞ다	일으다	[11]
declaro		붉이 드러내다	밝히 드러내다	[5]
declaro		붉이 알게 ᄒ다	밝히 알게 하다	[5]
declaro		판단ᄒ다	판단하다	[23]
decretum		죠셔	조서	[8]
decretum		판문	판문	[10]
	dogmaticum decretum	신덕도리	신덕도리	[10]
	praestituo decreto	뎡ᄒ다	정하다	[2]
decus		빗	빛	[24]
decus		영광	영광	[23]
deduco		[*다려가다, 인도ᄒ다, 잇글다]		
	deduco notitiam	젼파ᄒ다	전파하다	[26]
defensus		드지 못ᄒᄂ	들지 못하는	[16]
defero		드리다	드리다	[19]
	defero laudibus	기리다	기리다	[4]
deficio		갈니다	갈리다	[23]
definibilitas		판결홀 만ᄒ 일	판결할 만한 일	[8]
definio		판단ᄒ다	판단하다	[10][18][19][20][22][23]
	sententia definita	비유를 쓰지 아니홈	비유를 쓰지 아니함	[16]
definitio		도리	도리	[19]
definitio		판단홈	판단함	[20][26][27]
	fero definitionem	판단ᄒ다	판단하다	[19]
	dogmatica definitio	신덕도리	신덕도리	[21]
definitio		판문	판문	[10]
Deipara		셩모	성모	[4][10][13]

표제어	예문	옛한글 번역	현대어 번역	단락 번호
Deipara		텬쥬 셩모	천주 성모	[17][18][21][23]
Deipara		텬쥬의 모친	천주의 모친	[14]
Deipara		텬쥬의 셩모	천주의 성모	[16]
	Immaculata Deiparae Conceptio	동졍녀 원죄 업시 잉틱홈	동정녀 원죄 없이 잉태함	[20]
	Immaculata Deiparae Conceptio	무염원죄시잉모틱	무염원죄시잉모태	[4]
	Immaculata Deiparae Conceptio	텬쥬 셩모 원죄 업시 잉틱홈	천주 성모 원죄 없이 잉태함	[19][20]
	Immaculata Deiparae Virginis Conceptio	텬쥬 셩모 동졍녀 무염원죄잉틱	천주 성모 동정녀 무염원죄인태	[18]
	Immaculata Deiparae Virginis Conceptio	텬쥬 셩모 원죄 업시 잉틱홈	천주 성모 원죄 없이 잉태함	[21]
deliciae		보비	보배	[14]
deliciae		희락	희락	[16]
deligo		삼다	삼다	[4]
denique		뭇춤내	마침내	[26]
denuo		다시	다시	[20]
depositus		맛혼	맡은	[11]
	caelestis revelationis depositum	믁계홈	묵계함	[2]
depromo		내다	내다	[1]
derivo		나다	나다	[1]
descendo		누리다	내리다	[13]
describo		뵈이다	보이다	[14]
desiderium		원의	원의	[22]
despero		실망ᄒ다	실망하다	[25]
Deus		쥬	주	[14]
Deus		텬쥬	천주	[1][2][5][12][13][14][15][16][17][18][19][22][23][25][27]
	Dei Genitrix	셩모	성모	[10]
devotio		공경홈	공경함	[19]
	pietas et devotio	신공	신공	[7]
	pietas et devotio	졍셩	정성	[7]
devotus		거룩혼	거룩한	[7]

표제어	예문	옛한글 번역	현대어 번역	단락 번호
dextra		곁	곁	[25]
diabolicus		마귀의	마귀의	[1]
diabolus		마귀	마귀	[12]
dies		날	날	[4]
dies		일	일	[19]
	dies festum	쳠례	첨례	[2]
	in dies	미양	매양	[2]
differo		다르다	다르다	[17]
difficultas		환난	환난	[24]
dignitas		위	위	[2][12][13][14]
	dignitas ecclesiastica	위	위	[26]
dignor		거누리다	거느리다	[23]
dignus		즁흔	중한	[3]
dignus		합당흔	합당한	[15]
dilectus		친흔 [쟈]	친한 [자]	[14]
diligenter		조셰히	자세히	[20]
diligentissime		근실이	근실히	[22]
diligo		스랑ᄒᆞ다	사랑하다	[1]
directe		바로	바로	[8]
disciplina		[*교훈, 규구, 고편]		
	disciplina theologica	텬쥬도리	천주도리	[19]
discrimen		[*다름이, 분별, 위험]		[5]
	excogito discrimine	분별ᄒᆞ다	분별하다	[5]
discutio		헷치다	헤치다	[24]
dispenso		면ᄒᆞ다	면하다	[8]
dispono		뎡ᄒᆞ다	정하다	[1]
dispono		안비ᄒᆞ다	안배하다	[1]
disputatio		변논	변론	[8][9]
	revoco in disputationem	다시 변논ᄒᆞ다	다시 변론하다	[8]
disputo		강론ᄒᆞ다	강론하다	[8]
dissero		변논ᄒᆞ다	변론하다	[8]
distinctio		분별홈	분별함	[11]
divinitas		텬쥬	천주	[1]
divinitus		텬쥬 명으로	천주 명으로	[13]
divinitus		텬쥬로 좃차 온 싯	천주로 좇아 온 끝	[2]
divinitus		텬쥬믜	천주께	[15]

표제어	예문	옛한글 번역	현대어 번역	단락 번호
divinus		무시무죵흔	무시무종한	[2]
divinus		텬쥬의	천주의	[13][14][16]
	divina eloquia	셩경	성경	[22]
	divina gratia	셩춍	성총	[14]
	divina littera	셩경	성경	[10][18]
	divina Providentia	텬쥬	천주	[19]
	divina res	셩교	성교	[10]
	divina res	셩학	성학	[19]
	divina Scriptura	셩경	성경	[2]
	divinum oraculum	말솜	말씀	[12]
	divinus Spiritus	셩신	성신	[14]
do		주다	주다	[1]
doceo		ᄀᆞ르치다	가르치다	[5][8][12]
doceo		츄론ᄒᆞ다	추론하다	[12][14]
Doctor		학쟈	학자	[8][10]
doctrina		도리	도리	[2][3][4][5][5][10][11][17][18]
	caelestis doctrina	텬샹도리	천상도리	[11]
dogma		도리	도리	[11]
	catholicae fidei dogma	신덕도리	신덕도리	[18]
dogma		신덕도리	신덕도리	[11][12]
dogma		씃	끝	[11]
dogmaticus		도리[엣]	도리[의]	
	dogmatica definitio	신덕도리	신덕도리	[21]
	dogmaticum decretum	신덕도리	신덕도리	[10]
domicilium		궁뎐	궁전	[17]
dominor		나타나다	나타나다	[17]
Dominus		오쥬	오주	[3][10]
	Dominus Noster	오쥬	오주	[23][24][25]
Dominus		쥬	주	[13][22][23][24][25]
Dominus		텬쥬	천주	[13][25]
domus		집	집	[14]
donatus		닙은	입은	[7]
donum		은혜	은혜	[15]
dubium		의심	의심	[9]

표제어	예문	옛한글 번역	현대어 번역	단락 번호
	in dubium revoco	의심ᄒ다	의심하다	[9]
dubius		의심ᄒ는	의심하는	[25]
	dubia res	의심홈	의심함	[25]
duco		[*인도ᄒ다, 두려가다]		
	omni studio tueri ac propugnare duco	결단ᄒ다	결단하다	[5]
dulcis		즐기는	즐기는	[18]
dux		거ᄂ림	거ᄂ림	[25]
Ecclesia		성교회	성교회	[2][10][12][18][19][21][23]
Ecclesia		성회	성회	[11][23]
Ecclesia		회	회	[3][7]
	Ecclesia catholica	성교회	성교회	[2][24][25]
	Ecclesia Christi	성교회	성교회	[11]
	Ecclesia occidentalis	서회	서회	[11]
	Ecclesia orientalis	동회	동회	[11]
	Ecclesia Romana	로마회	로마회	[7]
	Ecclesia sancta	성교회	성교회	[24]
	Ecclesia universalis	성교회	성교회	[26]
	Pastor Ecclesiae	쥬교 탁덕	주교 탁덕	[18]
Ecclesia		텬하	천하	[4]
ecclesiasticus		성교회[옛]	성교회[의]	[6][17]
	ecclesiastica dignitas	위	위	[26]
	ecclesiasticus conventus	서로 모힌 [곳]	서로 모인 [곳]	[10]
	ecclesiasticus vir	탁덕	탁덕	[18]
edico		결단ᄒ다	결단하다	[6]
edico		말ᄒ야 닐ᄋ다	말하여 이르다	[16]
editum		난 것	난 것	[9]
edo		나다	나다	[9]
edo		내다	내다	[16]
edo		뎡ᄒ다	정하다	[10]
edo		베프다	베플다	[7]
edoceo		ᄀ르치다	가르치다	[2]
edoctus		닉이 아는	익히 아는	[12]
effatum				
	effatum nobilissimum	칭숑	칭송	[16]

표제어	예문	옛한글 번역	현대어 번역	단락 번호
effero		칭츙ᄒᆞ다	칭송하다	[12]
effingo		ᄭᅮ미다	꾸미다	[17]
efflagito		근구ᄒᆞ다	간구하다	[20]
efflagito		근쳥ᄒᆞ다	간청하다	[18]
effloresco		퓌다	피다	[16]
effundo		밧치다	바치다	[22]
electio		간션홈	간선함	[17]
electio		쳔	천	[8]
eligo		글히다	가리다	[1][16][20]
	eligo et ordino	간션ᄒᆞ다	간선하다	[1]
Elisabeth		이사벨	엘리사벳	[14]
eloquium		도리	도리	[12]
	caelestis eloquium	텬샹도리	천상도리	[12]
eloquium		말ᄉᆞᆷ	말씀	[14]
	eloquia divina	셩경	성경	[22]
elucubro		졍셩을 다ᄒᆞ다	정성을 다하다	[12]
emico				
	emico luculenta	빗나다	빛나다	[15]
emitto		판단ᄒᆞ다	판단하다	[21]
Emmanuel		엠마누엘	엠마누엘	[17]
enarro		닐ᄋᆞ다	이르다	[12]
encyclicus				
	Encyclica Littera	글	글	[19]
enim		대개	대개	[11][15][17]
enimvero		보건대	보건대	[4]
eodem		훈	한	[11]
	uno eodemque	더브러 홈긔	더불어 함께	[2]
	eodem censu ac numero	ᄀᆞ치	같이	[4]
Episcopus		쥬교	주교	제목[7][18]
equidem		보건대	보건대	[12]
erigo		니ᄅᆞ키다	일으키다	[1][12]
erigo		셰우다	세우다	[4]
eripio		건지다	건지다	[24]
erogo		베플다	베풀다	[4]
error		샤도	사도	[24]
	errans	길 일흔 쟈	길 잃은 자	[24]

표제어	예문	옛한글 번역	현대어 번역	단락 번호
erudio		ᄀᄅ치다	가르치다	[12]
et		ᄯ	또	[1][12]
et		ᄯᄒᆞᆫ	또한	[14]
	et insuper	ᄯ	또	[8]
etenim		대개	대개	[6]
etiam		ᄯᄒᆞᆫ	또한	[8]
	verum etiam	ᄯᄒᆞᆫ	또한	[4][6][15][20]
evado		되다	되다	[15]
	evado celsior	쵸월ᄒᆞ다	초월하다	[15]
eveho		올니다	올리다	[19]
evidentia		붉음	밝음	[11]
ex		인ᄒᆞ야	인하여	[19]
ex		조차	좇아	[1][3]
exaltatio		드러남	드러남	[23]
examen		[*성찰, 찰고, 시험, 과거, ᄶᅦ]		
	adhibeo examen	구획ᄒᆞ다	구획하다	[20]
examino		샹고ᄒᆞ다	상고하다	[8]
excellentissimus		쒸여난	뛰어난	[13]
excelsus		놉흔	높은	[13]
excelsus		지존ᄒᆞᆫ	지존한	[14]
exceptim		외	외	[17]
excido		써러지다	떨어지다	[15]
excito		흥긔ᄒᆞ다	흥기하다	[4]
excogito				
	excogito discrimine	분별ᄒᆞ다	분별하다	[5]
excultus		닉은	익은	[19]
exemplum		자최	자취	[7]
exerceo		갑다	갚다	[12]
exercitus		[병모, 병진, 군즁]		
	omnis exercitus Angelorum	텬신져픔	천신제품	[17]
exhibeo		베플다	베풀다	[8]
exhibeo		뵈이다	보이다	[2]
eximius		쵸월ᄒᆞᆫ	초원한	[13]
existimo		[*ᄉᆡᆼ각ᄒᆞ다, 혜아리다]		

표제어	예문	옛한글 번역	현대어 번역	단락 번호
	agendum esse existimo	물니치다	물리치다	[5]
exopto		원ᄒ다	원하다	[4][19]
exorno		ᄀᆞ초다	갖추다	[14]
exoro		구ᄒ다	구하다	[25]
explico		풀다	풀다	[2][11][12]
expolio		다듬다	다듬다	[11]
exposco		쳥ᄒ다	청하다	[21]
expostulo		근쳥ᄒ다	간청하다	[20]
exprimo		나타나다	나타나다	[18]
exsto		잇다	있다	[11]
exsto		ᄒ다	하다	[15]
	exsto superior	쵸월ᄒ다	초월하다	[17]
externus		밧긔 [잇는]	밖에 [있는]	[23]
extollo		칭숑ᄒ다	칭송하다	[17]
exultatio		흔연이 뛰놀미	흔연히 뛰놂	[24]
facio		베프다	베풀다	[14]
facior		되다	되다	[17]
factum		ᄉᆞ젹	사적	[2]
	factum illustris	셰움	세움	[2]
	facto ipso	졀노	절로	[8][9]
	facto ipso suo semet	졀노	절로	[23]
facultas		권	권	[8]
falsus		그른	그른	[5]
faveo		위ᄒ다	위하다	[7]
favor		위흠	위함	[7]
favor		은혜	은혜	[8]
Februarius		이월	이월	[19]
felix		[*유복흔, 다힝흔]		
	felix recordatio	자조 됨	자주 됨	[18]
felicius		다힝이	다행히	[1]
familia		회	회	[4][10][18]
	Religiosa Familia	슈도ᄒ는 회	수도하는 회	[18]
	Religiosa Familia	회	회	[4][10]
fero		[*가지다, 지다, 견듸다]		
	fero definitionem	판단ᄒ다	판단하다	[19]

표제어	예문	옛한글 번역	현대어 번역	단락 번호
	prae se fero	원만케 ᄒᆞ다	원만케 하다	[1]
ferveo		[*실타, 쓰겁다]		
	affectus ferventissimus	지셩	지성	[18]
fervidus		근졀ᄒᆞᆫ	간절한	[22]
festum		쳠례	첨례	[5][7][8][9]
	festum ac cultus	쳠례	첨례	[8]
	festum Conceptionis	셩모잉틱쳠례	성모잉태첨례	[4]
	festum Conceptionis cum octava	팔일쳠례	팔일첨례	[4]
	festum Nativitatis	셩탄쳠례품	성탄첨례품	[4]
	festum praeceptum	본분쳠례	본분첨례	[4]
festus		쳠례[엣]	첨례(의)	[2]
	dies festum	쳠례	첨례	[2]
fidelis		교우	교우	[2][3][4][12][18][19][20][22][23]
	fidelis populus	빅셩	백성	[18][24]
	fidelis populus	교우 빅셩	교우 백성	[20]
fideliter		실상대로	실상대로	[11]
fides		믿음	믿음	[11]
fides		신덕	신덕	[3][18][23]
	adhibeo fides	쥰신ᄒᆞ다	준신하다	[26]
	catholicae fidei dogma	신덕도리	신덕도리	[18]
	Fides catholica	진도	진도	[23]
fiducia		밋음	믿음	[24]
fiducia		부라는 뜻	바라는 뜻	[25]
fidus		셩실ᄒᆞᆫ	성실한	[24]
figo		[*박다, 쏩다]		
	rata et fixa manere	일뎡ᄒᆞ다	일정하다	[5]
filia		녀ᄌᆞ	여자	[16]
Filius		셩ᄌᆞ	성자	[1][23]
Filius		아들	아들	[1][5][14][22][25]
filius		ᄌᆞ식	자식	[25]
	Filius Unigenitus	외아들	외아들	[12][22][24]
firmamentum		동냥	동냥	[2]
	columna ac firmamentum	동냥	동냥	[2]

표제어	예문	옛한글 번역	현대어 번역	단락 번호
firmiter		확실ᄒ게	확실하게	[23]
firmus		견고ᄒᆫ	견고한	[24]
flamma		불곳	불꽃	[13]
	flamma ignis	불곳	불꽃	[13]
floreo		펴이다	피다	[24]
floresco		무셩ᄒ다	무성하다	[13]
flumen		강	강	[24]
foedus		미즘	맺음	[16]
fons		시암	샘	[16]
forma		표쥰	표준	[17]
formo		몬돌다	만들다	[16][17]
formosus		존귀ᄒᆫ	존귀한	[17]
fortis		용병	용병	[13]
fortiter		강의히	강의히	[1]
foveo		붓들다	붙들다	[6]
foveo magis		기르다	기르다	[4]
frater		형	형	[3][19][20][21]
	fratres	뎨형	제형	[3][19][20][21]
fraudulentissimus		교샤ᄒᆫ	교사한	[15]
fraus insidiarum		비계	비계	[13]
fructus		난 쟈	난 자	[14]
fructus		열ᄆᆡ	열매	[16]
fruor		누리다	누리다	[24]
frustror		헛되게 ᄒ다	헛되게 하다	[8]
frustror		헛되이 ᄒ다	헛되이 하다	[25]
fulgeo		빗나다	빛나다	[1]
fundamentum		긔디	기지	[13]
funditus		근긔ᄭᆞ지	근기까지	[15]
Gabriel		갑열	가브리엘	[14]
gaudium		즐거움	즐거움	[19][20][24]
gemitus		슬피	슬피	[23]
Genitrix		셩모	성모	[15][17][18][22][25]
	Immaculata sanctissimae Dei Genitricis Conceptio	텬쥬 셩모 무염원죄 잉틱홈	천주 성모 무염원죄 잉태함	[18]
	Immaculata sanctissimae Dei Genitricis Virginis Mariae Conceptio	텬쥬 셩모 원죄 업시 잉틱홈	천주 성모 원죄 없이 잉태함	[22]

표제어	예문	옛한글 번역	현대어 번역	단락 번호
	sanctissima Dei Genitrix	셩모	성모	[10]
	sanctissima Genitrix	셩모	성모	[19]
gens		나라	나라	[24]
	ubicumque gens	만민	만민	[24]
genus		가지	가지	[24]
	genus humanum	셰샹	세상	[5]
	genus humanum	인류	인류	[1][12][23]
	genus universum humanum	인류	인류	[25]
	in suo tantum genere	혼갈굿치	한결같이	[11]
genus		씃	끝	[13]
germen		싹	싹	[16]
gero		보다	보다	[25]
gigno		나흐다	낳다	[1]
gloria		영광	영광	[13][24]
glorior		영광으로 알다	영광으로 알다	[4][18]
gloriosissimus		영화로온	영화로운	[15][16]
glosso		주내다	주내다	[8]
gradus		층	층	[13]
gratia		셩춍	성총	[14][15][16][17]
gratia		은춍	은총	[23]
gratia		은혜로옴	은혜로움	[25]
gratia		특은	특은	[16]
gratia		특춍	특총	[7][16]
gratia		춍우	총우	[13]
	ago gratias	샤례ᄒᆞ다	사례하다	[24]
	caelestis gratia	춍우	총우	[13]
	gratia divina	셩춍	성총	[14]
	gratia et privilegio	은혜	은혜	[5]
gravissimus		지즁훈	지중한	[18]
	gravissimum et maximum	지즁지대훈	지중지대한	[10][18]
Gregorius XV		에오릐 데십오위	그레고리우스 제십오위	[7][8]
Gregorius XVI		웨리오 데십륙위	그레고리우스 제십육위	[18]
grex		무리	무리	[7]
gubernaculum		[*치, 키짜리]		

표제어	예문	옛한글 번역	현대어 번역	단락 번호
	tracto gubernaculum	다스리다	다스리다	[19]
guberno		거느리다	거느리다	[3]
habeo		추리다	차리다	[21]
habeor		알게 ᄒᆞ다	알게 하다	[9]
habitaculum		거ᄒᆞ실바	거하실바	[16]
habitus		아름다옴	아름다움	[16]
haeresis		녈교	열교	[24]
hereditarius				
	hereditaria labes	원죄	원죄	[4]
Heva		에와	에와 (*히와)	[15][17]
hic		그	그	[26]
hic		이	이월	[2][3][8][10][11][12][13][14][16][17][19][24][25][26][27]
hinc		이러므로	이러므로	[5]
hinc		이러ᄐᆞ시	이렇듯이	[15]
hinc		이에	이에	[15]
homo		사ᄅᆞᆷ	사람	[1][2][10][12]
honesto		놉히다	높이다	[4]
honor		공경흠	공경함	[4][22][23]
honor		영광	영광	[19][24]
honorifico		총양ᄒᆞ다	총양하다	[22]
hortus		동산	동산	[13]
hostis		원슈	원수	[12]
humanus		사ᄅᆞᆷ엣	사람의	[15]
	humana natura	인셩	인성	[12]
	humanum genus	셰샹	세상	[5]
	humanum genus	인류	인류	[1][12][23]
	universum humanum genus	인류	인류	[25]
homo		[*사ᄅᆞᆷ]		
	nullus hominum	누구[도 아니]	누구[도 아니]	[27]
humilis		겸손ᄒᆞᆫ	겸손한	[24]
humilitas		겸비ᄒᆞᆫ 뜻	겸비한 뜻	[23]
iactura		샹흠	상함	[13]
iccirco		고로	고로	[5]

표제어	예문	옛한글 번역	현대어 번역	단락 번호
iccirco		실노	실로	[16]
iccirco		이러므로	이러므로	[15]
iccirco		일노 인ᄒᆞ야	일로 인하여	[2]
idem		이	이	[20]
idem		이 ᄀᆞᆺᄒᆞᆫ	이 같은	[13]
	unus idemque communis naturaliter	ᄒᆞ나힘	하나임	[1]
idoneus		가ᄒᆞᆫ	가한	[16]
ldus				[28]
	VI ldus	초팔일	초팔일	[28]
ieiunium		대지	대재	[23]
lerusalem		예루사름	예루살렘	[14]
lesus		예수	예수	[5][12][14][28]
lesus Christus		예수 그리스도	예수 그리스도	[5][12][22][23][24][25]
ignis		불	불	[13][17]
	ignis flamma	불꼿	불꽃	[13]
ignoro		모ᄅᆞ다	모르다	[17]
ille		그	그	[1][9][12][15]
ille		뎌	저	[12]
ille		이	이	[1][13][17]
illibatus		덧덧ᄒᆞᆫ	덧덧한	[13]
illibatus		슌젼ᄒᆞᆫ	순전한	[16]
illibatus		하ᄌᆞ 없는	하자 없는	[17]
illimis		조츨ᄒᆞᆫ	조찰한	[16]
illustris		놉흔	높은	[3]
	factum illustris	셰움	세움	[2]
illustris		분명ᄒᆞᆫ	분명한	[18]
illustris		붉은	밝은	[11]
illustris		영화로온	영화로운	[21]
illustris		유명ᄒᆞᆫ	유명한	[19]
illustro		붉다	밝다	[22]
immaculatus		무염원죄ᄒᆞᆫ	무염원죄한	[17]
immaculatus		슌박ᄒᆞᆫ	순박한	[16]
immaculatus		씨뭇이지 아닌	때묻지 않은	[12][17]
immaculatus		원죄에 뭇지 아닌	원죄에 묻지 않은	[24]
immaculatus		조츨ᄒᆞᆫ	조찰한	[10][17]

표제어	예문	옛한글 번역	현대어 번역	단락 번호
	Immaculata Conceptio	무염원죄	무염원죄	[3][4]
	Immaculata Conceptio	무염원죄잉모태	무염원죄시잉모태	[4]
	Immaculata Conceptio	무염원죄잉틱	무염원죄잉태	[10][11]
	Immaculata Conceptio	원죄 업시 잉틱	원죄 없이 잉태	[3]
	Immaculata Conceptio	원죄 업시 인틱홈	원죄 없이 잉태함	[6]
	Immaculata Conceptio beatissimae Virginis Mariae	복되신 동녀 마리아 원죄 업시 잉틱홈	복되신 동녀 마리아 원죄 없이 잉태함	[26]
	Immaculata Dei Matris Conceptio	성모잉틱의 무염원죄	성모잉태의 무염원죄	[6]
	Immaculata Deiparae Conceptio	동정녀 원죄 업시 잉틱홈	동정녀 원죄 없이 잉태함	[20]
	Immaculata Deiparae Conceptio	무염원죄잉모태	무염원죄시잉모태	[4]
	Immaculata Deiparae Conceptio	텬쥬 성모 원죄 업시 잉틱홈	천주 성모 원죄 없이 잉태함	[19][20]
	Immaculata Deiparae Virginis Conceptio	텬쥬 성모 동정녀 무염원죄잉틱	천주 성모 동정녀 무염원죄잉태	[18]
	Immaculata Deiparae Virginis Conceptio	텬쥬 성모 원죄 업시 잉틱홈	천주 성모 원죄 없이 잉태함	[21]
	Immaculata sanctissimae Dei Genitricis Conceptio	텬쥬 성모 무염원죄 잉틱홈	천조 성모 무염원죄 잉태함	[18]
	Immaculata sanctissimae Dei Genitricis Virginis Mariae Conceptio	텬쥬 성모 원죄 업시 잉틱홈	천주 성모 원죄 없이 잉태함	[22]
	Immaculata Virginis beatissimae Conceptio	동정녀무염원죄잉틱	동정녀무염원죄잉태	[11]
	Immaculata Virginis Conceptio	동정녀의 원죄 업시 잉틱홈	동정녀의 원죄 없이 잉태함	[20]
	Immaculata Virginis Conceptio	동녀의 원죄 업시 잉틱홈	동녀의 원죄 없이 잉태함	[19][22]
	Immaculata Virginis Conceptio	무염원죄잉틱	무염원죄잉태	[5]
immarcescibilis		썩지 못ᄒᆞ는	썩지 못하는	[16]
immeritus		공이 업는	공이 없는	[19][24]
immo		더옥	더욱	[14]
immo		지극히	지극히	[17]
immortalitas		샹싱	상생	[16]
immortalitas		샹싱홈	상생함	[16]
immunis		면ᄒᆞ는	면하는	[5]
immunis		무드지 아니ᄒᆞᆫ	물들지 아니한	[1]

표제어	예문	옛한글 번역	현대어 번역	단락 번호
immunis		완결혼	완결한	[23]
immunitas		믓지 아니홈	묻지 아니함	[4]
immuto		[*변ᄒ다]		
	nunquam immuto	듸듸로 직히다	대대로 직히다	[7]
impensus				
	inculco impensissime	붉이 알게 ᄒ다	밝히 알게 하다	[5]
imperator		황	황	[18]
impetro		구ᄒ다	구하다	[25]
imploro		쳥ᄒ다	청하다	[23]
impressus		판각훈	판각한	[26]
in		가온대	가운데	[7][16]
in		씌	께	[22]
in		인ᄒ야	인하여	[1]
inanis		쓸듸업는	쓸대없는	[6]
incarnatio		강싱	강생	[28]
incarnatio		강싱홈	강생함	[1][2]
incolumis		샹흠을 밧지 아니훈	상함을 받지 안한	[13]
incorruptus		셩훈	성한	[15]
incorruptus		조출훈	조찰한	[17]
increatus		무시무죵훈	무시무종한	[2]
incredibilis		형언홀 길 업는	형언할 길 없는	[20]
inculco		[*힘써 밟다, 힘드려 넛타]		
	inculco impensissime	붉이 알게 ᄒ다	밝히 알게 하다	[5]
incurro		당ᄒ다	당하다	[8][27]
index		녈목	열목	[9]
indicium		판단홈	판단함	18]
indico		뎡ᄒ다	정하다	[21]
indignatio		의노	의노	[27]
indirecte		비겨	비겨	[8]
indissolubilis		서로 떠나지 못ᄒ는	서로 떠나지 못하는	[12]
individuus		[*ᄂᆞ홀 슈 업는]		
	Sancta et Individua Trinitas	삼위일톄신 성삼	삼위일체신 성삼	[23]
indulgentia		은샤	은사	[4]
industria		힘	힘	[11]
ineffabilis		놀나온	놀라운	[15]

표제어	예문	옛한글 번역	현대어 번역	단락 번호
ineffabilis		지극ᄒᆞᆫ	지극한	[1][13]
inexhaustus		무진ᄒᆞᆫ	무진한	[14]
inexpugnabilis		잡히지 못ᄒᆞᆯ	잡히지 못할	[13]
infectus		무든	물든	[10]
inficio		썩다	썩다	[16]
infinitus		무량ᄒᆞᆫ	무량한	[14]
infligo		당ᄒᆞ다	당하다	[8]
informatum		ᄒᆞᆫ 것	한 것	[11]
infringo		의논ᄒᆞ다	의논하다	[27]
infusio		결합	결합	[5]
infusio		결합홈	결합함	[7]
ingruo		[*달녀들다, 위험ᄒᆞ다]		
	ingruens periculum	위박홈	위박함	[24]
inhabilis		못 밧음 즉ᄒᆞᆫ	못 받음 직한	[8]
inhaereo		넓다	밟다	[4][21]
Inimicitia		원슈	원수	[12][16]
Inimicitia		원슈됨	원수됨	[12]
inimicus		원슈	원수	[13]
iniquitas		악홈	악함	[1]
initium		[시쟉, 시초]		
	ab initio et ante saecula	무시지시로브터	무시지시로부터	[1]
iniuria		샹홈	상함	[17]
innitor		의탁ᄒᆞ다	의탁하다	[13]
innixus		의탁ᄒᆞᆫ	의탁한	[14]
innocens		무죄ᄒᆞᆫ	무죄한	[15][17]
innocentia		결졍홈	결졍함	[17]
innocentia		무죄홈	무죄함	[17]
innocentia		졍결홈	졍결함	[13]
innocentia		조촐홈	조찰함	[13][15][16]
innocentia		쳥결홈	쳥결함	[1]
	originalis innocentia	원의	원의	[15]
	originalis innocentia	원죄에 뭇지 아니홈	원죄에 묻지 아니함	[2]
innocentissimus		지극히 무죄ᄒᆞᆫ	지극히 무죄한	[17]
innovo		새로 반포ᄒᆞ다	새로 반포하다	[7][8]
innuo		알게 ᄒᆞ다	알게 하다	[10]

표제어	예문	옛한글 번역	현대어 번역	단락 번호
inquiens		골ᄋ샤디	갈아사대	[5]
insero		박다	박다	[2]
insidiae		계교	계교	[16]
insidiae		꾀	꾀	[15]
insignis		[비샹흔, 유표흔]		
insignitus	tot insignia sane acta	스젹	사적	[3]
	insignitus charactere	보롬	보람	[11]
insolutus		풀지 아니흔	풀지 아니한	[8]
instantia		[압히 잇슴이, 핍박흠이]		
	oblata instantia ac prex	근쳥ᄒᄂᆫ 상셔	간청하는 상서	[7]
instituo		셰우다	세우다	[4][4]
institutio		뎡ᄒ신바	정하신바	[4]
institutio		셰움	세움	[7][7]
insto		[*림박ᄒ다, 핍박ᄒ다]		
	inter primum atque alterum … instans et momentum	시말	시말	[5]
	primum instans	최초	최초	[23]
	primum instans atque momentum	최초	최초	[5]
insuper		ᄯᅩ	또	[4]
intactus omnino		슛	슛	[16]
integer		면흔	면한	[16]
integritas		면흠	면함	[12][13]
integritas		슌젼흠	순전함	[17]
integritas		원만흠	원만함	[11]
integritas		완젼흠	완전함	[14]
intellectus		졍신	정신	[16]
intellego		즈음ᄒ다	즈음하다	[1]
intemeratus		씨뭇음이 업는	때묻음이 없는	[17]
	de Intemeratae semper Virginis Mariae Conceptione festum	셩모 무염원죄잉튀쳠례	성모 무염원죄잉태첨례	[7]
intentio		ᄯᅳᆺ	뜻	[10]
inter		가온듸	가운데	[13]

표제어	예문	옛한글 번역	현대어 번역	단락 번호
inter		ᄉᆞ이에	사이에	[12][16]
inter		즁에	중에	[14][16]
interimo		ᄭᅵ치다	깨치다	[24]
intermitto		간단ᄒᆞ다	간단하다	[23]
interpono		졍ᄒᆞ디	정하나	[4]
interpretor		강도ᄒᆞ다	강도하다	[8]
interpretor		주내다	주내다	[8]
interpretor		풀다	풀다	[8]
intimo plane vinculo		서로 긴히	서로 긴히	[5]
intuitu		인ᄒᆞ아	인하여	[5]
intuitus		닙음	입음	[23]
invalesco		셩습ᄒᆞ다	성습하다	[17]
invenio		얻다	얻다	[15]
inviolabilis		차착 업는	차착 없는	[3]
inviolatus		범치 못ᄒᆞ는	범치 못하는	[6]
invoco		브르지다	부르짖다	[17][18][25]
ipse		이	이	[6][14]
ipse		조긔	자기	[1]
ipse		친히	친히	[13][16]
	eo ipso	절노	절로	[8]
	ipso facto	절노	절로	[8][9]
	ipso facto suo semet	절노	절로	[23]
ira		셩노	성노	[16]
is		그	그	[12][19][23]
	eo ipso	절노	절로	[8]
ita		[*올타, 그러타, 그딕로, 이러므로써]		
	ita … ut	써	써	[1]
itaque		대개	대개	[3]
itaque		일노 조차	일로 좇아	[22]
itero		ᄯᅩᄒᆞᆫ 잇다	또한 있다	[18]
iucunditas		즐거움	즐거움	[20]
iudicium		뜻	뜻	[23]
iudicium		판단	판단	[19]
	iudicium supremum	결ᄉ	결사	[20][22]
iugiter		덧덧이	덧덧이	[15]

표제어	예문	옛한글 번역	현대어 번역	단락 번호
iurgium		씨름	씨름	[7]
ius		법	법	[23]
iussus		명	명	[14]
iustitia		의로옴	의로움	[15][24]
iuxta		쏠아	따라	[10]
iuxta		조차	좇아	[7]
jam		전에	전에	[4]
labefacto		흔들다	흔들다	[5][15]
labes		씨	때	[1][10][12][13][14][16][17][23]
	labes originalis	원죄	원죄	[25]
	labes originalis	원죄 씨	원죄 때	[10]
	sine labe originali conceptus	무염원죄흔	무염원죄한	[4]
lacessor		밧다	받다	[17]
Iacobus		야곱	야곱	[13]
laesus		샹흠을 밧는	상함을 받는	[17]
laetus		[*즐거온]		
	laetissimo prorsus animo	즐겨	즐겨	[4]
laetitia		즐거옴	즐거움	[20][24]
lateo		밧지 못ᄒ다	받지 못하다	[17]
laudabilis		유일흔	유일한	[7]
Lauretanae Litaniae		셩모 도문	성모 도문	[4]
laus		찬숑흠	찬송함	[22]
	defero laudibus	기리다	기리다	[4]
laus		존귀흠	존귀함	[24]
lego		[*칙 보다, 갈희다, 거두다]		
	aliquid scribitur, aut legitur	셔즈	서자	[9]
	publice lego	톄셩ᄒ다	제성하다	[8]
lex		법	법	[4][16]
libentissime		흔연이	흔연이	[4]
liber		칙	책	[9][12]
Liberiana Basilica		리베리아나 셩당	리베리아나 성당	[4]

표제어	예문	옛한글 번역	현대어 번역	단락 번호
libero		구ᄒ다	구하다	[24]
libero		묻지 아니ᄒ다	묻지 아니하다	[1]
liberus		무드지 아니ᄒ	물들지 아니한	[16]
liberus		밧지 아니ᄒ	받지 아니한	[16]
licet		비록	비록	[16][19][24]
lignum		남기	남기	[16]
lilium		옥즘화	옥잠화	[16]
limo		닥다	닦다	[11]
lingua		만구만셜	만구만설	[17]
lingua		혀	혀	[24]
Litaniae		도문	도문	[4]
	Lauretanae Litaniae	셩모 도문	성모 도문	[4]
littera		글	글	[19]
	divina littera	셩경	성경	[10][18]
	Encyclica Littera	글	글	[19]
	litterae	판문	판문	[26]
liturgia		례졀	례절	[17]
	sacra Liturgia	례졀	례절	[6]
	sacrosancta Liturgia	례졀	례절	[2]
locus		곳	곳	[13]
	ubicumque locus	쳐쳐	처처	[24]
locutio		말	말	[9]
longus		[*긴]		
	longe	멀니	멀리	[6]
	longe ante	초월ᄒ게	초월하게	[1]
	longissime	크게	크게	[2]
loquor		강론ᄒ다	강론하다	[8]
loquor		ᄀᄅ치다	가르치다	[2]
loquor		닐ᄋ다	이르다	[16]
	loquendi usus	말법	말법	[17]
lucidus		광명ᄒ	광명한	[16]
	lucidissimus	지극히 광명ᄒ	지극히 광명한	[16]
luctuosus		참혹ᄒ	참혹한	[1]
luculentus		붉은	밝은	[6]
	emico luculenta	빗나다	빛나다	[15]
	luculentissime	분명이	분명히	[2]

표제어	예문	옛한글 번역	현대어 번역	단락 번호
lux		광명홈	광명함	[16]
lux		븕음	밝음	[11]
	niteo uberiori luce	나타내다	나타내다	[19]
macula		무들미	물듦	[5]
maculatus		뭇은	묻은	[14]
magis		더욱	더욱	[2][24]
	magis atque magis	더욱	더욱	[22]
magisterium		ᄀᆞ로침	가라침	[11]
magistra		스승	스승	[3]
magna		크게	크게	[15]
magnitudo		큼	큼	[13]
maior		더	더	[1]
major		션진	선진	[11][17]
maior		성ᄉᆞ	성사	[17]
	maior	성ᄉᆞ와 션진	성사와 선진	[17]
maledictum		강화홈	강화함	[14]
malignus		악신	악신	[17]
maneo		[*머믈다]		
	rata et fixa manere	일뎡ᄒᆞ다	일정하다	[5]
mancipium		죵	종	[15]
mando		분부ᄒᆞ다	분부하다	[7][9][26]
manifestissime		쇼연이	소연이	[4]
mare		바다	바다	[24]
Maria		마리아	마리아	[5][10][12][16][19][22][25][26]
Martyr		치명쟈	치명자	[24]
mater		모친	모친	[1][2][12][14][15][17][22][24][25]
mater		어미	어미	[3][25]
	beatissima Mater	성모	성모	[5]
maturitas		신즁홈	신중함	[19]
maximus		큰	큰	[24]
	maximum et gravissimum	지즁지대ᄒᆞ	지중지대한	[10][18]
medela		나음	나음	[24]
mediator		거간ᄒᆞ[는 쟈]	거간하[는 자]	[12]

표제어	예문	옛한글 번역	현대어 번역	단락 번호
mediatrix		젼구ᄒ[ᄂᆞᆫ 쟈]	전구하[난 자]	[24]
mediocris		젹은	적은	[20]
memor		긔억ᄒᆞᄂᆞᆫ	기억하는	[4]
	memorata Constitutio	죠셔	조서	[8]
memoria		긔억흠	기억함	[1][26]
mens		명오	명오	[17]
mens		ᄆᆞᄋᆞᆷ	마음	[23]
mens		심신	심신	[24]
mens		ᄯᅳᆺ	뜻	[5][20]
	reputo animo menteque	궁구ᄒᆞ다	궁구하다	[14]
mereo		ᄒᆞ다	하다	[14]
meritum		공노	공로	[10]
meritum		쟝릭 공노	장래 공로	[5][23]
mille		일쳔	일천	[13]
millesimus		일쳔	일천	[28]
minime		못	못	[17][22]
minor		[*더 젹은, 젹은]		
	nec minor	더옥	더욱	[20]
minuo		감ᄒᆞ다	감하다	[11]
miraculum		령젹	영적	[15]
mirandus		신긔ᄒᆞᆫ	신기한	[11]
mirifice		심묘히	심묘히	[1]
mirifice		신통이	신통이	[12]
mirifice		현연이	현연이	[22]
mirus		괴이ᄒᆞᆫ	괴이한	[18]
mirus		괴이ᄒᆞᆫ	기이한	[15][17]
mirus		신긔ᄒᆞᆫ	신기한	[2]
	miris modis	긔묘히	기묘히	[12]
	multus mirusque modus	각양각식	각양각색	[12]
misere		참혹히	참혹히	[15]
misericordia		인ᄌᆞ	인자	[1]
misericordia		인ᄌᆞ흠	인자함	[25]
misericors		인ᄌᆞᄒᆞᆫ	인자한	[1][12]
missa		미사	미사	[4][4]
mitis		[량션ᄒᆞᆫ, 슌ᄒᆞᆫ]		
	neque mitius	엄히	엄히	[5]

표제어	예문	옛한글 번역	현대어 번역	단락 번호
mitto		보내다	보내다	[19]
modus		모양	모양	[6][8][23]
	non modo	쓴 아니라	뿐 아니라	[15]
	miris modis	긔묘히	기묘히	[12]
	multus mirusque modus	각양각식	각양각색	[12]
	quovis modo	조곰도	조금도	[10]
modus		법	법	[8]
modus		형적	형적	[3]
monasterium		슈원	수원	[4]
mons		산	산	[13]
monumentum		경문	경문	[17]
monumentum		유력	유력	[18]
monumentum		자최	자취	[11]
	inter primum atque alterum ⋯ instans et momentum	시말	시말	[5]
	primum instans atque momentum	최초	최초	[5]
mors		죽음	죽음	[16]
mortalis		사름엣	사람의	[12]
mortifer		죽이는	죽이는	[15]
Moyses		모이서	모이세스 (*모세)	[13]
mulier		녀인	여인	[12][14][16]
multiplicus		만흔	많은	[2]
multiplicus		뭇	뭇	[6]
multus		[*만흔]		
	multus mirusque modus	각양각식	각양각색	[12]
mundus		조촐흔	조찰한	[14]
mundus		셰샹	세상	[17][24]
	communis mundus	셰샹	세상	[13]
	mundi primordia	기벽 초	개벽 초	[12]
munio		감뎡흐다	감정하다	[4]
	munio sigillo	답인흐다	답인하다	[26]
munus		은혜 모힘	은혜 모임	[14]
mutuor		누리다	누리다	[3]
mysterium		심오흔 뜻	심오한 뜻	[1]
	mysterium absconditum	심오흔 뜻	심오한 뜻	[1]

표제어	예문	옛한글 번역	현대어 번역	단락 번호
naevus		씨	때	[14]
naevus		하쥬	하자	[13]
namque		대개	대개	[5]
nascor		나다	나다	[1][10][14]
nascor		나흐다	낳다	[1]
natio		국	국	[11]
	omnes nationes	만국	만국	[11]
Nativitas		성탄	성탄	[4]
	festum Nativitatis	성탄첨례품	성탄첨례품	[4]
natura		본	본	[17]
natura		본성	본성	[17]
	natura creata	인성	인성	[15]
	natura [humana]	인성	인성	[16]
	natura humana	인성	인성	[12]
naturaliter		[*절노, 즈연이, 본듸]		
	unus idemque communis naturaliter	호나힘	하나임	[1]
naufragium		걸님	걸림	[23]
naufragium		물에 빠짐	물에 빠짐	[13]
nec		[*쏘 아니, 도 아니, 쏘 못]		
	nec minor	더욱	더욱	[20]
	nec non	쏘	또	[7][8]
	nec non	쏘혼	또한	[8]
necessitas		급난흠	급난함	[25]
negotium		일	일	[25]
nemo		아모도 … 못	아무도 … 못	[1]
nemo		업는	없는	[17]
neque		그쓴 아니라	그뿐 아니라	[6]
	neque mitius	엄히	엄히	[5]
nescius		모루는	모르는	[17]
nesco		모루다	모르다	[13]
nihil		못	못	[10]
	nihil [sum]	업[다]	없[다]	[25]
	nihil ... Unquam	조곰도 아니	조금도 아니	[11]
niteo		[*윤틱후다]		
	niteo uberiori luce	나타내다	나타내다	[19]

표제어	예문	옛한글 번역	현대어 번역	단락 번호
nitor		빗	빛	[17]
Noe		노에	노에 (*노아)	[13]
numerus		[슈]		
	eodem censu ac numero	굿치	같이	[4]
nominatim		조셰히	자세히	[3]
non		못	못	[25]
non		아니	아니	[1][5][16][17][20]
	nec non	또	또	[7][8]
	nec non	또흔	또한	[8]
	non dubito	허락ᄒ다	허락하다	[2]
	non iam	아닐 쑨 아니라	아닐 뿐 아니라	[13]
	non modo	쑨 아니라	뿐 아니라	[15]
	non solum	쑨 아니라	뿐 아니라	[4][20]
	non solum	쑨 아니라	뿐 아니라	[6]
nondum		아닌	아닌	[15]
nonnisi		다만	다만	[2][8]
nonus		구	구	[28]
nos		우리	우리	[4][7][8][12][18][19][21][22][23][24][25]
nosco		모로는 이 업다	모르는 이 없다	[10]
nosco		알다	알다	[19][23][27]
Noster		오	오	[23][24][25]
	Dominus Noster	오쥬	오주	[23][24][25]
noster		우리의	우리의	[19][20][21][22][23][24][25][26][27]
	noster genus	인류	인류	[12]
notarius		셔긔	서기	[26]
notitia		[*명성, 앎이]		
	deduco notitiam	전파ᄒ다	선파하다	[26]
noto		꾸짓다	꾸짖다	[6]
novus		새	새	[16][17]
nullatenus		아니	아니	[6]
nullatenus		업시	없이	[1]
nullus		아니	아니	[14]

표제어	예문	옛한글 번역	현대어 번역	단락 번호
	nullus hominum	누구[도 아니]	누구[도 아니]	[27]
	nullus unquam	업는	없는	[13]
	nullus unquam	조곰도 아니	조금도 아니	[14]
nuncupo		닐코르다	일커르다	[14]
nunquam		못	못	[17]
nunquam		잠간도 아니	잠간도 아니	[16]
nunquam		조곰도 아니	조금도 아니	[10]
nunquam		업시	없이	[17][23]
nunquam		항샹 아니	항상 아니	[16]
	nunquam immuto	듸듸로 직히다	대대로 지키다	[7]
nuntio		보흐다	보하다	[14]
obiectum		위흐는바	위하는바	[5]
objicio		공경흐다	공경하다	[5]
obnoxius		쇽흔	속한	[14]
obsequor		슌죵흐다	순종하다	[15]
observo		직희다	지키다	[7]
obtineo		엇다	얻다	[24]
occasio		긔틀	기틀	[8]
occidentalis		[서편엣, 서편에 잇는]		
	Ecclesia occidentalis	서회	서회	[11]
occultus		오묘흔	오묘한	[1]
occupo		박히다	박히다	[17]
octavus		[여둛지, 데팔]		
	festum Conceptionis cum octava	팔일쳠례	팔일첨례	[4]
octingentesimus		팔빅	팔백	[28]
offensio		다툼	다툼	[7]
offero		드러느다	드러나다	[24]
	oblata instantia ac prex	근쳥흐는 샹셔	간청하는 상서	[7]
	oblatum sum	니르다	이르다	[18]
officium		일과	일과	[4][7][17]
	ecclesiasticum officium	일과	일과	[2]
olim		젼브터	전부터	[7]
omnino		온젼이	온전히	[2][10][14]
omnipotens		젼능흔	전능한	[23][27]
omnipotentia		젼능	전능한	[1]

표제어	예문	옛한글 번역	현대어 번역	단락 번호
omnis		만 가지	만 가지	[1][13][25]
omnis		만만[흔]	만만[한]	[19]
omnis		모든	모든	[1][3][7][10][14][15][19][22][23][25]
	creatura omnis	만유	만유	[17]
	omnis [res]	모든 수정	모든 사정	[19]
	omnis aeternitas	무시지시	무시지시	[1]
	omnes nationes	만국	만국	[11]
	omnes populi	만민	만민	[11]
	omni studio tueri ac propugnare duco	결단ᄒ다	결단하다	[5]
omnis		아모	아모	[1][13][16][17]
omnis		아조	아주	[17]
omnis		온	온	[4][25]
omnis		온갖	온갖	[16]
omnis		온젼흔	온전한	[11][23][24]
omnis		흥샹	항상	[6]
opera		공부	공부	[17]
operor		공부ᄒ다	공부하다	[1]
opinio		믈	말	[5]
opinio		변논	변론	[6]
oportet		맛당이	마땅히	[3]
oportet		반ᄃ시	반드시	[17]
opportunitas		[*맛당흔 째]		
	opportunitas temporum	긔약	기약	[22]
opto		원ᄒ다	원하다	[21]
opus		공부	공부	[1][17]
opus		힘	힘	[4]
	promoveo omni ope	힘쓰다	힘쓰다	[4]
oraculum		[미리 말흠이]		
	divinum oraculum	말슴	말씀	[12]
orbis		텬하	천하	[2]
	orbis catholicus	텬하	천하	[11]
	orbis catholicus	보텬하	보천하	[19][22]
	orbis terrarum	셰샹	세상	[24]
ordino		뎡ᄒ다	정하다	[7]

표제어	예문	옛한글 번역	현대어 번역	단락 번호
	eligo et ordino	간션ᄒᆞ다	간선하다	[1]
ordo		품	품	[25]
	Ordo regularis	슈도ᄒᆞᄂᆞᆫ 회	수도하는 회	[18]
orientalis		[동편에 잇ᄂᆞᆫ]		
	Ecclesia orientalis	동회	동회	[11]
originalis		최초엣	최초의	[14][15][16]
	originalis culpa	원죄	원죄	[1][10][23]
	originalis innocentia	원의	원의	[15]
	originalis innocentia	원죄에 뭇지 아니홈	원죄에 묻지 아니함	[2]
	originalis labes	원죄 씨	원죄 때	[10]
	originalis labes	원죄	원죄	[25]
	originalis peccatum	원죄	원죄	[5][7][10]
	sine labe originali conceptus	무염원죄혼	무염원죄한	[4]
origo		날 때	날 때	[10]
origo		근원	근원	[2]
ornamentum		영광	영광	[23]
ornamentum		빗	빛	[24]
os		입	입	[14][24]
ostendo		뵈이다	보이다	[3][14]
ovis		양	양	[3]
pagina		쟝	쟝	[27]
palam		[*붉이, 압헤셔]		
	palam publiceque	나타나게	나타나게	[10]
par		ᄀᆞ치	같이	[20]
Paraclitus Spiritus		성신	성신	[23]
parens		조샹	조상	[16]
pario		낫타	낳다	[17]
pars		분	분	[5]
	sua pars	본분	본분	[5]
particeps		누리는	누리는	[14]
pasco		치다	치다	[3]
passim		죵죵	종종	[17]
passiva		밧은	받은	[8]
pastor		목쟈	목자	[24]
	Pastor Ecclesiae	쥬교 탁덕	주교 탁덕	[18]

표제어	예문	옛한글 번역	현대어 번역	단락 번호
Pater		션지	선지	[11]
Pater		셩부	성부	[1][17][23]
Pater		셩ᄉ	성사	[10][12][13][18]
	Sanctus Pater	셩ᄉ	성사	[8][10]
patior		믄허지다	무너지다	[23]
patior		밧다	받다	[13]
patior		참아 두다	참아 두다	[6]
patrocinium		쥬보홈	주보함	[24]
patrona		쥬보	주보	[4]
Paullus		바로	파울루스	[23][27]
Paullus V		바로 데오위	파울루스 제오위	[7][8]
pax		화평홈	화평함	[7][24]
peccatum		죄	죄	[1][12][13][16][17]
peccatum		죄악	죄악	[16]
	peccatum originalis	원죄	원죄	[5][7][10]
peculiaris		특별ᄒᆞᆫ	특별한	[19][20]
pendo		돌녀 둘니다	달려 둘리다	[13]
penes		즁에	중에	[3]
penitus		지극히	지극히	[14]
per		인ᄒᆞ야	인하여	[12]
perago		거동ᄒᆞ다	거동하다	[4]
perago		쏠아 [힝ᄒᆞ다]	따라 [행하다]	[19]
pereo		죽다	죽다	[1]
perfectissimus		온젼ᄒᆞᆫ	온전한	[1]
perfectus		아름다온	아름다운	[1][14]
perfugium		의탁	의탁	[24]
perfundo		가득ᄒᆞ다	가득하다	[20]
pergo		나아가다	나아가다	[16]
periclitans		위틴ᄒᆞᆫ 이	위태한 이	[24]
periclitor		위험을 당ᄒᆞ다	위험을 당하다	[24]
periculum		위험	위험	[25]
	periculum ingruens	위박홈	위박함	[24]
permuto		변ᄒᆞ게 ᄒᆞ다	변하게 하다	[11]
perpendo		구힉ᄒᆞ다	구핵하다	[19]
perpendo		궁구ᄒᆞ다	궁구하다	[22]

표제어	예문	옛한글 번역	현대어 번역	단락 번호
perpetuus		덧덧ᄒᆞᆫ	덧덧한	[14][22]
perpetuus		영구ᄒᆞᆫ	영구한	[1][26]
perpetuus		흥샹ᄒᆞᆫ	항상한	[8]
persisto		ᄯᅩᆺᄒᆞ다	뜻하다	[6]
persona		사ᄅᆞᆷ	사람	[26]
	persona Apostolorum Principis	셩 베드루	성 페트루스	[3]
perspicio		ᄇᆞᆰ이 알다	밝히 알다	[19]
perspicue		쇼연이	소연히	[10]
perspicuus		신신ᄒᆞᆫ	신신한	[6]
pertineo		쇽ᄒᆞ나	속하다	[5]
pertingo		니ᄅᆞ다	이르다	[13]
pes		발	발	[12]
Petrus		베드루	페트루스	[19][23]
	Petrus beatorum	셩 베드루	성 페트루스	[27]
Philippus		비리버	필립푸스	[7]
pientissime		졍셩되이	정성되이	[4]
pientissimus		열졀ᄒᆞᆫ	열절한	[22]
pietas		밋음	믿음	[19][20]
pietas		인ᄌᆞᄒᆞᆷ	인자함	[12]
pietas		졍셩	정성	[4][18][19][22][25]
	pietas Christifidelium	ᄭᅳᆺ	끝	[5]
	pietas et devotio	신공	신공	[7]
	pietas et devotio	졍셩	정성	[7]
Pius		비오	피우스	제목
pius		유익ᄒᆞᆫ	유익한	[7]
plane		온젼이	온전히	[6][13]
plane		조곰도	조금도	[1]
planissime		ᄇᆞᆰ이	밝히	[3]
planus		지극ᄒᆞᆫ	지극한	[3]
plenissime		온젼이	온전히	[12]
plenitudo		온젼홈	온전함	[11]
plenitudo		츙만홈	충만함	[15]
	temporum plenitudo	긔약	기약	[1]
plenus		가득ᄒᆞᆫ	가득한	[14]
plenus		츙만ᄒᆞᆫ	충만한	[13]

표제어	예문	옛한글 번역	현대어 번역	단락 번호
plurimum		온젼이	온전히	[22]
plurimum		크게	크게	[17]
plurimus		여러	여러	[13][19]
plus		풍셩히	풍성히	[16]
poena		벌	벌	[8][23]
poena		신벌	신벌	[7][9]
pono		밋다	맺다	[12][16]
Pontifex		교종	교종	[5][7]
	Praedecessor Noster Romanus Pontifex	전 교종	전 교종	[7]
	Romanus Pontifex	교종	교종	[5]
pontificatus		즉위	즉위	[28]
populus		민	민	[11]
	omnes populi	만민	만민	[11]
populus		빅셩	백성	[18]
	populus fidelis	교우 빅셩	교우 백성	[20]
	populus fidelis	빅셩	백성	[18][24]
porro		맛당이	마땅히	[23]
possideo		계시다	계시다	[2]
possum		가히 ᄒᆞ다	가히 하다	[1]
possum		능히 ᄒᆞ다	능히 하다	[8][10]
post		후 브터	후 부터	[7]
post		후에	후에	[9][20]
posterus		압희 잇는	앞에 있는	[9]
posterus		후ᄉ	후사	[16]
postquam		후에	후에	[23]
postulatio		쳥	청	[18]
postulatio		쳥홈	청함	[18][19]
	postulatio recepta	쳥ᄒᆞ는 문쟝	청하는 문장	[19]
potens		능흔	능한	[15]
potestas		권	권	[3]
potestas		권세	권세	[15]
potissimum		특별이	특별히	[18]
potius		극진이	근진히	[3]
prae		[*인ᄒᆞ야, 압희, 믄져, 밧긔, 우희]		
	prae se fero	원만케 ᄒᆞ다	원만케 하다	[1]

표제어	예문	옛한글 번역	현대어 번역	단락 번호
praebeo		기우리다	기울이다	[15]
praecelsus		지존흔	지존한	[2]
praecipio		[명호다, 식이다]		
	festum praeceptum	본분쳠례	본분쳠례	[4]
praecipue		특별이	특별히	[7]
praeclarus		긔묘흔	기묘한	[12]
praeclarus		영화로온	영화로운	[24]
praeconium		찬숑	찬송	[15][24]
Praedecessor		녯 교종	옛 교종	[4]
	Praedecessor Noster	녯 교종	옛 교종	[4][5]
	Praedecessor Noster	션 교종	선 교종	[18]
	Praedecessor Noster	젼 교종	전 교종	[21][22]
	Praedecessor Noster Romanus Pontifex	젼 교종	전 교종	[7]
praedico		강논호다	강론하다	[18]
praedico		미리 닐으다	미리 이르다	[16]
praedico		브르지다	부르짓다	[17]
praedico		찬숑호다	찬송하다	[17]
praedico		칭숑호다	칭송하다	[12]
praedictus		닉은	익은	[20]
praefatio		[*셔문, 쇼인]		
	in praefatio	가온대	가운데	[4]
praefatus		이 [잇는]	이 [있는]	[8][9]
praefero		쒸여남을 뵈다	뛰어남을 보이다	[15]
praemonstro		뵈다	보이다	[12]
praenunciatus		미리 모샹흔	미리 모상한	[13]
praeparo		ᄯᅩ로 두다	따로 두다	[16]
praeparo		예비호다	예비하다	[12]
praerogativa		특별흔 은혜	특별한 은혜	[4]
praerogativa		특은	특은	[10][19]
praesens		이 [잇는]	이 [있는]	[8]
praeservo		면호다	면하다	[5][7][10][23]
praesidium		호위홈	호위함	[23][24]
praestantissimus		쵸월흔	초월한	[10]
praestituo		명호다	정하다	[2]
	praestituo decreto	명호다	정하다	[2]

표제어	예문	옛한글 번역	현대어 번역	단락 번호
praesumo		감히 ᄒᆞ다	감히 하다	[23][27]
praeter		밧긔	밖에	[1]
praeter		외에	외에	[8][16]
praetexo		핑계ᄒᆞ다	핑계하다	[8]
praetextus		핑계	핑계	[8]
praevideo		알다	알다	[1]
praevideor		미리 닙다	미리 입다	[10]
prex		긔도	기도	[22][23]
	prex publica	공도	공도	[23]
	prex solemnis	공도	공도	[6]
prex		근구	간구	[19]
	oblata instantia ac prex	근쳥ᄒᆞᄂᆞ 샹셔	간청하는 상서	[7]
prex		힘	힘	[25]
primogenita		쟝녀	장녀	[16]
primogenitus		쟝ᄌᆞ	장자	[17]
primordium		시초	시초	[2]
	mundi primordia	기벽 초	개벽 초	[12]
primordium		잉틱	잉태	[2]
primus		쳣	첫	[1]
	primum instans	최초	최초	[5][23]
	primum instans atque momentum	최초	최초	[5]
princeps		국왕	국왕	[18]
	persona Apostolorum Principis	성 베드루	성 페트루스	[3]
priscus		녯	옛	[11]
privatim		ᄉᆞᄉᆞ로이	사사로이	[6]
privatus		ᄉᆞᄉᆞ[로온]	사사[로운]	[23]
privatus		아ᅀᆞᆷ	앗음	[8]
privilegium		은툥	은총	[23]
privilegium		특은	특은	[13]
	gratia et privilegio	은혜	은혜	[5]
pro		대로	대로	[15]
	pro summa Nostra	힘을 다ᄒᆞ야	힘을 다하여	[19]
probe		붉이	밝히	[19]
probo		쥰뎡ᄒᆞ다	준정하다	[4]
	probatissimum Concilium	공ᄉᆞ회	공사회	[10]

표제어	예문	옛한글 번역	현대어 번역	단락 번호
procedo		나아가다	나아가다	[21]
procedo		발ᄒ다	발하다	[1]
proclamo		말솜 두다	말씀 두다	[4]
prodeo		나다	나다	[17]
profecto		더	더	[10]
profero		반포ᄒ다	반포하다	[19]
profiteor		드러내다	드러내다	[18]
profiteor		증거ᄒ다	증거하다	[10]
profiteor		ᄒ다	하다	[6]
profligo		이긔다	이기다	[24]
progredior		[*압셔가다, 나아가다]		
	ulterius progredior	더ᄒ다	더하다	[6]
prohibeo		금ᄒ다	금하다	[9]
prohibeo		엄금ᄒ다	엄금하다	[9]
prohibeo		일금ᄒ다	일금하다	[9]
	severissime prohibeo	엄금ᄒ다	엄금하다	[6]
promoveo		[*들다, 쳔거ᄒ다]		
	promoveo et vindicare	현양ᄒ다	현양하다	[3]
	promoveo omni ope	힘쓰다	힘쓰다	[4]
pronunciatio		판단홈	판단함	[27]
pronuncio		판단ᄒ다	판단하다	[23]
propago		펴다	펴다	[2][11]
prope		곧	곧	[14]
	recipio prope	잇다	있다	[3]
propensissimus		극진ᄒᆞᆫ	극진한	[1]
Propheta		션지쟈	선지자	[14][24]
propitius		돌보는	돌보는	[25]
propono		공경ᄒ다	공경하다	[2]
propono		뵈다	보이다	[18]
propono		ᄀᆞ르치다	가르치다	[2]
propositum		뜻	뜻	[1]
proprietas		진본	진본	[11]
proprius		본	본	[4][7][17][19]
	sententia propria	비유를 쓰지 아니홈	비유를 쓰지 아니함	[16]
proprius		쇽ᄒᆞᆫ	속한	[20]

표제어	예문	옛한글 번역	현대어 번역	단락 번호
proprius		ᄉᄉ	사사	[23]
propugno		보호ᄒ다	보호하다	[4][10]
	omni studio tueri ac propugnare duco	결단ᄒ다	결단하다	[5]
prorsus		곳	곧	[26]
prorsus		[*바로, 온전이]		
	laetissimo prorsus animo	즐겨	즐겨	[4]
proscribo		결단ᄒ다	결단하다	[5]
prosequor		위ᄒ다	위하다	[3]
	prosequor amore	ᄉ랑ᄒ다	사랑하다	[1]
protego		호위ᄒ다	호위함	[25]
providentia		공부	공부	[16]
	Providentia divina	텬쥬	천주	[19]
provincia		도	도	[4]
proxime		갓가이	가까이	[15]
	proxime accedo	갓가이 오다	가까이 오다	[15]
publice		눔의 압희	남의 앞에	[6]
	palam publiceque	나타나게	나타나게	[10]
	publice lego	톄셩ᄒ다	제성하다	[8]
publicus		공번된	공번된	[26]
	publica prex	공도	공도	[23]
	publicus cultus ac veneratio	공례	공례	[2]
pulcer		고은	고운	[1]
pulcer		아름다온	아름다운	[13][17][24]
	pulcrior	더 아름다온	더 아름다운	[17]
pulcritudo		아름다옴	아름다움	[17]
purissimus		지극히 조츨혼	지극히 조찰한	[17]
puritas		졍결홈	정결함	[13][17]
purpureus		신묘ᄒ	신묘한	[17]
purus		졍결ᄒ	정결한	[17]
pusillus		[*적은]		
	pusillius corde	심약ᄒ 이	심약한 이	[24]
quaero		구ᄒ다	구하다	[25]
quaestio		므러봄	물어봄	[16]
quamobrem		일노 조차	일로 좇아	[18]
quamvis		비록	비록	[3][19]

표제어	예문	옛한글 번역	현대어 번역	단락 번호
quanto		엇더케	어떻게	[10]
quantopere		엇더ᄒᆞᆫ	어떠한	[10]
quapropter		이러므로	이러므로	[23]
quapropter		인ᄒᆞ야	인하여	[12]
quapropter		일노 인ᄒᆞ야	일로 인하여	[16]
quare		그런고로	그런고로	[23]
quartus		ᄉᆞ	사	[28]
quid		ᄉᆞ연	사연	[7]
quid		엇더케	어떻게	[19]
quidem		과연	과연	[24]
quidem		모든	모든	[20]
quidem		진실노	진실로	[1]
quidquid		모든 거시	모든 것이	[22]
quin		아니	아니	[15]
quinquagesimus		오십	오십	[28]
quis		그	그	[1]
quis		바	바	[4]
quis		이	이	[2][8][17]
quis		쟈	자	[8][27]
quis		져	저	[3]
quis		혹이	혹이	[5]
quocirca		대개	대개	[12]
quod		것	것	[3][7][23]
quomodocumque		무슴 모양으로	무슨 모양으로	[9]
quomodolibet		엇더케	어떻게	[9]
quoque		도	도	[18]
quotannis		히마다	해마다	[4]
quotidie		날노	날로	[4][18][24]
quotidie		녜브터	옛부터	[11]
quovis		무슴	무슨	[6][8]
	quovis modo	조곰도	조금도	[10]
radix		쑬희	뿌리	[16]
reor		[*싱각ᄒᆞ다, 짐작ᄒᆞ다]		
	rata et fixa manere	일뎡ᄒᆞ다	일정하다	[5]
ratio		분수	분수	[15]

표제어	예문	옛한글 번역	현대어 번역	단락 번호
ratio		빙거	빙거	[2]
recenseo		솗피다	살피다	[3]
recipio		밧다	받다	[4]
	postulatio recepta	청ᄒᆞ는 문쟝	청하는 문장	[19]
	recipio prope	잇다	있다	[3]
recordatio		[*긔억흠이]		
	felix recordatio	자조됨	자주됨	[18]
recte		바로	바로	[21]
recurro		뵈이다	보이다	[17]
Redemptor		구쇽쟈	구속자	[12]
Redemptor		구쇽ᄒᆞᆫ 쟈	구속한 자	[5][10]
redemptus		구쇽지은을 닙은	구속지은을 입은	[10]
redeo		도라오다	돌아오다	[24]
redundo		도라가다	돌아가다	[22]
refragor		비쳑ᄒᆞ다	배척하다	[10]
refulgeo		빗최다	비추다	[13]
Regina		모황	모황	[25]
Regina		왕후	황후	[14]
regno		대힝ᄒᆞ다	대행하다	[24]
regnum		나라	나라	[4][7]
rego		다ᄉᆞ리다	다스리다	[3]
regularis		슈원엣	수원의	[19]
	regularis Ordo	슈도ᄒᆞ는 회	수도하는 회	[18]
religio		셩도	성도	[3]
religio		졍셩	정성	[18][19][25]
	Religio Christiana	셩교회	성교회	[23]
	religio sacramenti	거룩히 밍셰홈	거룩히 맹새함	[4]
religiosus		슈도ᄒᆞ는	수도하는	[18]
	Religiosa Familia	회	회	[4][10]
	Religiosa Familia	슈도ᄒᆞ는 회	수도하는 회	[18]
relinquo		두다	두다	[8]
reliquus		다른	다른	[2][3]
remedium		법	법	[12]
renovo		새롭게 ᄒᆞ다	새롭게 하다	[12]
reparatrix		슈보ᄒᆞ는 쟈	수보하는 자	[16]
repetitus		만흔	많은	[6]

표제어	예문	옛한글 번역	현대어 번역	단락 번호
repleo		ᄀᆞ득ᄒᆞ다	가득하다	[24]
repraesento		형용ᄒᆞ다	형용하다	[2]
reputo		[*닉이 싱각ᄒᆞ다, 혜다]		
	reputo animo menteque	궁구ᄒᆞ다	궁구하다	[14]
res		ᄉᆞ계	사계	[10]
res		ᄉᆞ연	사연	[22]
res		ᄉᆞ정	사정	제목[26]
	re quidem vera	과연	과연	[11]
	res divina	셩교	셩교	[10]
	res dIvina	셩학	셩학	[19]
	res dubia	의심홈	의심함	[25]
rescribo		붓슬 잡다	붓을 잡다	[20]
respicio		관계ᄒᆞ다	관계하다	[19]
retineo		보존ᄒᆞ다	보존하다	[11]
retundo		썩다	꺾다	[12]
reus		죄인	죄인	[24]
revelatio		묵계	묵계	[2]
	caelestis revelatio	묵계	묵계	[2]
revelatus		묵계ᄒᆞᆫ	묵계한	[11][23]
revoco		[*되불너오다, 만회ᄒᆞ다]		
	in dubium revoco	의심ᄒᆞ다	의심하다	[9]
	revoco in disputationem	다시 변논ᄒᆞ다	다시 변론하다	[8]
rex		국왕	국왕	[7][18]
rite		법답게	법답게	[21]
robur		굿셈	굳셈	[24]
Romanus		로마엣	로마의	[3][4][6][7][21]
	Praedecessor Noster Romanus Pontifex	젼 교종	전 교종	[7]
	Romana Ecclesia	로마회	로마회	[3][4][6][7][21]
	Romanus Pontifex	교종	교종	[5]
rosa		미괴화	매괴화	[17]
rubus		덤불	덤불	[13]
ruina		써러짐	떨어짐	[1]
rutilo		쏘다	쏘다	[17]
sacer		[*거륵ᄒᆞᆫ, 츅셩ᄒᆞᆫ]		

표제어	예문	옛한글 번역	현대어 번역	단락 번호
	sacra Liturgia	례절	예절	[6]
	sacra Scriptura	셩경	성경	[10]
	Sacrorum Antistites	쥬교	주교	[2][10][18][19]
sacramentum		공부	공부	[1]
sacramentum		[*셩ᄉ, 비젹, 밍셰]		
	religio sacramenti	거륵히 밍셰홈	거룩히 맹새함	[4]
sacrosanctus		[*거륵ᄒᆫ, 츅셩ᄒᆫ]		
	sacrosancta Liturgia	례절	예절	[2]
saecularis		셰쇽엣	세속의	[19]
saeculum		기벽	개벽	[16]
	ab initio et ante saecula	무시지시로브터	무시지시로부터	[1]
saepissime		미양	매양	[15][17]
salus		구령홈	구령함	[25]
salus		싱명	생명	[24]
salutatio		하례ᄒᆞ는 말슴	하례하는 말씀	[14]
Salvator		구쇽[쟈]	구속[자]	[23]
salvus		샹홈을 밧지 아니혼	상함을 받지 아니한	[13]
sancio		뎡ᄒᆞ다	정하다	[22]
sanctificatio		거륵게 ᄒᆞ심을 밧음	거룩하게 하심을 받음	[5]
sanctificatio		거륵홈	거룩함	[14]
sanctio		벌	벌	[6]
sanctitas		거륵홈	거룩함	[1][2][12][13][17]
sanctus		거륵ᄒᆞᆫ	거룩한	[2][7][13][14][16][17][21]
	sanctior	더 거륵ᄒᆞᆫ	더 거룩한	[17]
	sanctissimus	거륵ᄒᆞᆫ	거룩한	[10][12][17][22][24]
sanctus		셩[ᄒᆞᆫ 쟈]	성[한 자]	[24]
	sancta Ecclesia	셩교회	성교회	[24]
	Sancta et Individua Trinitas	삼위일테신 셩삼	삼위일체신 성삼	[23]
	sanctissima Dei Genitrix	셩모	성모	[10]
	sanctissima Genitrix	셩모	성모	[19]
	Sanctissimus Spiritus	셩신	성신	[17]
	Sanctus Angelus	신셩	신성	[25]
	Sanctus Pater	셩ᄉ	성사	[8][10]

표제어	예문	옛한글 번역	현대어 번역	단락 번호
	Sanctus Spiritus	셩신	성신	[1][2][7][16][17][23]
sanctus		셩인	성인	[2]
sane		과연	과연	[25]
sapienter		슬긔로이	슬기로이	[11]
sapientia		지혜	지혜	[1][2][11][14]
sapientissime		슬긔로이	슬기로이	[4]
satis		넉넉히	넉넉히	[10]
	satis non	부죡히	부족히	[16]
satisfacio		치우다	채우다	[22]
scala		사다리	사다리	[13]
scandalum		걸닐 긔회	걸릴 기회	[7]
scientia		도리	도리	[10]
	scientia rerum divinarum	셩교도리	성교도리	[10]
scientia		지식	지식	[19]
scientia		학식	학식	[11]
scilicet		곳	곧	[12]
scio		알다	알다	[23]
scribo		[*글시 쓰다]		
	aliquid scribitur, aut legitur	셔주	서자	[9]
scriptor		학쟈	학자	[12]
scriptum		셔주	서자	[8][19][23]
Scriptura		셩경	성경	[12]
	divina Scriptura	셩경	성경	[2]
	sacra Scriptura	셩경	성경	[10]
secerno		다르다	다르다	[2]
secundum		쏠아	딸아	[9]
secus		달니	달리	[23]
sed		다만	다만	[5]
sed		더욱	더욱	[13]
sed		오직	오직	[11][16]
sedes		좌	좌	[14]
	Apostolica Sedes	종도좌	종도좌	[18]
sedulus		셩실훈	성실한	[11]
seipse		즈긔	자기	[1]
seligo		글히다	갈하다	[19]

표제어	예문	옛한글 번역	현대어 번역	단락 번호
semen		씨	씨	[12]
semita		길	길	[24]
semper		덧덧이	덧덧히	[24]
semper		샹희	상해	[16]
semper		흥샹	항상	[1][11][16][17][24]
sempiternus		묵은	묵은	[12]
sempiternus		영원흔	영원한	[2][16]
sensus		쏫	뜻	[5][11]
sensus		의향	의향	[19][22]
sententia		도리	도리	[8][9][11]
sententia		명령	명령	[7]
sententia		문ᄉ	문사	[15]
sententia		쏫	뜻	[14]
sententia		의견	의견	[19]
	sententia definita	비유롤 쓰지 아니흠	비유를 쓰지 아니함	[16]
	sententia propria	비유롤 쓰지 아니흠	비유를 쓰지 아니함	[16]
sentio		밋다	믿다	[5]
sentio		싱각ᄒ다	생각하다	[19][23]
Seraphim		세라핌	세라핌	[17]
Seraphim		텬신	천신	[17]
serio		근신히	근신히	[19]
serpens		븨얌	뱀	[1][12][15][16][24]
servo		심다	심다	[11]
seu		혹	혹이	[8]
severus		[*엄흔]		
	severissime prohibeo	엄금ᄒ다	엄금하다	[6]
si		만일	만일	[23]
si		만일 혹	만일 혹	[27]
si		면	면	[5]
sic		똘아	딸아	[23]
sicut		ᄀᆞ치	같이	[17]
sigillum		[*인, 투셔]		
	munio sigillo	답인ᄒ다	답인하다	[26]
significo		ᄀᆞ르치다	가르치다	[10]
significo		나타내다	나타내다	[23]

표제어	예문	옛한글 번역	현대어 번역	단락 번호
significo		드러나게 ᄒᆞ다	드러나게 하다	[2]
significo		통ᄒᆞ다	통하다	[19]
signo		봉ᄒᆞ다	봉하다	[16]
simul		아오로	아오로	[22]
	ac simul	ᄯᅩᄒᆞᆫ	또한	[12]
sine		업시	없이	[25]
	sine labe originali conceptus	무염원죄ᄒᆞᆫ	무염원죄한	[4]
singularis		각별ᄒᆞᆫ	각별한	[2]
singularis		의견	의견	[20]
singularis		시극ᄒᆞᆫ	지극한	[19]
singularis		쵸월ᄒᆞᆫ	초월한	[13]
singularis		특별ᄒᆞᆫ	특별한	[14][16][17][23][24]
singularis		합ᄒᆞᄂᆞᆫ	합하는	[22]
sive		ᄯᅩ	또	[4]
Sixtus IV		식스도 뎨ᄉᆞ위	식스투스 제사위	[4][7][8]
Sodalitas		회	회	[4]
solatio		위로	위로	[20]
solemnior		현연ᄒᆞᆫ	현연한	[19]
solemnis		영화로온	영화로운	[14]
	solemnis prex	공도	공도	[6]
solemniter		대례로	대례로	[7]
sollicitus		근신ᄒᆞᄂᆞᆫ	근신하는	[25]
sollicitus		셩근ᄒᆞᄂᆞᆫ	성근하는	[10]
solum		홀노	홀로	[3][16]
solus		홀노 [잇는]	홀로 [있는]	[17]
solus		ᄒᆞ나	하나	[17]
solutus		뭇지 아니ᄒᆞᆫ	묻지 아니한	[10]
sordes		ᄢᅴ	때	[17]
speciale		특별ᄒᆞᆫ	특별한	[5][7]
speciosus		고은	고운	[14]
spectatus		[착ᄒᆞᆫ, 츌등ᄒᆞᆫ]		
	spectatissimus	유공ᄒᆞᆫ	유공한	[10]
spes		ᄇᆞ람	바람	[12][24]
spina		형극	형극	[16]
spiritus		심신의	심신의	[7]

표제어	예문	옛한글 번역	현대어 번역	단락 번호
	Spiritus divinus	셩신	성신	[14]
	Spiritus Paraclitus	셩신	성신	[23]
	Spiritus Sanctissimus	셩신	성신	[17]
	Spiritus Sanctus	셩신	성신	[1][2][7][16][17][23]
splendidus		나타나는	나타나는	[2]
splendidus		븕은	밝은	[16]
	splendidissimus	지극히 븕은	지극히 밝은	[16]
splendor		광치	광채	[1]
splendor		빗	빛	[13]
sponte		졀노	절로	[17]
spoponderint		찬미ᄒᆞ다	찬미하다	[4]
statuo		뎡ᄒᆞ다	정하다	[4][23]
statuo		판단ᄒᆞ다	판단하다	[10]
sto		뎡ᄒᆞ다	정하다	[16]
strenue		강의히	강의히	[4]
studeo		공부ᄒᆞ다	공부하다	[11]
studium		공부	공부	[11]
studium		다함	다함	[25]
studium		셩근	성근	[20]
	cura et studium	셩근	성근	[2]
studium		졍셩	정성	[3]
studium		힘	힘	[20]
studium		힘씀	힘씀	[10]
	omni studio tueri ac propugnare duco	결단ᄒᆞ다	결단하다	[5]
studium		힘을 다함	힘을 다함	[6]
suaviter		평슌히	평순히	[1]
sub		다음에	다음에	[1]
subiaceo		업드리다	엎드리다	[10]
subicio		당ᄒᆞ다	당하다	[23]
sublimis		놉흔	높은	[19]
	sublimissimus	놉흔	높은	[14]
sublimis		쵸월한	초월한	[10]
subscribo		착명ᄒᆞ다	착명하다	[26]
	subscribo manu	착명ᄒᆞ다	착명하다	[26]
substantialis		혈육의	혈육의	[1]

표제어	예문	옛한글 번역	현대어 번역	단락 번호
Successor		훗	훗	[8]
	Successor Noster Romanus Pontifex	훗 교종	훗 교종	[8]
sufficio		밋다	미치다	[17]
sui		졔	졔	[23]
sui		즈긔	자기	[1][14]
sum		넉이다	여기다	[16]
sum		되다	되다	[1][3][14][24]
summus		놉흔	높은	[12][18]
summus		지극흔	지극한	[12][21]
	pro summa Nostra	힘을 다ᄒᆞ야	힘을 다하여	[19]
sumus		우리	우리	[20]
super		우희	위에	[25]
supergradior		뛰여나다	뛰어나다	[17]
superius		우희	위에	[8]
superus		온젼흔	온전한	[3]
	exsto superior	쵸월ᄒᆞ다	초월하다	[17]
supplico		기도ᄒᆞ다	기도하다	[4]
supremus		끗	끝	[19]
	supremum iudicium	결ᄉ	결사	[20][22]
suscipio		잡다	잡사	[19]
suus		그	그	[1][22][24]
suus		그 본	그 본	[4]
suus		그 쇽흔	그 속한	[19]
suus		당신	당신	[1]
suus		본	본	[1]
suus		즈긔	자기	[20]
	sua pars	본분	본분	[5]
Synodus		공회	공회	[10]
	Tridentina Synodus	디던디노 공회	트리덴툼 공회 (*트리엔트 공회)	[10]
tabernaculum		당	당	[17]
tamen		그러나	그러나	[3]
tamquam		ᄀᆞ치	같이	[1][5][17]
tandem		[*맛춤ᄂᆡ, 나죵에, 도모지]		
	tandem aliquando	쟝ᄎ	장차	[19]

표제어	예문	옛한글 번역	현대어 번역	단락 번호
tantoque		특별이	특별히	[1]
tantus		지극흔	지극한	[18]
	in suo tantum genere	흔갈굿치	한결같이	[11]
telum		살	살	[17]
temerarius		업시호는	없이하는	[26]
templum		당	당	[13][16]
templum		성당	성당	[4]
tempus		시계	시계	[10]
	temporum opportunitas	긔약	기약	[22]
	temporum plenitudo	긔약	기약	[1]
tenebrae		캄캄흠	캄캄함	[16]
tener		어린	어린	[19]
terminus		민 긋	맨 끝	[24]
terra		셰샹	세상	[17]
	terrarum orbis	셰샹	세상	[24]
terra		따	땅	[13][16]
terra		하디	하지	[25]
	caelum [et] terra	샹텬하디	상천하지	[25]
terrenus		텬하엣	천하의	[17]
	caelestis et terrenus	텬샹텬하의	천상천하의	[17]
testimonia		증거	증거	[10][18]
testor		증거가 잇다	증거가 있다	[11]
	testor et declaro	나타나다	나타나다	[3]
teterrimus		포학흔	포학한	[12]
Theologicus		셩학엣	성학의	[20]
	Theologica Academia	태학	태학	[10]
	theologica disciplina	텬쥬도리	천주도리	[19]
thesaurus		보븨	보배	[16]
thesaurus		보븨로온 곳 집	보배로운 곳 집	[1]
thesaurus		집	집	[14]
thronus		보좌	보좌	[14]
timeo		두려워호다	두려워하다	[25]
titulus		기호	기호	[4]
tot		무수히	무수히	[24]
totus		온	온	[13][19][24]
totus		온젼흔	온전한	[1][17][24]

표제어	예문	옛한글 번역	현대어 번역	단락 번호
tractatus		강논	강론	[9]
tracto		강론ᄒᆞ다	강론하다	[8]
tracto		거두다	거두다	[11]
tracto		쥬선ᄒᆞ다	주선하다	[25]
	tracto gubernaculum	다스리다	다스리다	[19]
traditio		젼ᄒᆞᆫ바 도리	전한바 도리	[10][22]
trado		나타내다	나타내다	[13]
trado		젼ᄒᆞ다	전하다	[10][18]
traduco		나믈ᄒᆞ다	나무라다	[6]
traduco		받다	받다	[3]
traducor		흘너들다	흘러들다	[17]
tranquillitas		편안흠	편안함	[24]
transfero		옴기다	옮기다	[2]
transumptus		등셔흔	등서한	[26]
trasgressio		거스림	거스림	[1]
tremulus		ᄯᅥ는	떠난	[16]
trepidus		겁내는	겁내는	[25]
tribuo		허락ᄒᆞ다	허락하다	[4]
tribuo facultate		허락ᄒᆞ다	허락하다	[4]
Tridentina		디던디노	트리덴툼 (*트리엔트)	[10]
	Tridentina [Synodus]	공회	공회	[10]
	Tridentina Synodus	디던디노 공회	트리덴툼 공회 (*트리엔트 공회)	[10]
Trinitas		삼위	삼위	[23]
	Sancta et Individua Trinitas	삼위일톄신 성삼	삼위일체신 성삼	[23]
triumphator		영화로온 [쟈]	영화로운 [자]	[12]
triumpho		이긔다	이기다	[12]
triumphus		이김	이김	[1][13]
tu		너	너	[12][16]
tueor		보호ᄒᆞ다	보호하다	[3]
tueor		위ᄒᆞ다	위하다	[6]
tueor		호위ᄒᆞ다	호위하다	[6][7]
	omni studio tueri ac propugnare duco	결단ᄒᆞ다	결단하다	[5]
tum		도	도	[13]
tum		ᄯᅩ	또	[19]

표제어	예문	옛한글 번역	현대어 번역	단락 번호
tum		쏘흔	또한	[18]
turra		뎍누	적누	[13]
tutissimus		굿센	굳센	[24]
tuus		네	네	[14]
uber		[풍셩흔]		
	niteo uberiori luce	나타내다	나타내다	[19]
ubicumque		[*아모 듸널지, 곳곳이]		
	ubicumque gens	만민	만민	[24]
	ubicumque locus	쳐쳐	쳐쳐	[24]
ubique		만방	만방	[3]
ubique		쳐쳐히	처처히	[18]
ullus		아모	아모	[13]
ulterior		[*더 먼, 더 넘어 잇는]		
	ulterius progredior	더후다	더하다	[6]
una		흔가지로	한가지로	[12][14]
undequaque		스방에	사방에	[17]
undequaque		조곰도	조금도	[17]
Unigenitus		셩주	셩자	[17]
	Unigenitus Filius	외아들	외아들	[12][22][24]
unitas		합일흠	합일함	[7]
unitas		후나힘	하나임	[3][23]
universalis		만방의	만방의	[6]
	universalis Ecclesia	셩교회	셩교회	[26]
universus		모든	모든	[3][4]
universus		온	온	[4]
universus		온갖	온갖	[17]
	universae creaturae	만유	만유	[1]
	universum humanum genus	인류	인류	[25]
unquam		조곰도	조금도	[14]
	nihil ... unquam	조곰도 아니	조금도 아니	[11]
	nullus unquam	업는	없는	[13]
	nullus unquam	조곰도 아니	조금도 아니	[14]
unus		홀노 [잇는]	홀로 [있는]	[17]
unus		후나힘	하나임	[16]

표제어	예문	옛한글 번역	현대어 번역	단락 번호
unus		훈	한	[24]
	uno eodemque	더브러 훔긔	더불어 함께	[2]
	unus idemque communis naturaliter	후나힘	하나임	[1]
usurpo		쓰다	쓰다	[6]
usus		[*쓰임이, 힝용]		
	loquendi usus	말법	말법	[17]
ut		시러곰	시러곰	[26]
ut		써	써	[24]
ut		이는	이는	[1]
uterque		두	두	[12]
utor		쓰다	쓰다	[4]
validissimus		지능훈	지능한	[24]
validus		실훈	실한	[11]
varius		믄 가지	만 가지	[17]
vas		그릇	그릇	[17]
vehementer		큰	큰	[4]
vel		또훈	또한	[2]
vel		혹	혹	[23]
veluti		듯	듯	[15]
venenatus		독훈	독한	[16]
venenosus		독훈	독한	[12][16][24]
venerabilis		공경후온	공경하는	[19][20][21]
	Venerabilis Frater Noster Sanctae Romanae Ecclesiae Cardinalis	홍의쥬교	홍의주교	[21]
	VV. FF. NN. S. R. E. Cardinalis	홍의쥬교	홍의주교	[19][20]
veneratio		공경홈	공경함	[19]
	publicus cultus ac veneratio	공례	공례	[2]
veneror		공경후다	공경하다	[18]
venia		용셔홈	용서함	[24]
venio		니르다	이르다	[19]
venter		복된	복된	[14]
venustas		고음	고움	[17]
venustior		더 고은	더 고은	[17]
verbum		말	말	[2][23]

표제어	예문	옛한글 번역	현대어 번역	단락 번호
verbum		말슴	말씀	[25]
	his verbis	글오샤딕	같아사대	[7]
verbum		문법	문법	[15]
Verbus		셩ᄌ	성자	[1]
veritas		진도	진도	[2][24]
veritas		진실	진실	[1]
veritas		진실홈	진실함	[3]
vermis		좀	좀	[16]
versutia		궤휼	궤휼	[1]
vertex		꼭싹이	꼭대기	[13]
verum		[*진실노, 그러나, 오직]		
	verum etiam	ᄯᅩᄒᆞᆫ	또한	[4][6][15][20]
vestigium		자최	자취	[4][21]
vetera		고젹	고적	[11]
vetus		녯젹브터 ᄂᆞ려오는	옛적부터 내려오는	[5]
via		힝ᄒᆞᆫ바	행한바	[1]
victoria		이김	이김	[12]
video		보다	보다	[13]
vigeo		셩ᄒᆞ다	성하다	[24]
video		알아내다	알아내다	[13]
vigeo		퓌다	피다	[17]
vigeo		확실이 잇다	확실이 있다	[2]
vinco		니긔다	이기다	[16]
vinculum		믹즘	맺음	[7]
vinculum		합ᄒᆞ다	합하다	[12]
vindex		보호ᄒᆞ는 [쟈]	보호하는 [자]	[11]
vindico		드러내려 ᄒᆞ다	드러내려 하다	[15]
	promoveo et vindicare	현양ᄒᆞ다	현양하다	[3]
vindico		호위ᄒᆞ다	호위하다	[12]
violo		범ᄒᆞ디	범하다	[13]
vir		[*사내, 건장ᄒᆞᆫ 쟈, 쟝부]		
	vir ecclesiasticus	탁덕	탁덕	[18]
	vir ex Clero	탁덕	탁덕	[19]
vireo		싱싱ᄒᆞ다	싱싱하다	[16]
viresco		무셩ᄒᆞ다	무성하다	[13]

표제어	예문	옛한글 번역	현대어 번역	단락 번호
virgineus		슛	슛	[16]
virginitas		동졍임	동정임	[17]
Virgo		동녀	동녀	[4][6][7][10][14][15][16][19][20][24][26]
Virgo		동졍	동정	[5][10][22]
Virgo		동졍녀	동정녀	[1][2][3][5][10][12][13][14][15][16][17][18][19][20][22][23][25]
	Immaculata Conceptio beatissimae Virginis Mariae	복되신 동녀 마리아 원죄 업시 잉틱흠	복되신 동녀 마리아 원죄 없이 잉태함	[26]
	Immaculata Deiparae Virginis Conceptio	텬쥬 셩모 동졍녀 무염원죄잉틱	천주 성모 동정녀 무염원죄잉태	[18]
	Immaculata Deiparae Virginis Conceptio	텬쥬 셩모 원죄 업시 잉틱흠	천주 성모 원죄 없이 잉태함	[21]
	Immaculata sanctissimae Dei Genitricis Virginis Mariae Conceptio	텬쥬 셩모 원죄 업시 잉틱흠	천주 성모 원죄 없이 잉태함	[22]
	Immaculata Virginis beatissimae Conceptio	동졍녀무염원죄잉틱	동정녀무염원죄잉태	[11]
	Immaculata Virginis Conceptio	동졍녀의 원죄 업시 잉틱흠	동정녀의 원죄 없이 잉태함	[20]
	Immaculata Virginis Conceptio	동녀의 원죄 업시 잉틱흠	동녀의 원죄 없이 잉태함	[19][22]
	Immaculata Virginis Conceptio	무염원죄잉틱	무염원죄잉태	[5]
	Virginis Conceptio	잉틱쳠례	잉태첨례	[4]
virtus		능력	능력	[15]
virtus		덕력	덕력	[16]
virtus		덕힝	덕행	[13]
virtus		도음	도움	[23]
vis		힘	힘	[15]
vita		싱명	생명	[16]
vivificatrix		살니는 쟈	살리는 자	[16]
volo		원ᄒ다	원하다	[7]
volo		코져 ᄒ다	하고자 하다	[6]
voluntas		졍	정	[1]

표제어	예문	옛한글 번역	현대어 번역	단락 번호
voluntas		향	향	[1]
volvo		넉이다	여기다	[11]
vox		말	말	[8]
vulnus		방망이	방망이	[6]
W. FF. NN. S. R. E. Cardinalis		홍의쥬교	홍의주교	[19][20]
xenodochium		병원	병원	[4]

옛한글-라틴어 찾아보기

옛한글	라틴어
가득흔	plenus
가예다	Caieta
가본대	in
가온대	prafatio (in praefatio)
가온듸	inter
가져오다	attulo
가지	genus
가히 후다	possum
가훈	possum
각별흔	possum
각양각식	mirus (multus mirusque modus)
각양각식	modus (multus mirusque modus)
각양각식	multus (multus mirusque modus)
간단후다	intermitto
간션후다	eligo (eligo et ordino)
간션후다	ordino (eligo et ordino)
간션홈	electio
갈니다	deficio
감명후다	munio
감히 [후다]	audeo
감히 후다	praesumo
감후다	minuo
갑다	exerceo
갑열	Gabriel
갓가이	proxime
갓가이 오다	accedo (proxime accedo)
갓가이 오다	proxime (proxime accedo)
강	flumen

옛한글	라틴어
강논	concio
강논	tractatus
강논ᄒᆞ다	praedico
강도ᄒᆞ다	interpretor
강론ᄒᆞ다	concionor
강론ᄒᆞ다	disputo
강론ᄒᆞ다	loquor
강론ᄒᆞ다	tracto
강복홈	benedictio
강복홈을 밧은	benedictus
강싱	incarnatio
강싱홈	caro factus
강싱홈	incarnatio
강의히	fortiter
강의히	strenue
강화홈	maledictum
거간ᄒᆞ[는 쟈]	mediator
거느리다	dignor
거느리다	guberno
거느림	dux
거동ᄒᆞ다	perago
거두다	tracto
거륵게 ᄒᆞ심을 밧음	sanctificatio
거룩히 밍셰홈	religio (religio sacramenti)
거룩히 밍셰홈	sacramentum (religio sacramenti)
거룩ᄒᆞᆫ	augustissimus
거룩ᄒᆞᆫ	beatissimus
거룩ᄒᆞᆫ	devotus
거룩ᄒᆞᆫ	sanctus
거룩ᄒᆞᆫ	sanctissimus
거룩홈	sanctificatio
거룩홈	sanctitas
거스리다	averto
거스리다	contraeo
거스림	trasgressio
거스ᄒᆞ다	colo

옛한글	라틴어
거호실바	habitaculum
건지다	eripio
걸닐 긔회	scandalum
걸님	naufragium
겁내는	trepidus
것	quod
게루빔	Cherubim
견고케 ᄒᆞ다	confirmo
견고ᄒᆞᆫ	firmus
결단ᄒᆞ다	duco (omni studio tueri ac propugnare duco)
결난ᄒᆞ나	edico
결단ᄒᆞ다	omnis (omni studio tueri ac propugnare duco)
결단ᄒᆞ다	propugno (omni studio tueri ac propugnare duco)
결단ᄒᆞ다	proscribo
결단ᄒᆞ다	studium (omni studio tueri ac propugnare duco)
결단ᄒᆞ다	tueor (omni studio tueri ac propugnare duco)
결뎡홈	declaratio
결ᄉᆞ	iudicium (iudicium supremum)
결ᄉᆞ	supremus (supremum iudicium)
결안ᄒᆞ다	condemno
결약지궤	arca
결정홈	innocentia
결합	infusio
결합홈	infusio
겸비ᄒᆞᆫ 뜻	humilitas
겸손ᄒᆞᆫ	humilis
겸ᄒᆞ야	cum
경문	monumentum
곁	dextra
계교	insidiae
계시다	possideo
고로	iccirco
고양	agnus
고은	pulcer
고은	speciosus

옛한글	라틴어
고음	venustas
고이시돗 ᄒᆞ다	complaceo
고젹	vetera
곧	prope
곳	locus
곳	prorsus
곳	scilicet
공경ᄒᆞ는	cultus
공경ᄒᆞ는 례	cultus
공경ᄒᆞ는바	cultus
공경ᄒᆞ다	celebro
공경ᄒᆞ다	colo
공경ᄒᆞ다	colo (colo et celebro)
공경ᄒᆞ다	veneror (colo et veneror)
공경ᄒᆞ다	colo solemni ritu
공경ᄒᆞ다	objicio
공경ᄒᆞ다	propono
공경ᄒᆞ다	veneror
공경ᄒᆞ온	venerabilis
공경흠	cultus
공경흠	devotio
공경흠	honor
공경흠	veneratio
공노	meritum
공도	prex (prex publica)
공도	prex (prex solemnis)
공도	publicus (publica prex)
공도	solemnis (solemnis prex)
공례	cultu (publicus cultus ac veneratio)
공례	publicus (publicus cultus ac veneratio)
공례	veneratio (publicus cultus ac veneratio)
공번된	communis
공번된	publicus
공부	opera
공부	opus
공부	providentia

옛한글	라틴어
공부	sacramentum
공부	studium
공부ᄒᆞ다	operor
공부ᄒᆞ다	studeo
공ᄉᆞ회	Concilium (probatissimum Concilium)
공ᄉᆞ회	probo (probatissimum Concilium)
공이 업ᄂᆞ	immeritus
공회	Synodus
공회	Tridentina [Synodus]
과연	certe
과연	quidem
과연	res (re quidem vera)
과연	sane
관계ᄒᆞ다	respicio
광명ᄒᆞᆫ	lucidus
광명흠	lux
광치	aurora
광치	splendor
괘씸흠	audacia
괴이ᄒᆞᆫ	mirus
교샤ᄒᆞᆫ	fraudulentissimus
교샤ᄒᆞᆫ [쟈]	deceptor
교우	Christus
교우	fidelis
교우 빅셩	fidelis (fidelis populus)
교우 빅셩	populus (populus fidelis)
교종	Pontifex
교종	Pontifex (Romanus Pontifex)
교종	Romanus (Romanus Pontifex)
구	nonus
구령흠	salus
구쇽[쟈]	Salvator
구쇽쟈	Redemptor
구쇽지은을 닙은	redemptus
구쇽ᄒᆞᆫ 쟈	Redemptor
구ᄒᆞ다	exoro

옛한글	라틴어
구ᄒᆞ다	impetro
구ᄒᆞ다	libero
구ᄒᆞ다	quaero
구힉ᄒᆞ다	adhibeo (adhibeo examen)
구힉ᄒᆞ다	examen (adhibeo examen)
구힉ᄒᆞ다	perpendo
국	natio
국왕	princeps
국왕	rex
군긔	armatura
굿센	tutissimus
굿셈	robur
궁구ᄒᆞ다	animus (reputo animo menteque)
궁구ᄒᆞ다	mens (reputo animo menteque)
궁구ᄒᆞ다	perpendo
궁구ᄒᆞ다	reputo (reputo animo menteque)
궁뎐	domicilium
권	auctoritas
권	facultas
권	potestas
권세	potestas
궤	arca
궤휼	versutia
귀	auris
그	hic
그	ille
그	is
그	quis
그	suus
그 본	suus
그 쇽흔	suus
그러나	tamen
그런고로	quare
그리스도	Christus
그른	falsus
그릇	vas

옛한글	라틴어
그쓴 아니라	neque
극진이	potius
극진흔	propensissimus
극진흠	apex
근긔ᄭᅡ지	funditus
근본	centrum
근셰	aetas
근신히	serio
근신ᄒᆞᄂᆞᆫ	sollicitus
근실이	diligentissime
근신흔 이	afflictus
근원	origo
글	Encyclicus (Encyclica Littera)
글	littera
글	littera (Encyclica Littera)
금ᄒᆞ다	prohibeo
급난흠	angustia
급난흠	necessitas
긔도	prex
긔디	fundamentum
긔묘히	miris (miris modis)
긔묘히	modus (miris modis)
긔묘흔	praeclarus
긔약	opportunitas (opportunitas temporum)
긔약	plenitudo (temporum plenitudo)
긔약	tempus (temporum opportunitas)
긔약	tempus (temporum plenitudo)
긔억ᄒᆞᄂᆞᆫ	memor
긔억흠	memoria
긔이흔	admirabilis
긔이흔	mirus
긔틀	occasio
기도ᄒᆞ다	supplico
기리다	defero (defero laudibus)
기리다	laus (defero laudibus)
기루다	foveo magis

옛한글	라틴어
기우리다	praebeo
기절	censura
기호	titulus
긴절이	arctissimo
길	semita
길 일흔 쟈	erro (errans)
ᄀᆞ득ᄒᆞ다	perfundo
ᄀᆞ득ᄒᆞ다	repleo
ᄀᆞ르치다	assero
ᄀᆞ르치다	doceo
ᄀᆞ르치다	edoceo
ᄀᆞ르치다	erudio
ᄀᆞ르치다	loquor
ᄀᆞ르치다	propono
ᄀᆞ르치다	significo
ᄀᆞ르침	magisterium
ᄀᆞ초다	affluo
ᄂᆞ구	prex
ᄂᆞ구ᄒᆞ다	efflagito
ᄂᆞ절흔	assiduus
ᄂᆞ절흔	fervidus
ᄂᆞ쳥ᄒᆞ는 샹셔	instantia (oblata instantia ac prex)
ᄂᆞ쳥ᄒᆞ는 샹셔	offero (oblata instantia ac prex)
ᄂᆞ쳥ᄒᆞ는 샹셔	prex (oblata instantia ac prex)
ᄂᆞ쳥ᄒᆞ다	efflagito
ᄂᆞ쳥ᄒᆞ다	expostulo
ᄀᆞᆯ오샤듸	inquiens
ᄀᆞᆯ오샤듸	verbum (his verbis)
글히다	eligo
글히다	seligo
ᄀᆞ초다	exorno
ᄀᆞᆺ치	census (eodem censu ac numero)
ᄀᆞᆺ치	eodem (eodem censu ac numero)
ᄀᆞᆺ치	numerus (eodem censu ac numero)
ᄀᆞᆺ치	par
ᄀᆞᆺ치	sicut

옛한글	라틴어
굿치	tamquam
굿혼	aequalis
긔벽	saeculum
긔벽 초	mundus (mundi primordia)
긔벽 초	primordia (mundi primordia)
나다	derivo
나다	edo
나다	nascor
나다	prodeo
나라	gens
나라	regnum
나물ᄒ다	traduco
나아가다	pergo
나아가다	procedo
나음	medela
나타나게	palam (palam publiceque)
나타나게	publice (palam publiceque)
나타나게 닐ᄋ다	declaro
나타나는	splendidus
나타나다	declaro
나타나다	declaro (testor et declaro)
나타나다	dominor
나타나다	exprimo
나타나다	testor (testor et declaro)
나타내다	lux (niteo uberiori luce)
나타내다	niteo (niteo uberiori luce)
나타내다	significo
나타내다	trado
나타내다	uber (niteo uberiori luce)
나흐다	gigno
나흐다	nascor
난 것	editum
난 쟈	fructus
날	dies
날 째	origo
날노	quotidie

옛한글	라틴어
남기	lignum
낫타	pario
내다	affero
내다	depromo
내다	edo
냄	creatio
너	tu
넉넉히	satis
넉이다	sum
넉이다	volvo
널니고져 ᄒᆞ다	amplifico
널님	augmentum
네	tuus
녀인	mulier
녀ᄌᆞ	filia
년	annus
년ᄒᆞ다	consero
녈교	haeresis
녈목	index
녜브터	quotidie
녯	antiquus
녯	priscus
녯 [쟈]	Decessor
녯 교종	Decessor (Decessor Noster)
녯 교종	Pontifex (Decessor Noster Romanus Pontifex)
녯 교종	Praedecessor
녯 교종	Praedecessor (Praedecessor Noster)
녯[적]	antiquus (antiquus tempus)
녯적	antiquissimus (antiquissimum tempus)
녯적	antiquitas
녯적브터 누려오는	vetus
녯적에	antiquitus
노에	Noe
노흔	activus
놀나은	ineffabilis
놉흔	altus

옛한글	라틴어
놉흔	excelsus
놉흔	illustris
놉흔	sublimis
놉흔	sublimis (sublimissimus)
놉흔	summus
놉히다	honesto
누구[도 아니]	homo (nullus hominum)
누구[도 아니]	nullus (nullus hominum)
누리는	particeps
누리다	fruor
누리다	mutuor
능력	virtus
능히 ᄒᆞ다	possum
능ᄒᆞᆫ	potens
니긔다	vinco
니ᄅᆞ다	advenio
니ᄅᆞ다	offero (oblatum sum)
니ᄅᆞ다	pertingo
니ᄅᆞ다	venio
니루키다	erigo
닉은	excultus
닉은	praedictus
닉이 아는	edoctus
닐ᄋᆞ다	affirmo (arbitror et affirmo)
닐ᄋᆞ다	arbitror (arbitror et affirmo)
닐ᄋᆞ다	assero
닐ᄋᆞ다	declaro
닐ᄋᆞ다	enarro
닐ᄋᆞ다	loquor
닐음	declaratio
닐코루다	compello
닐코루다	concelebro
닐코루다	nuncupo
닐ᄏᆞ다	appello
닐ᄏᆞ다	celebro
닙은	donatus

옛한글	라틴어
닙음	intuitus
누리다	descendo
놈의 압희	publice
다듬다	expolio
다르다	differo
다른	alius
다루다	secerno
다른	ceterus
다른	reliquus
다만	nonnisi
다만	sed
다시	denuo
다시 변논ᄒ다	disputatio (revoco in disputationem)
다시 변논ᄒ다	revoco (revoco in disputationem)
다스리다	gubernaculum (tracto gubernaculum)
다스리다	rego
다스리다	tracto (tracto gubernaculum)
다음에	sub
다톰	offensio
다흠	studium
다힝이	felicius
닥다	limo
달니	secus
답인ᄒ다	munio (munio sigillo)
답인ᄒ다	sigillum (munio sigillo)
당	tabernaculum
당	templum
당신	suus
당ᄒ다	contineor
당ᄒ다	incurro
당ᄒ다	infligo
당ᄒ다	subicio
대가리	caput
대개	enim
대개	etenim
대개	itaque

옛한글-라틴어 찾아보기 | 223

옛한글	라틴어
대개	namque
대개	quocirca
대례로	solemniter
대례ᄒᆞ다	colo (colo sancte)
대로	pro
대좌긔	consistorium
대지	ieiunium
대힝ᄒᆞ다	regno
더	maior
더	profecto
더 거륵흔	sanctus (sanctior)
더 고은	venustior
더 아ᄅᆞᆷ다온	pulcer (pulcrior)
더브러	cum
더브러 흠긔	eodem (uno eodemque)
더브러 흠긔	unus (uno eodemque)
더옥	immo
더옥	magis
더옥	magis (magis atque magis)
더옥	minor (nec minor)
더옥	nec (nec minor)
더옥	ardentior
더옥 밋ᄂᆞᆫ	confirmatus
더욱	sed
더ᄒᆞ다	addo
더ᄒᆞ다	adjicio
더ᄒᆞ다	amplifico
더ᄒᆞ다	augeo
더ᄒᆞ다	ulterius (ulterius progredior)
더ᄒᆞ다	progredior (ulterius progredior)
덕력	virtus
덕힝	virtus
덤불	rubus
덧덧이	iugiter
덧덧이	semper
덧덧흔	illibatus

옛한글	라틴어
덧덧훈	perpetuus
뎌	ille
뎍누	turra
뎡ᄒᆞ다	augeo
뎡ᄒᆞ다	contineo
뎡ᄒᆞ다	decerno
뎡ᄒᆞ다	decretum (praestituo decreto)
뎡ᄒᆞ다	dispono
뎡ᄒᆞ다	edo
뎡ᄒᆞ다	indico
뎡ᄒᆞ다	interpono
뎡ᄒᆞ다	ordino
뎡ᄒᆞ다	praestituo
뎡ᄒᆞ다	praestituo (praestituo decreto)
뎡ᄒᆞ다	sancio
뎡ᄒᆞ다	statuo
뎡ᄒᆞ다	sto
뎡ᄒᆞ신바	institutio
뎨셩ᄒᆞ다	concionor
뎨셩ᄒᆞ다	lego (publice lego)
뎨셩ᄒᆞ다	publice (publice lego)
뎨형	frater (fratres)
도	provincia
도	quoque
도	tum
도라가다	confugio
도라가다	redundo
도라오다	redeo
도리	definitio
도리	doctrina
도리	dogma
도리	eloquium
도리	scientia
도리	sententia
도리[옛]	dogmaticus
도문	Litaniae

옛한글	라틴어
도으심	auxiliatrix
도음	adjutorium
도음	auspex
도음	virtus
독흔	venenatus
독흔	venenosus
돌보는	propitius
동냥	columna
동냥	columna (columna ac firmamentum)
동냥	firmamentum
통냥	firmamentum (columna ac firmamentum)
동녀	beatus (beatissima Virgo)
동녀	Virgo
동녀의 원죄 업시 잉틱흠	conceptio (Immaculata Virginis Conceptio)
동녀의 원죄 업시 잉틱흠	Immaculatus (Immaculata Virginis Conceptio)
동녀의 원죄 업시 잉틱흠	Virgo (Immaculata Virginis Conceptio)
동산	hortus
동정	Virgo
동정녀	Virgo
동정녀 원죄 업시 잉틱흠	Conceptio (Immaculata Deiparae Conceptio)
동정녀 원죄 업시 잉틱흠	Deipara (Immaculata Deiparae Conceptio)
동정녀 원죄 업시 잉틱흠	Immaculatus (Immaculata Deiparae Conceptio)
동정녀무염원죄잉틱	Conceptio (Immaculata Virginis beatissimae Conceptio)
동정녀무염원죄잉틱	Immaculatus (Immaculata Virginis beatissimae Conceptio)
동정녀무염원죄잉틱	Virgo (Immaculata Virginis beatissimae Conceptio)
동정녀의 원죄 업시 잉틱흠	Conceptio (Immaculata Virginis Conceptio)
동정녀의 원죄 업시 잉틱흠	Immaculatus (Immaculata Virginis Conceptio)
동정녀의 원죄 업시 잉틱흠	Virgo (Immaculata Virginis Conceptio)
동정임	virginitas
동회	Ecclesia (Ecclesia orientalis)
동회	orientalis (Ecclesia orientalis)
되다	evado
되다	facior
되다	sum

옛한글	라틴어
됴화ᄒᆞᄂᆞᆫ	carus
두	uterque
두다	contineor
두다	relinquo
두려워ᄒᆞ다	timeo
뒤지지	contra
드러나게 ᄒᆞ다	significo
드러남	exaltatio
드러내다	profiteor
드러내려 ᄒᆞ다	vindico
드러ᄂᆞ다	offero
드리다	defero
드지 못ᄒᆞᄂᆞᆫ	defensus
듣다	audio
등셔ᄒᆞᆫ	transumptus
디던디노	Tridentina
디던디노 공회	Synodus (Tridentina Synodus)
디던디노 공회	Tridentina (Tridentina Synodus)
들녀 둘니다	pendo
둣	veluti
듸뎍ᄒᆞᄂᆞᆫ	adversarius
듸뎍ᄒᆞ야	contra
듸듸로 직히다	immuto (nunquam immuto)
듸듸로 직히다	nunquam (nunquam immuto)
령	anima
령젹	miraculum
령혼	
례졀	liturgia
례졀	Liturgia (sacra Liturgia)
례졀	Liturgia (sacrosancta Liturgia)
례졀	sacer (sacra Liturgia)
례졀	sacrosanctus (sacrosancta Liturgia)
로마엣	Romanus
로마회	Ecclesia (Ecclesia Romana)
로마회	Romanus (Romana Ecclesia)
리베리아나 셩당	Basilica (Liberiana Basilica)

옛한글	라틴어
리베리아나 셩당	Liberiana (Liberiana Basilica)
마귀	diabolus
마귀의	diabolicus
마리아	Maria
만 가지	omnis
만고에	alias
만구만셜	lingua
만국	natio (omnes nationes)
만국	omnis (omnes natione)s
만만[훈]	omnis
만민	gens (ubicumque gens)
만민	omnis (omnes populi)
만민	populus (omnes populi)
만민	ubicumque (ubicumque gens)
만방	ubique
만방의	universalis
만유	creo (creatura omnis)
만유	creo (creaturae universae)
만유	omnis (omnis creatura)
만유	universus (creaturae universae)
만일	si
만일 혹	si
만혼	multiplicus
만혼	repetitus
말	locutio
말	verbum
말	vox
말법	loquor (loquendi usus)
말법	usus (loquendi usus)
말슴	declaratio
말슴	divinus (divinum oraculum)
말슴	oraculum (divinum oraculum)
말슴	eloquium
말슴	verbum
말슴 두다	proclamo
말을 베플다	alloquor

옛한글	라틴어
말ᄒ다	assero
말ᄒ야 닐ᄋ다	edico
맛기다	committo
맛당이	oportet
맛당이	porro
맛당ᄒ다	debeo
맛당ᄒ다	decet
맛혼	depositus
멀니	longus (longe)
면	si
면ᄒ는	immunis
면ᄒ다	dispenso
면ᄒ다	praeservo
면흔	integer
면흠	integritas
명	iussus
명령	sententia
명오	mens
모든	cunctus
모든	omnis
모든	quidem
모든	universus
모든 거시	quidquid
모든 ᄉ졍	omnis [res]
모ᄅ는	nescius
모ᄅ는 이 업다	nosco
모ᄅ다	ignoro
모ᄅ다	nesco
모양	modus
모이서	Moyses
모친	mater
모황	Regina
목쟈	pastor
몬져	antea
못	minime
못	nihil

옛한글	라틴어
못	non
못	nunquam
못 밧음 즉흔	inhabilis
뫼시다	conversor
무드지 아니흔	immunis
무드지 아니흔	liberus
무든	infectus
무들미	contagio
무들미	macula
무량흔	infinitus
무리	grex
무셩흐다	floresco
무셩흐다	viresco
무수히	tot
무시무죵흔	aeternus
무시무죵흔	divinus
무시무죵흔	increatus
무시지시	aeternitas (omnis aeternitas)
무시지시	omnis(omnis aeternitas)
무시지시로브터	ab (ab initio et ante saecula)
무시지시로브터	ante (ab initio et ante saecula)
무시지시로브터	initium (ab initio et ante saecula)
무시지시로브터	saeculum (ab initio et ante saecula)
무슴	quovis
무슴 모양으로	quomodocumque
무염원죄	Conceptio (Immaculata Conceptio)
무염원죄	Immaculatus (Immaculata Conceptio)
무염원죄[로]	absque (absque labe originali)
무염원죄시잉모티	Conceptio (Immaculata Conceptio)
무염원죄시잉모티	Conceptio (Immaculata Deiparae Conceptio)
무염원죄시잉모티	Deipara (Immaculata Deiparae Conceptio)
무염원죄시잉모티	Immaculatus (Immaculata Conceptio)
무염원죄시잉모티	Immaculatus (Immaculata Deiparae Conceptio)
무염원죄잉틱	Conceptio (Immaculata Conceptio)
무염원죄잉틱	Conceptio (Immaculata Virginis Conceptio)
무염원죄잉틱	Immaculatus (Immaculata Conceptio)

옛한글	라틴어
무염원죄잉퇴	Immaculatus (Immaculata Virginis Conceptio)
무염원죄잉퇴	Virgo (Immaculata Virginis Conceptio)
무염원죄흔	conceptus (sine labe originali conceptus)
무염원죄흔	immaculatus
무염원죄흔	originalis (sine labe originali conceptus)
무염원죄흔	labes (sine labe originali conceptus)
무염원죄흔	sine (sine labe originali conceptus)
무죄흔	innocens
무죄홈	innocentia
무진흔	inexhaustus
묵은	sempiternus
문법	verbum
문셔	chirographus
문ᄉ	sententia
물니치다	ago (agendum esse existimo)
물니치다	existimo (agendum esse existimo)
물에 빠짐	naufragium
뭇	multiplicus
뭇은	maculatus
뭇지 아니ᄒ다	libero
뭇지 아니흔	solutus
뭇지 아니홈	immunitas
므러봄	quaestio
묵계	revelatio
묵계	caelestis (caelestis revelatio)
묵계흔	revelatus
묵계홈	actum
묵계홈	relatio (caelestis revelatio)
묵계홈	depositus (caelestis revelationis depositum)
믄허지다	patior
미려흔	amoenus
미리 닐우다	praedico
미리 닙다	praevideor
미리 모상흔	praenunciatus
미사	missa
민	populus

옛한글	라틴어
믿다	assequor
믿다	credo
믿다	sentio
믿다	sufficio
믿음	fides
믿음	fiducia
믿음	pietas
믿추다	attingo
믿춤	amplitudo
무리아	Maria (beata Maria)
무움	animus
무움	cor
무움	mens
믄 가지	varius
믄들다	formo
물	opinio
뭇춤내	denique
믜괴화	rosa
미양	dies (in dies)
미양	saepissime
미양 닐오다	cesso (cesso nunquam)
미즘	foedus
미즘	vinculum
민 씃	terminus
밋다	pono
바	quis
바다	abyssus
바다	mare
바로	directe
바로	recte
박다	affigo
박다	insero
박히다	occupo
반드시	oportet
반포ᄒ다	profero
발	pes

옛한글	라틴어
받ᄒ다	procedo
밧긔	praeter
밧긔 [있ᄂ]	externus
밧다	accipio
밧다	lacessor
밧다	patior
밧다	recipio
밧다	traduco
밧은	collatus
밧은	passiva
밧지 못ᄒ다	lateo
밧지 아니흔	liberus
밧치다	effundo
방망이	vulnus
방픠	clypeus
봐로	Paullus
봐로 데오위	Paullus V
백합	columba
벌	poena
벌	sanctio
범치 못ᄒᄂ	inviolatus
범ᄒ다	violo
법	ius
법	lex
법	modus
법	remedium
법답게	rite
베드루	Petrus
베세리엘	Beseleel
베프다	edo
베프다	facio
베플다	erogo
베플다	exhibeo
벽파ᄒ야	contra
변논	disputatio
변논	opinio

옛한글	라틴어
변논ᄒᆞ다	dissero
변ᄒᆞ게 ᄒᆞ다	permuto
병든 이	aeger
병원	xenodochium
보건대	enimvero
보건대	equidem
보내다	mitto
보다	gero
보다	video
보름	character (insignitus charactere)
보름	insignitus (insignitus charactere)
보븨	deliciae
보븨	thesaurus
보븨로온 곳 집	thesaurus
보존ᄒᆞ다	conservo
보존ᄒᆞ다	custodio
보존ᄒᆞ다	retineo
보좌	thronus
보텬하	catholicus (catholicus orbis)
보텬하	orbis (catholicus orbis)
보호ᄒᆞ는 [쟈]	vindex
보호ᄒᆞ다	propugno
보호ᄒᆞ다	tueor
보ᄒᆞ다	accipio
보ᄒᆞ다	nuntio
복되신 동녀 마리아 원죄 업시 잉ᄐᆡ흠	conceptio (Immaculata Conceptio beatissimae Virginis Mariae)
복되신 동녀 마리아 원죄 업시 잉ᄐᆡ흠	Immaculatus (Immaculata Conceptio beatissimae Virginis Mariae)
복되신 동녀 마리아 원죄 업시 잉ᄐᆡ흠	Virgo (Immaculata Conceptio beatissimae Virginis Mariae)
복된	beatus
복된	beatus (beatissimus)
복된	venter
본	natura
본	proprius
본	suus

옛한글	라틴어
본분	pars (sua pars)
본분	suus (sua pars)
본분쳠례	festum (festum praeceptum)
본분쳠례	praecipio (festum praeceptum)
본셩	natura
봉ᄒ다	signo
봉흔	conclusus
뵈다	praemonstro
뵈다	propono
뵈이다	describo
뵈이다	exhibeo
뵈이다	ostendo
뵈이다	recurro
부죡히	satis (satis non)
분	pars
분명이	luculentus (luculentissime)
분명치 아니[흔]	ambiguus
분명치 아니[흔]	anceps
분명흔	illustris
분별ᄒ다	discrimen (excogito discrimine)
분별ᄒ다	excogito (excogito discrimine)
분별흠	distinctio
분부ᄒ다	mando
분수	ratio
불	ignis
불ᄉ옷	flamma
불ᄉ옷	flamma (flamma ignis)
불ᄉ옷	ignis (flamma ignis)
불트다	ardeo
붓들다	foveo
붓슬 잡다	rescribo
붓치다	adhibeo
브르지지다	advoco
브르지지다	invoco
브르지지다	praedico
브터	ab

옛한글	라틴어
비겨	indirecte
비계	fraus insidiarum
비교ᄒ다	confero
비록	licet
비록	quamvis
비리버	Philippus
비오	Pius
비유롤 쓰지 아니홈	definitum (sententia definita)
비유롤 쓰지 아니홈	proprius (sententia propria)
비유롤 쓰지 아니홈	sententia (sententia definita)
비유롤 쓰지 아니홈	sententia (sententia propria)
빌다	adhibeo
빗	decus
빗	nitor
빗	ornamentum
빗	splendor
빗나다	emico (emico luculenta)
빗나다	fulgeo
빗나다	luculentus (emico luculenta)
빗난	coruscus
빗최다	refulgeo
빙거	ratio
부라는 쏫	fiducia
부람	spes
붉다	illustro
붉은	illustris
붉은	luculentus
붉은	splendidus
붉음	evidentia
붉음	lux
붉이	apertissime
붉이	clare aperteque
붉이	planissime
붉이	probe
붉이 드러내다	declaro
붉이 말홈	declaratio

옛한글	라틴어
붉이 알게 ᄒᆞ다	declaro
붉이 알게 ᄒᆞ다	inculco (inculco impensissime)
붉이 알게 ᄒᆞ다	impensus (inculco impensissime)
붉이 알다	perspicio
붉히다	confirmo
붉다	inhaereo
붉아 ᄡᅵ치다	contero
비얌	serpens
븨쳑ᄒᆞ다	refragor
빅셩	fidelis (fidelis populus)
빅셩	populus
빅셩	populus (fidelis populus)
사다리	scala
사ᄅᆞᆷ	homo
사ᄅᆞᆷ	persona
사ᄅᆞᆷ엣	humanus
사ᄅᆞᆷ엣	mortalis
산	mons
살	telum
살니는 쟈	vivificatrix
삼다	deligo
삼위	Trinitas
삼위일톄신 셩삼	Individus (Sancta et Individua Trinitas)
삼위일톄신 셩삼	Sanctus (Sancta et Individua Trinitas)
삼위일톄신 셩삼	Trinitas (Sancta et Individua Trinitas)
새	alter
새	novus
새로 반포ᄒᆞ다	innovo
새롭게 ᄒᆞ다	renovo
샤도	error
샤례ᄒᆞ다	ago (ago gratias)
샤례ᄒᆞ다	gratia (ago gratias)
샤ᄒᆞ다	absolvo
샹고	antiquitas
샹고ᄒᆞ다	examino
샹반ᄒᆞᆫ	adversus

옛한글	라틴어
샹싱	immortalitas
샹싱홈	immortalitas
샹텬하디	caelus (caelum [et] terra)
샹텬하디	terra (caelum [et] terra)
샹후다	corrumpo
샹홈	iactura
샹홈	iniuria
샹홈을 밧는	laesus
샹홈을 밧지 아니훈	incolumis
샹홈을 밧지 아니훈	salvus
샹히	semper
서로 긴히	intimo plane vinculo
서로 모힌 [곳]	conventus (ecclesiasticus conventus)
서로 모힌 [곳]	ecclesiasticus (ecclesiasticus conventus)
서로 써나지 못ㅎ는	indissolubilis
서회	Ecclesia (Ecclesia occidentalis)
서회	occidentalis (Ecclesia occidentalis)
세라핌	Seraphim
셔긔	notarius
셔주	lego (aliquid scribitur, aut legitur)
셔주	scribo (aliquid scribitur, aut legitur)
셔주	scriptum
션 교종	Praedecessor (Praedecessor Noster)
션지	Pater
션지쟈	Propheta
션진	major
셩	beatus
셩	civitas
셩 베드루	Apostolous (persona Apostolorum Principis)
셩 베드루	persona (persona Apostolorum Principis)
셩 베드루	Petrus (Petrus beatorum)
셩 베드루	Princeps (persona Apostolorum Principis)
셩[훈 쟈]	sanctus
셩경	divinus (divina eloquia)
셩경	divinus (divina littera)
셩경	divinus (divina Scriptura)

옛한글	라틴어
셩경	eloquium (eloquia divina)
셩경	littera (divina littera)
셩경	sacer (sacra Scriptura)
셩경	Scriptura
셩경	Scriptura (sacra Scriptura)
셩경	Scripturas (divina Scriptura)
셩교	divinus (divina res)
셩교	res (divina res)
셩교도리	scientia (scientia rerum divinarum)
셩교의	catholicus
셩교회	catholicus (catholica Ecclesia)
셩교회	catholicus (Ecclesia catholica)
셩교회	Christianus (Christiana Religio)
셩교회	Christus (Ecclesia Christi)
셩교회	Ecclesia
셩교회	Ecclesia (Ecclesia Christi)
셩교회	Ecclesia (Ecclesia sancta)
셩교회	Ecclesia (Ecclesia universalis)
셩교회	Religio (Religio Christiana)
셩교회	sanctus (Ecclesia sancta)
셩교회	universalis (Ecclesia universalis)
셩교회[옛]	ecclesiasticus
셩근	cura (cura et studium)
셩근	studium
셩근	studium (cura et studium)
셩근ᄒᆞᄂᆞᆫ	sollicitus
셩노	ira
셩당	Basilica
셩당	templum
셩도	religio
셩모	beatus (beatissima Mater)
셩모	Deipara
셩모	Genitrix
셩모	Genitrix (Dei Genitrix)
셩모	Genitrix (sanctissima Dei Genitrix)
셩모	Genitrix (sanctissima Genitrix)

옛한글	라틴어
셩모	Mater (beatissima Mater)
셩모	sanctus (sanctissima Dei Genitrix)
셩모	sanctus (sanctissima Genitrix)
셩모 도문	Lauretanae Litaniae
셩모 도문	Litaniae (Lauretanae Litaniae)
셩모 무염원죄잉틱쳠례	intemeratus (de Intemeratae semper Virginis Mariae Conceptione festum)
셩모잉틱	Conceptio
셩모잉틱의 무염원죄	Conceptio (Immaculata Dei Matris Conceptio)
셩모잉틱의 무염원죄	Immaculatus (Immaculata Dei Matris Conceptio)
셩모잉틱이 쳔례	conceptio (Conceptionis Virginis Deiparae festum)
셩모잉틱쳠례	festum Conceptionis
셩부	Pater
셩습ᄒ다	invalesco
셩신	divinus (divinus Spiritus)
셩신	Paraclitus (Paraclitus Spiritus)
셩신	Sanctus (Sanctissimus Spiritus)
셩신	Spiritus (Paraclitus Spiritus)
셩신	Spiritus (Sanctissimus Spiritus)
셩신	Sanctus (Spiritus Sanctus)
셩신	Spiritus (Spiritus divinus)
셩신	Spiritus (Spiritus Sanctus)
셩신의 묵계홈	actum (actum divino Spiritu)
셩실훈	fidus
셩실훈	sedulus
셩ᄉ	maior
셩ᄉ	Pater
셩ᄉ	Sanctus (Sanctus Pater)
셩ᄉ	Pater (Sanctus Pater)
셩ᄉ와 션진	maior
셩인	sanctus
셩ᄌ	Filius
셩ᄌ	Unigenitus
셩ᄌ	Verbus
셩춍	divinus (divina gratia)
셩춍	gratia

옛한글	라틴어
셩춍	gratia (divina gratia)
셩탄	Nativitas
셩탄쳠례픔	festum (festum Nativitatis)
셩탄쳠례픔	Nativits (festum Nativitatis)
셩학	divinus (divina res)
셩학	res (divina res)
셩학엣	Theologicus
셩회	Ecclesia
셩ᄒᆞ다	vigeo
셩흔	incorruptus
셰	aetas
셰샹	genus (genus humanum)
셰샹	humanus (genus humanum)
셰샹	communis (communis mundus)
셰샹	mundus
셰샹	mundus (communis mundus)
셰샹	orbis (orbis terrarum)
셰샹	terra
셰샹	terra (orbis terrarum)
셰쇽엣	saecularis
셰우다	commemoro
셰우다	concelebro
셰우다	constituo
셰우다	erigo
셰우다	instituo
셰움	factum (factum illustris)
셰움	illustris (factum illustris)
셰움	institutio
속이다	decipio
쇼연이	manifestissime
쇼연이	perspicue
쇽ᄒᆞ다	pertineo
쇽흔	obnoxius
쇽흔	proprius
숫	intactus omnino
숫	virgineus

옛한글	라틴어
슈도ᄒᆞᄂᆞ	religiosus
슈도ᄒᆞᄂᆞ 회	Familia (Religiosa Familia)
슈도ᄒᆞᄂᆞ 회	Ordo (Ordo regularis)
슈도ᄒᆞᄂᆞ 회	regularis (regularis Ordo)
슈도ᄒᆞᄂᆞ 회	Religiosus (Religiosa Familia)
슈보ᄒᆞᄂᆞ 쟈	reparatrix
슈원	monasterium
슈원엣	regularis
슌금	aurum
슌박ᄒᆞᆫ	immaculatus
슌젼ᄒᆞᆫ	illibatus
슌젼홈	integritas
슌죵ᄒᆞ다	obsequor
스승	magistra
슬긔로이	sapienter
슬긔로이	sapientissime
슬피	gemitus
싱싱ᄒᆞ다	vireo
시계	tempus
시러곰	ut
시말	alter (inter primum atque alterum … instans et momentum)
시말	insto (inter primum atque alterum … instans et momentum)
시말	momentum (inter primum atque alterum … instans et momentum)
시초	primordium
식스도 몌ᄉᆞ위	Sixtus IV
신공	devotio (pietas et devotio)
신공	pietas (pietas et devotio)
신긔흔	mirandus
신긔흔	mirus
신덕	fides
신덕도리	catholicus (catholicae fidei dogma)
신덕도리	definitio (dogmatica definitio)
신덕도리	decretum (dogmaticum decretum)
신덕도리	dogma (catholicae fidei dogma)

옛한글	라틴어
신덕도리	dogma
신덕도리	dogmaticus (dogmatica definitio)
신덕도리	dogmaticus (dogmaticum decretum)
신덕도리	fides (catholicae fidei dogma)
신묘히	mirifice
신묘훈	purpureus
신벌	poena
신셩	Angelicus (Angelicus Spiritus et Sanctus)
신셩	Angelus (Angelus Sanctus)
신셩	Sanctus (Angelus Sanctus)
신신흔	perspicuus
신즁흠	maturitas
신통이	mirifice
실노	iccirco
실니다	consigno
실다	contineo
실망후다	despero
실상대로	fideliter
실흔	validus
심다	consero
심다	servo
심신	mens
심신의	spiritus
심약흔 이	cor (pusillius corde)
심약흔 이	pusillus (pusillius corde)
심오흔	absconditus
심오흔 뜻	absconditus (mysterium absconditum)
심오흔 뜻	mysterium
심오흔 뜻	mysterius (mysterium absconditum)
십이졀	December
십조가	crux
亽	quartus
亽계	res
亽랑	amor
亽랑후다	amor (prosequor amore)
亽랑후다	considero

옛한글	라틴어
ᄉᆞ랑ᄒᆞ다	diligo
ᄉᆞ랑ᄒᆞ다	prosequor (prosequor amore)
ᄉᆞ랑홈	affectus
ᄉᆞ방에	undequaque
ᄉᆞᄉᆞ	proprius
ᄉᆞᄉᆞ[로온]	privatus
ᄉᆞᄉᆞ로이	privatim
ᄉᆞ연	quid
ᄉᆞ연	res
ᄉᆞ이에	inter
ᄉᆞ져	actum (tot insignia sane acta)
ᄉᆞ젹	factum
ᄉᆞ젹	insignis (tot insignia sane acta)
ᄉᆞ졍	res
슬오다	comburo
슬피다	recenseo
시암	fons
싱각ᄒᆞ다	cogito
싱각ᄒᆞ다	considero
싱각ᄒᆞ다	sentio
싱명	salus
싱명	vita
썩다	retundo
쏙싹이	vertex
쇠	insidiae
꾸미다	cumulo
꾸미다	effingo
꾸짓다	noto
씃	Christifidelius (Christifidelium pietas)
씃	dogma
씃	genus
씃	pietas (pietas Christifidelium)
씃	supremus
씌	a
씌	ad
씌	in

옛한글	라틴어
싀치다	contero
싀치다	interimo
따	terra
때	annus
때에	cum
떠는	tremulus
써러지다	excido
써러진	actus
써러짐	ruina
쏘	ac
쏘	atque
쏘	aut
쏘	autem
쏘	et
쏘	insuper
쏘	insuper (et insuper)
쏘	nec (nec non)
쏘	non (nec non)
쏘	sive
쏘	tum
쏘흔	ac (ac simul)
쏘흔	atque
쏘흔	et
쏘흔	etiam
쏘흔	nec (nec non)
쏘흔	non (nec non)
쏘흔	simul (ac simul)
쏘흔	tum
쏘흔	vel
쏘흔	etiam (verum etiam)
쏘흔	verum (verum etiam)
쏘흔 잇다	itero
쒸여나다	supergradior
쒸여난	excellentissimus
쒸여남을 뵈다	praefero
쏫	consilium

옛한글	라틴어
뜻	intentio
뜻	iudicium
뜻	mens
뜻	propositum
뜻	sensus
뜻	sententia
뜻ᄒ다	censeo
뜻ᄒ다	persisto
ᄯ로 두다	praeparo
ᄯᅩ라	iuxta
ᄯᅩ라	secundum
ᄯᅩ라	sic
ᄯᅩ라 [힝ᄒ다]	perago
씨	contagio
씨	labes
씨	naevus
씨	sordes
씨뭇음이 업눈	intemeratus
씨뭇이지 아닌	immaculatus
뿔희	radix
쑨 아니라	modus (non modo)
쑨 아니라	non (non modo)
쑨 아니라	non (non solum)
쑨 아니라	solus (non solum)
싹	germen
써	ita … ut
써	ut
썩다	inficio
썩지 못ᄒ는	immarcescibilis
쏘다	rutilo
쓰다	usurpo
쓰다	utor
쓸딕업는	inanis
씨	semen
씨름	iurgium
아니	absque

옛한글	라틴어
아니	non
아니	nullatenus
아니	nullus
아니	quin
아닌	nondum
아닐 쏜 아니라	non (non iam)
아담	Adam
아들	Filius
아릭산 데칠위	Alexander VII
아름다온	perfectus
아름다온	pulcer
아름다옴	habitus
아름다옴	pulcritudo
아모	omnis
아모	ullus
아모도 … 못	nemo
아숨	privatus
아오로	atque
아오로	cum
아오로	simul
아조	omnis
아직	adhuc
악신	malignus
악훔	iniquitas
안나	Anna
안븨호다	dispono
안짜	adsto
알게 호다	habeor
알게 호다	innuo
알다	nosco
알다	praevideo
알다	scio
알아내다	video
압희	apud
압희 잇눈	posterus
앗다	amoveo

옛한글	라틴어
야곱	Iacobus
양	ovis
어려워 아니ᄒᆞ다	consuesco
어린	tener
어미	mater
얻다	invenio
엄금ᄒᆞ다	prohibeo
엄금ᄒᆞ다	prohibeo (severissime prohibeo)
엄금ᄒᆞ다	severus (severissime prohibeo)
엄히	mitis (neque mitius)
엄히	neque (neque mitius)
업[다]	nihil [sum]
업는	nemo
업는	nullus (nullus unquam)
업는	unquam (nullus unquam)
업다	careo
업드리다	subiaceo
업시	nullatenus
업시	nunquam
업시	sine
업시ᄒᆞ는	temerarius
엇다	obtineo
엇더케	adeo
엇더케	quanto
엇더케	quid
엇더케	quomodolibet
엇더헌	quantopere
에	ab
에셔	ab
에오린 뎨십오위	Gregorius XV
에와	Heva
웨리오 뎨십륙위	Gregorius XVI
엠마누엘	Emmanuel
여러	plurimus
여출일구	communis (commune veluti votum a Nobis)
열미	fructus

옛한글	라틴어
열졀흔	pientissimus
염염ᄒ다	crepito
영광	decus
영광	gloria
영광	honor
영광	ornamentum
영광으로 알다	glorior
영구흔	perpetuus
영원흔	sempiternus
영화로온	gloriosissimus
영화로온	illustris
영화로온	praeclarus
영화로온	solemnis
영화로온 [쟈]	triumphator
예루사름	Ierusalem
예비ᄒ다	praeparo
예수	Christus
예수	Iesus
예수 그리스도	Iesus Christus
오	Noster
오다	accedo
오르다	ascendo
오묘흔	occultus
오십	quinquagesimus
오쥬	Dominus
오쥬	Dominus (Dominus Noster)
오쥬	Noster (Dominus Noster)
오직	sed
옥즘화	lilium
온	catholicus
온	omnis
온	totus
온	universus
온갖	omnis
온갖	universus
온전이	omnino

옛한글	라틴어
온젼이	plane
온젼이	plenissime
온젼이	plurimum
온젼흔	omnis
온젼흔	perfectissimus
온젼흔	superus
온젼흔	totus
온젼흠	plenitudo
올니다	eveho
옴기다	transfero
완결흔	immunis
완젼흠	integritas
왕후	Regina
외	exceptim
외아들	Filius (Filius Unigenitus)
외아들	Unigenitus (Filius Unigenitus)
외에	praeter
용병	fortis
용셔흠	venia
우리	nos
우리	sumus
우리의	noster
우희	super
우희	superius
원만케 ᄒ다	fero (prae se fero)
원만케 ᄒ다	prae (prae se fero)
원만흠	integritas
원슈	hostis
원슈	Inimicitia
원슈	inimicus
원슈됨	Inimicitia
원의	desiderium
원의	innocentia (originalis innocentia)
원의	originalis (originalis innocentia)
원죄	culpa (culpa originalis)
원죄	hereditarius (hereditaria labes)

옛한글	라틴어
원죄	labes (labes originalis)
원죄	originalis (culpa originalis)
원죄	originalis (labes originalis)
원죄	originalis (originalis peccatum)
원죄	peccatum (originalis peccatum)
원죄 씨	labes (labes originalis)
원죄 씨	originalis (labes originalis)
원죄 업시 잉틴	Conceptio (Immaculata Conceptio)
원죄 업시 잉틴	Immaculatus (Immaculata Conceptio)
원죄 업시 잉틴흠	Conceptio (Immaculata Conceptio)
원죄 업시 잉틴흠	Immaculatus (Immaculata Conceptio)
원죄에 뭇지 아니흠	innocentia (originalis innocentia)
원죄에 뭇지 아니흠	originalis (originalis innocentia)
원죄에 뭇지 아닌	immaculatus
원ᄒᆞ다	cupio
원ᄒᆞ다	exopto
원ᄒᆞ다	opto
원ᄒᆞ다	volo
위	dignitas
위	dignitas (dignitas ecclesiastica)
위	ecclesiasticus (dignitas ecclesiastica)
위로	solatio
위로흠	consolatio
위를 맛다	constituo
위박흠	ingruens (ingruens periculum)
위박흠	periculum (ingruens periculum)
위틴흔 이	periclitans
위험	periculum
위험을 당ᄒᆞ다	periclitor
위ᄒᆞ는바	obiectum
위ᄒᆞ다	ago
위ᄒᆞ다	colo
위ᄒᆞ다	faveo
위ᄒᆞ다	prosequor
위ᄒᆞ다	tueor
위ᄒᆞ야	ad

옛한글	라틴어
위훔	favor
유공훈	spectatus (spectatissimus)
유력	monumentum
유명훈	celebrior
유명훈	illustris
유익훈	pius
유일훈	laudabilis
육	corpus
육신	corpus
은밀훈	arcanus
은샤	indulgentia
은총	caelestis (caelestis charisma)
은총	charisma (caelestis charisma)
은충	gratia
은충	privilegium
은혜	beneficium
은혜	charisma
은혜	donum
은혜	favor
은혜	gratia (gratia et privilegio)
은혜	privilegium (gratia et privilegio)
은혜 모힘	munus
은혜로옴	gratia
읍	civitas
의게	ab
의견	consilium
의견	sententia
의견	singularis
의노	indignatio
의논	argumentum
의논ᄒᆞ다	ago
의논ᄒᆞ다	infringo
의로옴	iustitia
의심	dubium
의심ᄒᆞᄂᆞ	dubius
의심ᄒᆞ다	dubius (in dubium revoco)

옛한글	라틴어
의심ᄒᆞ다	revoco (in dubium revoco)
의심홈	dubius (dubia res)
의심홈	res (dubia res)
의지ᄒᆞ다	confido
의탁	perfugium
의탁ᄒᆞ다	innitor
의탁ᄒᆞᆫ	innixus
의향	arbitrium
의향	sensus
의회	congregatio
이	hic
이	idem
이	ille
이	ipse
이	quis
이 [잇는]	praefatus
이 [잇는]	praesens
이 굿ᄒᆞ	idem
이긔다	profligo
이긔다	triumpho
이김	triumphus
이김	victoria
이는	ut
이러므로	hinc
이러므로	iccirco
이러므로	quapropter
이러투시	hinc
이사벨	Elisabeth
이에	hinc
이월	Februarius
인도ᄒᆞ다	adspiro
인류	genus (genus humanum)
인류	genus (genus universum humanum)
인류	genus (noster genus)
인류	humanus (genus humanum)
인류	humanus (genus universum humanum)

옛한글	라틴어
인류	universus (genus universum humanum)
인셩	creo (creata natura)
인셩	humanus (humana natura)
인셩	natura (creata natura)
인셩	natura [humana]
인셩	natura (humana natura)
인즈	misericordia
인즈로옴	bonitas
인즈훈	misericors
인즈흠	misericordia
인즈흠	pietas
인ᄒ야	ex
인ᄒ야	in
인ᄒ야	intuitu
인ᄒ야	per
인ᄒ야	quapropter
일	dies
일	negotium
일과	ecclesiasticus (ecclesiasticum officium)
일과	officium (ecclesiasticum officium)
일과	officium
일금ᄒ다	prohibeo
일노 인ᄒ야	iccirco
일노 인ᄒ야	quapropter
일노 조차	itaque
일노 조차	quamobrem
일뎡ᄒ다	figo (rata et fixa manere)
일뎡ᄒ다	manere (rata et fixa manere)
일뎡ᄒ다	reor (rata et fixa manere)
일심	conspiratio
일우다	constituo
일쳔	mille
일쳔	millesimus
입	os
잇는	constitutus
잇다	exsto

옛한글	라틴어
잇다	prope (recipio prope)
잇다	recipio (recipio prope)
잉틱	Conceptio
잉틱	primordium
잉틱쳠례	Conceptio (Virginis Conceptio)
잉틱쳠례	Virgo (Virginis Conceptio)
잉틱후다	concipio
잉틱혼	conceptus
잉틱흠	Conceptio
잉틱흠을 밧다	concipio
자라게 호다	cresco
자리를 내여주다	cedo
자조 됨	felix (felix recordatio)
자조됨	recordatio (felix recordatio)
자최	exemplum
자최	monumentum
자최	vestigium
잠간도 아니	nunquam
잡다	suscipio
잡히지 못홀	inexpugnabilis
쟈	quis
쟝	pagina
쟝녀	primogenita
쟝리 공노	meritum
쟝주	primogenitus
쟝촛	aliquando (tandem aliquando)
쟝촛	tandem (tandem aliquando)
저	quis
절노	factum (facto ipso)
절노	facto ipso suo semet
절노	is (eo ipso)
절노	ipse (ipse facto)
절노	ipso facto suo semet
절노	ipse (eo ipso)
절노	sponte
제	sui

옛한글	라틴어
젹은	mediocris
젼 교종	Decessor (Decessor Noster)
젼 교종	Pontifex (Praedecessor Noster Romanus Pontifex)
젼 교종	Praedecessor (Praedecessor Noster Romanus Pontifex)
젼 교종	Praedecessor (Praedecessor Noster)
젼 교종	Romanus (Praedecessor Noster Romanus Pontifex)
젼구ᄒ[ᄂ 쟈]	mediatrix
젼능	omnipotentia
젼능ᄒ	omnipotens
젼브터	olim
젼에	jam
젼파ᄒ다	deduco (deduco notitiam)
젼파ᄒ다	notitia (deduco notitiam)
젼ᄒ다	trado
젼ᄒ	acceptus
젼ᄒ바 도리	traditio
졍	voluntas
졍결ᄒ	purus
졍결ᄒᆷ	innocentia
졍결ᄒᆷ	puritas
졍셩	alacritas
졍셩	cura
졍셩	pietas
졍셩	pietas (pietas et devotio)
졍셩	religio
졍셩	studium
졍셩되이	pientissime
졍셩을 다ᄒ다	elucubro
졍신	intellectus
졔딕	altarium
죠곰도	quovis (quovis modo)
죠곰도	plane
죠곰도	modus (quovis modo)
죠곰도	undequaque
죠곰도	unquam

옛한글	라틴어
조곰도 아니	nihil (nihil ... unquam)
조곰도 아니	nullus (nullus unquam)
조곰도 아니	unquam (nihil ... unquam)
조곰도 아니	nunquam
조곰도 아니	unquam (nullus unquam)
조샹	parens
조차	a
조차	ex
조차	iuxta
조츨ᄒᆞᆫ	illimis
조츨ᄒᆞᆫ	immaculatus
조츨ᄒᆞᆫ	incorruptus
조츨ᄒᆞᆫ	mundus
조츨흠	innocentia
존귀ᄒᆞᆫ	formosus
존귀흠	laus
좀	vermis
종도	Apostololus
종도좌	Apostolicus (Apostolica Sedes)
종도좌	Sedes (Apostolica Sedes)
종도좌에셔 난	Apostolicus
좌	cathedra
좌	sedes
죄	adversus (quod adversus)
죄	culpa
죄	peccatum
죄악	peccatum
죄인	reus
죠셔	constitutio
죠셔	Constitutio (memorata Constitutio)
죠셔	decretum
죠셔	memor (memorata Constitutio)
죵	mancipium
죵죵	passim
주내다	glosso
주내다	interpretor

옛한글	라틴어
주다	do
죽다	pereo
죽음	mors
죽이는	mortifer
쥬	Deus
쥬	Dominus
쥬교	Antistes
쥬교	Antistes (Sacrorum Antistites)
쥬교	Antistes (catholicorum Antistites)
쥬교	Episcopus
쥬교	Sacer (Sacrorum Antistites)
쥬교 탁덕	Ecclesia (Pastor Ecclesiae)
쥬교 탁덕	Pastor (Pastor Ecclesiae)
쥬보	patrona
쥬보흠	patrocinium
쥬션호다	tracto
쥰뎡호다	probo
쥰신호다	adhibeo (adhibeo fides)
쥰신호다	fides (adhibeo fides)
쥰허호다	comprobo
즁에	inter
즁에	penes
즁흔	dignus
즈음호다	intellego
즉위	pontificatus
즐거옴	consolatio
즐거옴	gaudium
즐거옴	iucunditas
즐거옴	laetitia
즐겨	animus (laetissimo prorsus animo)
즐겨	laetus (laetissimo prorsus animo)
즐겨	prorsus (laetissimo prorsus animo)
즐기는	dulcis
증거	testimonia
증거가 잇다	testor
증거호다	assero

옛한글	라틴어
증거ᄒᆞ다	confirmo
증거ᄒᆞ다	profiteor
지극히	apprime
지극히	immo
지극히	penitus
지극히 광명ᄒᆞᆫ	lucidus (lucidissimus)
지극히 놉흔 [쟈]	altus (altissimus)
지극히 먼	alienissimus
지극히 무죄ᄒᆞᆫ	innocentissimus
지극히 붉은	splendus (splendidissimus)
지극히 조츨ᄒᆞᆫ	purissimus
지극히 친이ᄒᆞᄂᆞᆫ	carissimus
지극ᄒᆞᆫ	augustus
지극ᄒᆞᆫ	ineffabilis
지극ᄒᆞᆫ	planus
지극ᄒᆞᆫ	singularis
지극ᄒᆞᆫ	summus
지극ᄒᆞᆫ	tantus
지내다	celebro
지능ᄒᆞᆫ	validissimus
지셩	affectus (affectus ferventissimus)
지셩	ferveo (affectus ferventissimus)
지식	scientia
지존ᄒᆞᆫ	excelsus
지존ᄒᆞᆫ	praecelsus
지즁지대ᄒᆞᆫ	gravissimus (gravissimum et maximum)
지즁지대ᄒᆞᆫ	maximus (maximum et gravissimum)
지즁ᄒᆞᆫ	gravissimus
지체ᄒᆞ다	cunctor
지혜	sapientia
직희는 [쟈]	custos
직희다	celebro
직희다	observo
진도	catholicus (catholica Fides)
진도	Fides (catholica Fides)
진도	veritas

옛한글	라틴어
진본	proprietas
진실	veritas
진실노	quidem
진실홈	veritas
집	domus
집	thesaurus
짓다	aedifico
주긔	ipse
주긔	seipse
주긔	sui
주긔	suus
주셰히	accuratissime
주셰히	diligenter
주셰히	nominatim
주식	filius
주초지죵	finis (a fine usque ad finem)
주초지죵히	adeo
징션후야	certatim
차착 업는	inviolabilis
착명후다	subscribo
착명후다	subscribo (subscribo manu)
찬미후다	spoponderint
찬숑	praeconium
찬숑후다	praedico
찬숑홈	laus
참혹히	misere
참혹훈	luctuosus
첫	primus
쳐분을 느림	declaratio
쳐쳐	locus (ubicumque locus)
쳐쳐	ubicumque (ubicumque locus)
쳐쳐히	ubique
쳔	electio
쳠례	cultus
쳠례	cultus (festum ac cultus)
쳠례	festus

옛한글	라틴어
쳠례	festus (dies festum)
쳠례	festum
쳠례	festum (festum ac cultus)
쳥	postulatio
쳥결홈	innocentia
쳥ᄒᆞᄂᆞᆫ 문쟝	postulatio (postulatio recepta)
쳥ᄒᆞᄂᆞᆫ 문쟝	recipio (postulatio recepta)
쳥ᄒᆞ다	exposco
쳥ᄒᆞ다	imploro
쳥홈	postulatio
초월ᄒᆞ게	ante (longe ante)
초월ᄒᆞ게	longe (longe ante)
초팔일	VI Idus
총양ᄒᆞ다	honorifico
최초	insto (primum instans)
최초	insto (primum instans atque momentum)
최초	momentum (primum instans atque momentum)
최초	primus (primum instans)
최초	primus (primum instans atque momentum)
최초엣	originalis
쵸월ᄒᆞ다	celsus (evado celsior)
쵸월ᄒᆞ다	evado (evado celsior)
쵸월ᄒᆞ다	exsto (exsto superior)
쵸월ᄒᆞ다	superus (exsto superior)
쵸월ᄒᆞᆫ	eximius
쵸월ᄒᆞᆫ	praestantissimus
쵸월ᄒᆞᆫ	singularis
쵸월ᄒᆞᆫ	sublimis
츙복을 밧은	benedictus
츙우	caelestis (caelestis gratia)
츙우	gratia
츙우	gratia (caelestis gratia)
츄론ᄒᆞ다	doceo
츙만ᄒᆞᆫ	plenus
츙만홈	plenitudo
취ᄒᆞ다	assumo

옛한글	라틴어
층	gradus
치다	conficio
치다	pasco
치명쟈	Martyr
친익ᄒᆞᆫ	carus
친히	ipse
친흔 [쟈]	dilectus
칭숑ᄒᆞ다	extollo
칭숑ᄒᆞ다	praedico
칭총	effatum (effatum nobilissimum)
칭츄ᄒᆞ다	effero
ᄎᆞ리다	habeo
ᄎᆞᆷ아 두다	patior
ᄎᆡ오다	compleo
ᄎᆡ우다	satisfacio
칙	liber
캄캄흠	caligo
캄캄흠	tenebrae
코져 ᄒᆞ다	volo
크게	ampliter
크게	longe (longissime)
크게	magna
크게	plurimum
크게 다른	alienissimus
큰	maximus
큰	vehementer
큼	magnitudo
탁덕	Capitulum
탁덕	Clerus
탁덕	Clerus (vir ex Clero)
탁덕	ecclesiasticus (ecclesiasticus vir)
탁덕	vir (ecclesiasticus vir)
탁덕	vir (vir ex Clero)
태학	Academia (Theologica Academia)
태학	Theologicus (Theologica Academia)
텬샹	caelum

옛한글	라틴어
텬샹도리	caelestis (caelestis doctrina)
텬샹도리	caelestis (caelestis eloquium)
텬샹도리	doctrina (caelestis doctrina)
텬샹도리	eloquium (caelestis eloquium)
텬샹엣	caelestis
텬샹텬하의	caelestis (caelestis et terrenus)
텬샹텬하의	terrenus (caelestis et terrenus)
텬신	Angelus
텬신	Angelus (Angelus Dei)
텬신	Seraphim
텬신엣	angelicus
텬신져픔	Angelus (omnis exercitus Angelorum)
텬신져픔	exercitus (omnis exercitus Angelorum)
텬죠	caelestis (caelestis Curia)
텬죠	Curia (caelestis Curia)
텬쥬	Deus
텬쥬	divinitas
텬쥬	divinus (divina Providentia)
텬쥬	Providentia (divina Providentia)
텬쥬	Dominus
텬쥬 명으로	divinitus
텬쥬 성모	Deipara
텬쥬 성모 동졍녀 무염원죄잉틱	Conceptio (Immaculata Deiparae Virginis Conceptio)
텬쥬 성모 동졍녀 무염원죄잉틱	Deipara (Immaculata Deiparae Virginis Conceptio)
텬쥬 성모 동졍녀 무염원죄잉틱	Immaculatus (Immaculata Deiparae Virginis Conceptio)
텬쥬 성모 동졍녀 무염원죄잉틱	Virgo (Immaculata Deiparae Virginis Conceptio)
텬쥬 성모 무염원죄잉틱흠	Conceptio (Immaculata sanctissimae Dei Genitricis Conceptio)
텬쥬 성모 무염원죄잉틱흠	Genitrix (Immaculata sanctissimae Dei Genitricis Conceptio)
텬쥬 성모 무염원죄잉틱흠	Immaculatus (Immaculata sanctissimae Dei Genitricis Conceptio)
텬쥬 성모 원죄 업시 잉틱흠	Conceptio (Immaculata Deiparae Conceptio)
텬쥬 성모 원죄 업시 잉틱흠	Conceptio (Immaculata Deiparae Virginis Conceptio)

옛한글	라틴어
텬쥬 셩모 원죄 업시 잉틱홈	Conceptio (Immaculata sanctissimae Dei Genitricis Virginis Mariae Conceptio)
텬쥬 셩모 원죄 업시 잉틱홈	Deipara (Immaculata Deiparae Conceptio)
텬쥬 셩모 원죄 업시 잉틱홈	Deipara (Immaculata Deiparae Virginis Conceptio)
텬쥬 셩모 원죄 업시 잉틱홈	Genitrx (Immaculata sanctissimae Dei Genitricis Virginis Mariae Conceptio)
텬쥬 셩모 원죄 업시 잉틱홈	Immaculatus (Immaculata Deiparae Conceptio)
텬쥬 셩모 원죄 업시 잉틱홈	Immaculatus (Immaculata Deiparae Virginis Conceptio)
텬쥬 셩모 원죄 업시 잉틱홈	Immaculatus (Immaculata sanctissimae Dei Genitricis Virginis Mariae Conceptio)
텬쥬 셩모 원죄 업시 잉틱홈	Virgo (Immaculata Deiparae Virginis Conceptio)
텬쥬 셩모 원죄 업시 잉틱홈	Virgo (Immaculata sanctissimae Dei Genitricis Virginis Mariae Conceptio)
텬쥬도리	disciplina theologica
텬쥬도리	theologica disciplina
텬쥬로 조차 온 것	divinitus
텬쥬씌	divinitus
텬쥬의	divinus
텬쥬의 모친	Deipara
텬쥬의 셩모	Deipara
텬하	orbis
텬하엣	terrenus
텬후	catholicus (catholicus orbis)
텬후	Ecclesia
텬후	orbis (catholicus orbis)
통ᄒᆞ다	communico
통ᄒᆞ다	significo
특별이	potissimum
특별이	praecipue
특별이	tantoque
특별ᄒᆞᆫ	peculiaris
특별ᄒᆞᆫ	singularis
특별ᄒᆞᆫ	speciale
특별ᄒᆞᆫ 은혜	praerogativa
특은	gratia
특은	praerogativa

옛한글	라틴어
특은	privilegium
특툥	gratia
판각훈	impressus
판결훌 만훈 일	definibilitas
판단	iudicium
판단호다	declaro
판단호다	definio
판단호다	definitio (fero definitionem)
판단호다	emitto
판단호다	fero (fero definitionem)
판단호다	pronuncio
판단호다	statuo
판단홈	definitio
판단홈	indicium
판단홈	pronunciatio
판문	decretum
판문	definitio
판문	littera (litterae)
팔빅	octingentesimus
팔일쳠례	festum (festum Conceptionis cum octava)
팔일쳠례	octavus (festum Conceptionis cum octava)
펴다	propago
펴이다	floreo
편안홈	tranquillitas
평샹훈	communis
평슌히	suaviter
포악훈	crudelis
포학훈	teterrimus
포함호다	complector
포함호다	comprehendo
표쥰	forma
풀다	explico
풀다	interpretor
풀지 아니훈	insolutus
풍셩함	copia
풍셩히	plus

옛한글	라틴어
퓌다	effloresco
퓌다	vigeo
픔	cor
픔	ordo
핑계	praetextus
핑계ᄒᆞ다	praetexo
하늘	caelum
하디	terra
하례ᄒᆞᄂᆞᆫ 말ᄉᆞᆷ	salutatio
하ᄌᆞ	naevus
하ᄌᆞ 없ᄂᆞᆫ	illibatus
학	academia
학식	scientia
학쟈	Doctor
학쟈	scriptor
합당ᄒᆞ다	cohaereo
합당ᄒᆞᆫ	dignus
합일ᄒᆞᆷ	unitas
합ᄒᆞᄂᆞᆫ	concors
합ᄒᆞᄂᆞᆫ	singularis
합ᄒᆞ다	coniungo
합ᄒᆞ다	vinculum
향	voluntas
허락ᄒᆞ다	concedo
허락ᄒᆞ다	dubito (non dubito)
허락ᄒᆞ다	tribuo
허락ᄒᆞ다	tribuo facultate
헛되게 ᄒᆞ다	frustror
헛되이 ᄒᆞ다	frustror
헷치다	discutio
혀	lingua
현양ᄒᆞ다	promoveo (promoveo et vindicare)
현양ᄒᆞ다	vindicare (promoveo et vindicare)
현연이	mirifice
현연ᄒᆞᆫ	solemnior
혈육의	substantialis

옛한글	라틴어
형	frater
형극	spina
형언홀 길 업는	incredibilis
형용ᄒᆞ다	repraesento
형젹	modus
혜아리다	adiungo
호위ᄒᆞ다	protego
호위ᄒᆞ다	tueor
호위ᄒᆞ다	vindico
호위홈	praesidium
혹	aut
혹	seu
혹	vel
혹이	quis
홀노	solum
홀노 [잇는]	solus
홀노 [잇는]	unus
홍의쥬교	Cardinalis (Venerabilis Frater Noster Sanctae Romanae Ecclesiae Cardinalis)
홍의쥬교	Cardinalis (VV. FF. NN. S. R. E. Cardinalis)
홍의쥬교	Venerabilis (Venerabilis Frater Noster Sanctae Romanae Ecclesiae Cardinalis)
홍의쥬교	Venerabilis (VV. FF. NN. S. R. E. Cardinalis)
홍의쥬교	VV. FF. NN. S. R. E. Cardinalis
화관	corona
화란	calamitas
화평홈	pax
화호ᄒᆞ[는 쟈]	conciliatrix
확실이 잇다	vigeo
확실ᄒᆞ게	firmiter
환난	difficultas
황	imperator
회	congregatio
회	consilium
회	Ecclesia
회	familia
회	Familia (Religiosa Familia)

옛한글	라틴어
회	Religiosus (Religiosa Familia)
회	Sodalitas
후 브터	post
후ᄉ	posterus
후에	post
후에	postquam
훗	Successor
훗 교종	Successor (Successor Noster Romanus Pontifex)
흔들다	labefacto
흔연이	libentissime
흔연이 쮜놀미	exultatio
흘너들다	traducor
흡합ᄒᆞᄂᆞᆫ	consonus
흥긔ᄒᆞ다	excito
희락	deliciae
힘	industria
힘	opus
힘	prex
힘	studium
힘	vis
힘쓰다	opus (promoveo omni ope)
힘쓰다	promoveo (promoveo omni ope)
힘씀	studium
힘을 다ᄒᆞ야	pro (pro summa Nostra)
힘을 다ᄒᆞ야	summus (pro summa Nostra)
힘을 다홈	contentio
힘을 다홈	studium
ᄒᆞ나	solus
ᄒᆞ나힘	communis (unus idemque communis naturaliter)
ᄒᆞ나힘	idem (unus idemque communis naturaliter)
ᄒᆞ나힘	naturaliter (unus idemque communis naturaliter)
ᄒᆞ나힘	unitas
ᄒᆞ나힘	unus
ᄒᆞ나힘	unus (unus idemque communis naturaliter)
ᄒᆞ다	aio
ᄒᆞ다	exsto

옛한글	라틴어
ᄒᆞ다	mereo
ᄒᆞ다	profiteor
ᄒᆞ려 들다	attento
ᄒᆞᆫ	eodem
ᄒᆞᆫ	unus
ᄒᆞᆫ 것	informatum
ᄒᆞᆫ가지로	cum
ᄒᆞᆫ가지로	una
ᄒᆞᆫ갈ᄀᆞ치	genus (in suo tantum genere)
ᄒᆞᆫ갈ᄀᆞ치	tantus (in suo tantum genere)
ᄒᆞᆼ구ᄒᆞ게	constanter
ᄒᆞᆼ샹	omnis
ᄒᆞᆼ샹	semper
ᄒᆞᆼ샹 아니	nunquam
ᄒᆞᆼ샹ᄒᆞᆫ	perpetuus
ᄒᆡ마다	quotannis
힝ᄒᆞ다	adhibeo
힝ᄒᆞᆫ바	via
힝혐	actum

현대어–라틴어 찾아보기

현대어	라틴어
가까이	proxime
가까이 오다	accedo (proxime accedo)
가까이 오다	proxime (proxime accedo)
가득하다	perfundo
가득하다	repleo
가득한	plenus
가라침	magisterium
가르치다	assero
가르치다	doceo
가르치다	edoceo
가르치다	erudio
가르치다	loquor
가르치다	propono
가르치다	significo
가리다	eligo
가브리엘	Gabriel
가예타	Caieta
가운데	in
가운데	prafatio (in praefatio)
가운데	inter
가져오다	attulo
가지	genus
가한	possum
가히 하다	possum
각별한	possum
각양각색	mirus (multus mirusque modus)
각약각색	modus (multus mirusque modus)
각양각색	multus (multus mirusque modus)

현대어	라틴어
간구	prex
간구하다	efflagito
간단하다	intermitto
간선하다	eligo (eligo et ordino)
간선하다	ordino (eligo et ordino)
간선함	electio
간절한	assiduus
간절한	fervidus
간청하는 상서	instantia (oblata instantia ac prex)
간청하는 상서	offero (oblata instantia ac prex)
간청하는 상서	prex (oblata instantia ac prex)
간청하다	efflagito
간청하다	expostulo
갈리다	deficio
갈아사대	inquiens
갈아사대	verbum (his verbis)
갈하다	seligo
감정하다	munio
감하다	minuo
감히 [하다]	audeo
감히 하다	praesumo
강	flumen
강논	concio
강논하다	concionor
강도하다	interpretor
강론	tractatus
강론하다	disputo
강론하다	loquor
강론하다	praedico
강론하다	tracto
강복함	benedictio
강복함을 받은	benedictus
강생	incarnatio
강생함	caro factus
강생함	incarnatio
강의히	fortiter

현대어	라틴어
강의히	strenue
강화함	maledictum
갖추다	affluo
갖추다	exorno
같은	aequalis
같이	census (eodem censu ac numero)
같이	eodem (eodem censu ac numero)
같이	numerus (eodem censu ac numero)
같이	par
같이	sicul
같이	tamquam
갚다	exerceo
개벽	saeculum
개벽 초	mundus (mundi primordia)
개벽 초	primordia (mundi primordia)
거간하[는 자]	mediator
거느리다	dignor
거느리다	guberno
거느림	dux
거동하다	perago
거두다	tracto
거룩하게 하심을 받음	sanctificatio
거룩한	augustissimus
거룩한	beatissimus
거룩한	devotus
거룩한	sanctissimus
거룩한	sanctus
거룩함	sanctificatio
거룩함	sanctitas
거룩히 맹새함	religio (religio sacramenti)
거룩히 맹새함	sacramentum (religio sacramenti)
거사하다	colo
거스리다	averto
거스리다	contraeo
거스림	trasgressio
거하실바	habitaculum

현대어	라틴어
건지다	eripio
걸릴 기회	scandalum
걸림	naufragium
겁내는	trepidus
것	quod
견고케 하다	confirmo
견고한	firmus
결단하다	duco (omni studio tueri ac propugnare duco)
결단하다	edico
결단하다	omnis (omni studio tueri ac propugnare duco)
결단하다	propugno (omni studio tueri ac propugnare duco)
결단하다	proscribo
결단하다	studium (omni studio tueri ac propugnare duco)
결단하다	tueor (omni studio tueri ac propugnare duco)
결사	iudicium (iudicium supremum)
결사	supremus (supremum iudicium)
결안하다	condemno
결약지궤	arca
결정함	declaratio
결정함	innocentia
결합	infusio
결합함	infusio
겸비한 뜻	humilitas
겸손한	humilis
겸하여	cum
경문	monumentum
곁	dextra
계교	insidiae
계시다	possideo
고로	iccirco
고양	agnus
고운	pulcer
고운	speciosus
고움	venustas
고이시듯 하다	complaceo

현대어	라틴어
고적	vetera
곧	prope
곧	prorsus
곧	scilicet
곳	locus
공경하는	cultus
공경하는	venerabilis
공경하는 례	cultus
공경하는바	cultus
공경하다	celebro
공경하다	colo
공경하다	colo (colo et celebro)
공경하다	colo solemni ritu
공경하다	objicio
공경하다	propono
공경하다	veneror
공경하다	veneror (colo et veneror)
공경함	cultus
공경함	devotio
공경함	honor
공경함	veneratio
공도	prex (prex publica)
공도	prex (prex solemnis)
공도	publicus (publica prex)
공도	solemnis (solemnis prex)
공례	cultu (publicus cultus ac veneratio)
공례	publicus (publicus cultus ac veneratio)
공례	veneratio (publicus cultus ac veneratio)
공로	meritum
공번된	communis
공번된	publicus
공부	opera
공부	opus
공부	providentia
공부	sacramentum
공부	studium

현대어	라틴어
공부하다	operor
공부하다	studeo
공사회	Concilium (probatissimum Concilium)
공사회	probo (probatissimum Concilium)
공이 없는	immeritus
공회	Synodus
공회	Tridentina [Synodus]
과연	certe
과연	quidem
과연	res (re quidem vera)
과연	sane
관계하다	respicio
광명한	lucidus
광명함	lux
광채	aurora
광채	splendor
괘씸함	audacia
괴이한	mirus
교사한	fraudulentissimus
교사한 [자]	deceptor
교우	Christus
교우	fidelis
교우 백성	fidelis (fidelis populus)
교우 백성	populus (populus fidelis)
교종	Pontifex
교종	Pontifex (Romanus Pontifex)
교종	Romanus (Romanus Pontifex)
구	nonus
구령함	salus
구속[자]	Salvator
구속자	Redemptor
구속지은을 입은	redemptus
구속한 자	Redemptor
구하다	exoro
구하다	impetro
구하다	libero

현대어	라틴어
구하다	quaero
구핵하다	perpendo
구획하다	adhibeo (adhibeo examen)
구획하다	examen (adhibeo examen)
국	natio
국왕	princeps
국왕	rex
군기	armatura
굳센	tutissimus
굳셈	robur
궁구하다	animus (reputo animo menteque)
궁구하다	mens (reputo animo menteque)
궁구하다	perpendo
궁구하다	reputo (reputo animo menteque)
궁전	domicilium
권	auctoritas
권	facultas
권	potestas
권세	potestas
궤	arca
궤휼	versutia
귀	auris
그	hic
그	ille
그	is
그	suus
그	quis
그 본	suus
그 속한	suus
그러나	tamen
그런고로	quare
그레고리우스 제십오위	Gregorius XV
그레고리우스 제십육위	Gregorius XVI
그른	falsus
그릇	vas
그리스도	Christus

현대어	라틴어
그뿐 아니라	neque
극진한	propensissimus
극진함	apex
근기까지	funditus
근본	centrum
근세	aetas
근신하는	sollicitus
근신히	serio
근실히	diligentissime
근심한 이	afflictus
근원	origo
근진히	potius
글	Encyclicus (Encyclica Littera)
글	littera
글	littera (Encyclica Littera)
금하다	prohibeo
급난함	angustia
급난함	necessitas
기도	prex
기도하다	supplico
기르다	foveo magis
기리다	defero (defero laudibus)
기리다	laus (defero laudibus)
기묘한	praeclarus
기묘히	miris (miris modis)
기묘히	modus (miris modis)
기약	opportunitas (opportunitas temporum)
기약	plenitudo (temporum plenitudo)
기약	tempus (temporum opportunitas)
기약	tempus (temporum plenitudo)
기억하는	memor
기억함	memoria
기울이다	praebeo
기이한	admirabilis
기이한	mirus
기절	censura

현대어	라틴어
기지	fundamentum
기틀	occasio
기호	titulus
긴절히	arctissimo
길	semita
길 잃은 자	erro (errans)
깨치다	contero
깨치다	interimo
꺾다	retundo
께	a
께	ad
께	in
꼭대기	vertex
꾀	insidiae
꾸미다	cumulo
꾸미다	effingo
꾸짖다	noto
끝	Christifidelius (Christifidelium pietas)
끝	dogma
끝	genus
끝	pietas (pietas Christifidelium)
끝	supremus
나다	derivo
나다	edo
나다	nascor
나다	prodeo
나라	gens
나라	regnum
나무라다	traduco
나아가다	pergo
나아가다	procedo
나음	medela
나타나게	palam (palam publiceque)
나타나게	publice (palam publiceque)
나타나게 이르다	declaro
나타나는	splendidus

현대어	라틴어
나타나다	declaro
나타나다	declaro (testor et declaro)
나타나다	dominor
나타나다	exprimo
나타나다	testor (testor et declaro)
나타내다	lux (niteo uberiori luce)
나타내다	niteo (niteo uberiori luce)
나타내다	significo
나타내다	trado
나타내다	uber (niteo uberiori luce)
난 것	editum
난 자	fructus
날	dies
날 때	origo
날로	quotidie
남기	lignum
남의 앞에	publice
낳다	gigno
낳다	nascor
낳다	pario
내다	affero
내다	depromo
내다	edo
내리다	descendo
냄	creatio
너	tu
넉넉히	satis
널리고자 하다	amplifico
널림	augmentum
네	tuus
년	annus
노에 (*노아)	Noe
놀라운	ineffabilis
높은	altus
높은	excelsus
높은	illustris

현대어	라틴어
높은	sublimis
높은	sublimis (sublimissimus)
높은	summus
높이다	honesto
놓은	activus
누구[도 아니]	homo (nullus hominum)
누구[도 아니]	nullus (nullus hominum)
누리는	particeps
누리다	fruor
누리다	mutuor
능력	virtus
능한	potens
능히 하다	possum
니르다	advenio
다듬다	expolio
다르다	differo
다르다	secerno
다른	alius
다른	ceterus
다른	reliquus
다만	nonnisi
다만	sed
다스리다	gubernaculum (tracto gubernaculum)
다스리다	rego
다스리다	tracto (tracto gubernaculum)
다시	denuo
다시 변론하다	disputatio (revoco in disputationem)
다시 변론하다	revoco (revoco in disputationem)
다음에	sub
다툼	offensio
다함	studium
다행히	felicius
닦다	limo
달려 돌리다	pendo
달리	secus
답인하다	munio (munio sigillo)

현대어	라틴어
답인하다	sigillum (munio sigillo)
당	tabernaculum
당	templum
당신	suus
당하다	contineor
당하다	incurro
당하다	infligo
당하다	subicio
대가리	caput
대개	enim
대개	etenim
대개	itaque
대개	namque
대개	quocirca
대대로 지키다	nunquam (nunquam immuto)
대대로 직히다	immuto (nunquam immuto)
대례로	solemniter
대례하다	colo (colo sancte)
대로	pro
대재	ieiunium
대적하는	adversarius
대적하여	contra
대좌기	consistorium
대행하다	regno
더	maior
더	profecto
더 거룩한	sanctus (sanctior)
더 고은	venustior
더 아름다운	pulcer (pulcrior)
더불어 함께	eodem (uno eodemque)
더불어 함께	unus (uno eodemque)
더브러	cum
더욱	immo
더욱	magis
더욱	magis (magis atque magis)
더욱	minor (nec minor)

현대어	라틴어
더욱	nec (nec minor)
더욱	ardentior
더욱	sed
더욱 믿는	confirmatus
더하다	addo
더하다	adjicio
더하다	amplifico
더하다	augeo
더하다	ulterius (ulterius progredior)
더하다	progredior (ulterius progredior)
덕력	virtus
덕행	virtus
덤불	rubus
덧덧이	iugiter
덧덧한	illibatus
덧덧한	perpetuus
덧덧히	semper
도	provincia
도	quoque
도	tum
도리	definitio
도리	doctrina
도리	dogma
도리	eloquium
도리	scientia
도리	sententia
도리[의]	dogmaticus
도문	Litaniae
도우심	auxiliatrix
도움	adjutorium
도움	auspex
도움	virtus
독한	venenatus
독한	venenosus
돌보는	propitius
돌아가다	confugio

현대어	라틴어
돌아가다	redundo
돌아오다	redeo
동냥	columna
동냥	columna (columna ac firmamentum)
동냥	firmamentum
동냥	firmamentum (columna ac firmamentum)
동녀	beatus (beatissima Virgo)
동녀	Virgo
동녀의 원죄 없이 잉태함	conceptio (Immaculata Virginis Conceptio)
동녀의 원죄 없이 잉태함	Immaculatus (Immaculata Virginis Conceptio)
동녀의 원죄 없이 잉태함	Virgo (Immaculata Virginis Conceptio)
동산	hortus
동정	Virgo
동정녀	Virgo
동정녀 원죄 없이 잉태함	Conceptio (Immaculata Deiparae Conceptio)
동정녀 원죄 없이 잉태함	Deipara (Immaculata Deiparae Conceptio)
동정녀 원죄 없이 잉태함	Immaculatus (Immaculata Deiparae Conceptio)
동정녀무염원죄잉태	Conceptio (Immaculata Virginis beatissimae Conceptio)
동정녀무염원죄잉태	Immaculatus (Immaculata Virginis beatissimae Conceptio)
동정녀무염원죄잉태	Virgo (Immaculata Virginis beatissimae Conceptio)
동정녀의 원죄 없이 잉태함	Conceptio (Immaculata Virginis Conceptio)
동정녀의 원죄 없이 잉태함	Immaculatus (Immaculata Virginis Conceptio)
동정녀의 원죄 없이 잉태함	Virgo (Immaculata Virginis Conceptio)
동정임	virginitas
동회	Ecclesia (Ecclesia orientalis)
동회	orientalis (Ecclesia orientalis)
되다	evado
되다	facior
되다	sum
두	uterque
두다	contineor
두다	relinquo
두려워하다	timeo
뒤지지	contra

현대어	라틴어
드러나게 하다	significo
드러나다	offero
드러남	exaltatio
드러내다	profiteor
드러내려 하다	vindico
드리다	defero
듣다	audio
듣지 못하는	defensus
듯	veluti
등서한	transumptus
따라	iuxta
따라 [행하다]	perago
따로 두다	praeparo
딸아	secundum
딸아	sic
땅	terra
때	annus
때	contagio
때	sordes
때	labes
때	naevus
때묻음이 없는	intemeratus
때묻지 않은	immaculatus
때에	cum
떠난	tremulus
떨어지다	excido
떨어진	actus
떨어짐	ruina
또	ac
또	atque
또	aut
또	autem
또	et
또	insuper
또	insuper (et insuper)
또	nec (nec non)

현대어	라틴어
또	non (nec non)
또	sive
또	tum
또한	ac (ac simul)
또한	atque
또한	et
또한	etiam
또한	nec (nec non)
또한	non (nec non)
또한	simul (ac simul)
또한	tum
또한	vel
또한	etiam (verum etiam)
또한	verum (verum etiam)
또한 있다	itero
뛰어나다	supergradior
뛰어난	excellentissimus
뛰어남을 보이다	praefero
뜻	consilium
뜻	intentio
뜻	iudicium
뜻	mens
뜻	propositum
뜻	sensus
뜻	sententia
뜻하다	censeo
뜻하다	persisto
례절	liturgia
례절	Liturgia (sacra Liturgia)
례절	Liturgia (sacrosancta Liturgia)
로마의	Romanus
로마회	Ecclesia (Ecclesia Romana)
로마회	Romanus (Romana Ecclesia)
리베리아나 성당	Basilica (Liberiana Basilica)
리베리아나 성당	Liberiana (Liberiana Basilica)
마귀	diabolus

현대어	라틴어
마귀의	diabolicus
마땅하다	debeo
마땅하다	decet
마땅히	oportet
마땅히	porro
마리아	Maria
마리아	Maria (beata Maria)
마음	animus
마음	cor
마음	mens
마침내	denique
만 가지	omnis
만 가지	varius
만고에	alias
만구만설	lingua
만국	natio (omnes nationes)
만국	omnis (omnes natione)s
만들다	formo
만만[한]	omnis
만민	gens (ubicumque gens)
만민	omnis (omnes populi)
만민	populus (omnes populi)
만민	ubicumque (ubicumque gens)
만방	ubique
만방의	universalis
만유	creo (creatura omnis)
만유	creo (creaturae universae)
만유	omnis (omnis creatura)
만유	universus (creaturae universae)
만일	si
만일 혹	si
많은	multiplicus
많은	repetitus
말	locutio
말	verbum
말	vox

현대어	라틴어
말	opinio
말법	loquor (loquendi usus)
말법	usus (loquendi usus)
말씀	declaratio
말씀	divinus (divinum oraculum)
말씀	oraculum (divinum oraculum)
말씀	eloquium
말씀	verbum
말씀 두다	proclamo
말을 베풀다	alloquor
말하다	assero
말하여 이르다	edico
맡기다	committo
맡은	depositus
매괴화	rosa
매양	dies (in dies)
매양	saepissime
매양 이르다	cesso (cesso nunquam)
맨 끝	terminus
맺다	pono
맺음	foedus
맺음	vinculum
먼저	antea
멀리	longus (longe)
면	si
면하는	immunis
면하다	dispenso
면하다	praeservo
면한	integer
면함	integritas
명	iussus
명령	sententia
명오	mens
모든	cunctus
모든	omnis
모든	quidem

현대어	라틴어
모든	universus
모든 것이	quidquid
모든 사정	omnis [res]
모르는	nescius
모르는 이 없다	nosco
모르다	ignoro
모르다	nesco
모시다	conversor
모양	modus
모이세스 (*모세)	Moyses
모친	mater
모황	Regina
목자	pastor
못	minime
못	nihil
못	non
못	nunquam
못 받음 직한	inhabilis
무너지다	patior
무량한	infinitus
무리	grex
무성하다	floresco
무성하다	viresco
무수히	tot
무슨	quovis
무슨 모양으로	quomodocumque
무시무종한	aeternus
무시무종한	divinus
무시무종한	increatus
무시지시	aeternitas (omnis aeternitas)
무시지시	omnis(omnis aeternitas)
무시지시로부터	ab (ab initio et ante saecula)
무시지시로부터	ante (ab initio et ante saecula)
무시지시로부터	initium (ab initio et ante saecula)
무시지시로부터	saeculum (ab initio et ante saecula)
무염원죄	Immaculatus (Immaculata Conceptio)

현대어	라틴어
무염원죄[로]	Conceptio (Immaculata Conceptio)
무염원죄[로]	absque (absque labe originali)
무염원죄시잉모태	Conceptio (Immaculata Conceptio)
무염원죄시잉모태	Conceptio (Immaculata Deiparae Conceptio)
무염원죄시잉모태	Deipara (Immaculata Deiparae Conceptio)
무염원죄시잉모태	Immaculatus (Immaculata Conceptio)
무염원죄시잉모태	Immaculatus (Immaculata Deiparae Conceptio)
무염원죄잉태	Conceptio (Immaculata Conceptio)
무염원죄잉태	Conceptio (Immaculata Virginis Conceptio)
무염원죄잉태	Immaculatus (Immaculata Conceptio)
무염원죄잉태	Immaculatus (Immaculata Virginis Conceptio)
무염원죄잉태	Virgo (Immaculata Virginis Conceptio)
무염원죄한	conceptus (sine labe originali conceptus)
무염원죄한	immaculatus
무염원죄한	originalis (sine labe originali conceptus)
무염원죄한	labes (sine labe originali conceptus)
무염원죄한	sine (sine labe originali conceptus)
무죄한	innocens
무죄함	innocentia
무진한	inexhaustus
묵계	revelatio
묵계	caelestis (caelestis revelatio)
묵계한	revelatus
묵계함	actum
묵계함	relatio (caelestis revelatio)
묵계함	depositus (caelestis revelationis depositum)
묵은	sempiternus
문법	verbum
문사	sententia
문서	chirographus
묻은	maculatus
묻지 아니하다	libero
묻지 아니한	solutus
묻지 아니함	immunitas
물든	infectus
물들지 아니한	immunis

현대어	라틴어
물들지 아니한	liberus
물듦	contagio
물듦	macula
물리치다	ago (agendum esse existimo)
물리치다	existimo (agendum esse existimo)
물어봄	quaestio
물에 빠짐	naufragium
뭇	multiplicus
미려한	amoenus
미리 모상한	praenunciatus
미리 이르다	praedico
미리 입다	praevideor
미사	missa
미치다	assequor
미치다	sufficio
미치다	attingo
미침	amplitudo
민	populus
믿다	credo
믿다	sentio
믿음	fides
믿음	fiducia
믿음	pietas
바	quis
바다	abyssus
바다	mare
바라는 뜻	fiducia
바람	spes
바로	directe
바로	recte
바치다	effundo
박다	affigo
박다	insero
박히다	occupo
밖에	praeter
밖에 [있는]	externus

현대어	라틴어
반드시	oportet
반포하다	profero
받다	accipio
받다	lacessor
받다	patior
받다	recipio
받다	traduco
받은	collatus
받은	passiva
받지 못하다	lateo
받지 아니한	liberus
발	pes
발하다	procedo
밝다	illustro
밝은	illustris
밝은	luculentus
밝은	splendidus
밝음	evidentia
밝음	lux
밝히	apertissime
밝히	clare aperteque
밝히	probe
밝히	planissime
밝히 드러내다	declaro
밝히 말함	declaratio
밝히 알게 하다	declaro
밝히 알게 하다	inculco (inculco impensissime)
밝히 알게 하다	impensus (inculco impensissime)
밝히 알다	perspicio
밝히다	confirmo
밟다	inhaereo
밟아 깨치다	contero
방망이	vulnus
방패	clypeus
배척하다	refragor
백성	fidelis (fidelis populus)

현대어	라틴어
백성	populus
백성	populus (fidelis populus)
백합	columba
뱀	serpens
벌	poena
벌	sanctio
범치 못하는	inviolatus
범하다	violo
법	ius
법	lex
법	modus
법	remedium
법답게	rite
베셀르엘 (*브살렐)	Beseleel
베풀다	facio
베풀다	erogo
베풀다	exhibeo
베플다	edo
벽파하여	contra
변론	disputatio
변론	opinio
변론하다	dissero
변하게 하다	permuto
병든 이	aeger
병원	xenodochium
보건대	enimvero
보건대	equidem
보내다	mitto
보다	gero
보다	video
보람	character (insignitus charactere)
보람	insignitus (insignitus charactere)
보배	deliciae
보배	thesaurus
보배로운 곳 집	thesaurus
보이다	praemonstro

현대어	라틴어
보이다	propono
보이다	describo
보이다	exhibeo
보이다	ostendo
보이다	recurro
보존하다	conservo
보존하다	custodio
보존하다	retineo
보좌	thronus
보천하	catholicus (catholicus orbis)
보천하	orbis (catholicus orbis)
보하다	accipio
보하다	nuntio
보호하는 [자]	vindex
보호하다	propugno
보호하다	tueor
복되신 동녀 마리아 원죄 없이 잉태함	conceptio (Immaculata Conceptio beatissimae Virginis Mariae)
복되신 동녀 마리아 원죄 없이 잉태함	Immaculatus (Immaculata Conceptio beatissimae Virginis Mariae)
복되신 동녀 마리아 원죄 없이 잉태함	Virgo (Immaculata Conceptio beatissimae Virginis Mariae)
복된	beatus
복된	beatus (beatissimus)
복된	venter
본	natura
본	proprius
본	suus
본분	pars (sua pars)
본분	suus (sua pars)
본분첨례	festum (festum praeceptum)
본분첨례	praecipio (festum praeceptum)
본성	natura
봉하다	signo
봉한	conclusus
부르짓다	advoco
부르짓다	praedico

현대어	라틴어
부르짖다	invoco
부족히	satis (satis non)
부터	ab
분	pars
분명치 아니[한]	ambiguus
분명치 아니[한]	anceps
분명한	illustris
분명히	luculentus (luculentissime)
분별하다	discrimen (excogito discrimine)
분별하다	excogito (excogito discrimine)
분별함	distinctio
분부하다	mando
분수	ratio
불	ignis
불꽃	flamma
불꽃	flamma (flamma ignis)
불꽃	ignis (flamma ignis)
불타다	ardeo
붓을 잡다	rescribo
붙들다	foveo
붙이다	adhibeo
비껴	indirecte
비계	fraus insidiarum
비교하다	confero
비록	licet
비록	quamvis
비유를 쓰지 아니함	definitum (sententia definita)
비유를 쓰지 아니함	proprius (sententia propria)
비유를 쓰지 아니함	sententia (sententia definita)
비유를 쓰지 아니함	sententia (sententia propria)
비추다	refulgeo
빌다	adhibeo
빙거	ratio
빛	splendor
빛	decus
빛	nitor

현대어	라틴어
빛	ornamentum
빛나다	emico (emico luculenta)
빛나다	fulgeo
빛나다	luculentus (emico luculenta)
빛난	coruscus
뿌리	radix
뿐 아니라	modus (non modo)
뿐 아니라	non (non modo)
뿐 아니라	non (non solum)
뿐 아니라	solus (non solum)
사	quartus
사계	res
사다리	scala
사도	error
사람	homo
사람	persona
사람의	humanus
사람의	mortalis
사랑	amor
사랑하다	amor (prosequor amore)
사랑하다	considero
사랑하다	diligo
사랑하다	prosequor (prosequor amore)
사랑함	affectus
사례하다	ago (ago gratias)
사례하다	gratia (ago gratias)
사르다	comburo
사방에	undequaque
사사	proprius
사사[로운]	privatus
사사로이	privatim
사연	quid
사연	res
사이에	inter
사적	actum (tot insignia sane acta)
사적	factum

현대어	라틴어
사적	insignis (tot insignia sane acta)
사정	res
사하다	absolvo
산	mons
살	telum
살리는 자	vivificatrix
살피다	recenseo
삼다	deligo
삼위	Trinitas
삼위일체신 성삼	Individus (Sancta et Individua Trinitas)
삼위일체신 성삼	Sanctus (Sancta et Individua Trinitas)
삼위일체신 성삼	Trinitas (Sancta et Individua Trinitas)
상고	antiquitas
상고하다	examino
상반한	adversus
상생	immortalitas
상생함	immortalitas
상천하지	caelus (caelum [et] terra)
상천하지	terra (caelum [et] terra)
상하다	corrumpo
상함	iactura
상함	iniuria
상함을 받는	laesus
상함을 받지 아니한	salvus
상함을 받지 안한	incolumis
상해	semper
새	alter
새	novus
새로 반포하다	innovo
새롭게 하다	renovo
샘	fons
생각하다	cogito
생각하다	considero
생각하다	sentio
생명	salus
생명	vita

현대어	라틴어
서기	notarius
서로 긴히	intimo plane vinculo
서로 떠나지 못하는	indissolubilis
서로 모인 [곳]	conventus (ecclesiasticus conventus)
서로 모인 [곳]	ecclesiasticus (ecclesiasticus conventus)
서자	lego (aliquid scribitur, aut legitur)
서자	scribo (aliquid scribitur, aut legitur)
서자	scriptum
서회	Ecclesia (Ecclesia occidentalis)
서회	occidentalis (Ecclesia occidentalis)
선 교종	Praedecessor (Praedecessor Noster)
선지	Pater
선지자	Propheta
선진	major
성	beatus
성	civitas
성 페트루스	Apostolous (persona Apostolorum Principis)
성 페트루스	persona (persona Apostolorum Principis)
성 페트루스	Petrus (Petrus beatorum)
성 페트루스	Princeps (persona Apostolorum Principis)
성[한 자]	sanctus
성경	divinus (divina eloquia)
성경	divinus (divina littera)
성경	divinus (divina Scriptura)
성경	eloquium (eloquia divina)
성경	littera (divina littera)
성경	sacer (sacra Scriptura)
성경	Scriptura
성경	Scriptura (sacra Scriptura)
성경	Scripturas (divina Scriptura)
성교	divinus (divina res)
성교	res (divina res)
성교도리	scientia (scientia rerum divinarum)
성교의	catholicus
성교회	catholicus (catholica Ecclesia)
성교회	catholicus (Ecclesia catholica)

현대어	라틴어
성교회	Christianus (Christiana Religio)
성교회	Christus (Ecclesia Christi)
성교회	Ecclesia
성교회	Ecclesia (Ecclesia Christi)
성교회	Ecclesia (Ecclesia sancta)
성교회	Ecclesia (Ecclesia universalis)
성교회	Religio (Religio Christiana)
성교회	sanctus (Ecclesia sancta)
성교회	universalis (Ecclesia universalis)
성교회[의]	ecclesiasticus
성근	cura (cura et studium)
성근	studium
성근	studium (cura et studium)
성근하는	sollicitus
성노	ira
성당	Basilica
성당	templum
성도	religio
성모	beatus (beatissima Mater)
성모	Deipara
성모	Genitrix
성모	Genitrix (Dei Genitrix)
성모	Genitrix (sanctissima Dei Genitrix)
성모	Genitrix (sanctissima Genitrix)
성모	Mater (beatissima Mater)
성모	sanctus (sanctissima Dei Genitrix)
성모	sanctus (sanctissima Genitrix)
성모 도문	Lauretanae Litaniae
성모 도문	Litaniae (Lauretanae Litaniae)
성모 무염원죄잉태첨례	intemeratus (de Intemeratae semper Virginis Mariae Conceptione festum)
성모잉태	Conceptio
성모잉태의 무염원죄	Conceptio (Immaculata Dei Matris Conceptio)
성모잉태의 무염원죄	Immaculatus (Immaculata Dei Matris Conceptio)
성모잉태의 첨례	conceptio (Conceptionis Virginis Deiparae festum)
성모잉태첨례	festum Conceptionis

현대어	라틴어
성부	Pater
성사	maior
성사	Pater
성사	Sanctus (Sanctus Pater)
성사	Pater (Sanctus Pater)
성사와 선진	maior
성습하다	invalesco
성신	divinus (divinus Spiritus)
성신	Paraclitus (Paraclitus Spiritus)
성신	Sanctus (Sanctissimus Spiritus)
성신	Spiritus (Paraclitus Spiritus)
성신	Spiritus (Sanctissimus Spiritus)
성신	Sanctus (Spiritus Sanctus)
성신	Spiritus (Spiritus divinus)
성신	Spiritus (Spiritus Sanctus)
성신의 묵계함	actum (actum divino Spiritu)
성실한	fidus
성실한	sedulus
성인	sanctus
성자	Filius
성자	Unigenitus
성자	Verbus
성총	divinus (divina gratia)
성총	gratia
성총	gratia (divina gratia)
성탄첨례품	Nativitas
성탄첨례품	festum (festum Nativitatis)
성탄첨례품	Nativits (festum Nativitatis)
성하다	vigeo
성학	divinus (divina res)
성학	res (divina res)
성학의	Theologicus
성한	incorruptus
성회	Ecclesia
세	aetas
세라핌	Seraphim

현대어	라틴어
세상	genus (genus humanum)
세상	humanus (genus humanum)
세상	communis (communis mundus)
세상	mundus
세상	mundus (communis mundus)
세상	orbis (orbis terrarum)
세상	terra
세상	terra (orbis terrarum)
세속의	saecularis
세우다	commemoro
세우다	concelebro
세우다	constituo
세우다	erigo
세우다	instituo
세움	factum (factum illustris)
세움	illustris (factum illustris)
세움	institutio
소연이	manifestissime
소연히	perspicue
속이다	decipio
속하다	pertineo
속한	obnoxius
속한	proprius
수도하는	religiosus
수도하는 회	Familia (Religiosa Familia)
수도하는 회	Ordo (Ordo regularis)
수도하는 회	regularis (regularis Ordo)
수도하는 회	Religiosus (Religiosa Familia)
수보하는 자	reparatrix
수원	monasterium
수원의	regularis
순금	aurum
순박한	immaculatus
순전한	illibatus
순전함	integritas
순종하다	obsequor

현대어	라틴어
숫	intactus omnino
숫	virgineus
스승	magistra
슬기로이	sapienter
슬기로이	sapientissime
슬피	gemitus
시계	tempus
시러곰	ut
시말	alter (inter primum atque alterum … instans et momentum)
시말	insto (inter primum atque alterum … instans et momentum)
시말	momentum (inter primum atque alterum … instans et momentum)
시초	primordium
식스투스 제사위	Sixtus IV
신공	devotio (pietas et devotio)
신공	pietas (pietas et devotio)
신기한	mirandus
신기한	mirus
신덕	fides
신덕도리	catholicus (catholicae fidei dogma)
신덕도리	definitio (dogmatica definitio)
신덕도리	decretum (dogmaticum decretum)
신덕도리	dogma (catholicae fidei dogma)
신덕도리	dogma
신덕도리	dogmaticus (dogmatica definitio)
신덕도리	dogmaticus (dogmaticum decretum)
신덕도리	fides (catholicae fidei dogma)
신묘한	purpureus
신벌	poena
신성	Angelicus (Angelicus Spiritus et Sanctus)
신성	Angelus (Angelus Sanctus)
신성	Sanctus (Angelus Sanctus)
신신한	perspicuus
신중함	maturitas
신통이	mirifice

현대어	라틴어
실다	contineo
실로	iccirco
실리다	consigno
실망하다	despero
실상대로	fideliter
실한	validus
심다	consero
심다	servo
심묘히	mirifice
심신	mens
심신의	spiritus
심약한 이	cor (pusillius corde)
심약한 이	pusillus (pusillius corde)
심오한	absconditus
심오한 뜻	absconditus (mysterium absconditum)
심오한 뜻	mysterium
심오한 뜻	mysterius (mysterium absconditum)
십이절	December
십자가	crux
싱싱하다	vireo
싹	germen
써	ita … ut
써	ut
썩다	inficio
썩지 못하는	immarcescibilis
쏘다	rutilo
쓰다	usurpo
쓰다	utor
쓸대없는	inanis
씨	semen
아니	absque
아니	non
아니	nullatenus
아니	nullus
아니	quin
아닌	nondum

현대어	라틴어
아닐 뿐 아니라	non (non iam)
아담	Adam
아들	Filius
아름다운	perfectus
아름다운	pulcer
아름다움	habitus
아름다움	pulcritudo
아모	omnis
아모	ullus
아무도 … 못	nemo
아오로	simul
아울러	atque
아울러	cum
아주	omnis
아직	adhuc
악신	malignus
악함	iniquitas
안나	Anna
안배하다	dispono
앉다	adsto
알게 하다	habeor
알게 하다	innuo
알다	nosco
알다	praevideo
알다	scio
알렉산더 제칠위	Alexander VII
알아내다	video
앗다	amoveo
앗음	privatus
앞에	apud
앞에 있는	posterus
야곱	Iacobus
양	ovis
어떠한	quantopere
어떻게	adeo
어떻게	quanto

현대어	라틴어
어떻게	quid
어떻게	quomodolibet
어려워 아니하다	consuesco
어린	tener
어미	mater
얻다	invenio
얻다	obtineo
엄금하다	prohibeo
엄금하다	prohibeo (severissime prohibeo)
엄금하다	severus (severissime prohibeo)
엄히	mitis (neque mitius)
엄히	neque (neque mitius)
없[다]	nihil [sum]
없는	nemo
없는	nullus (nullus unquam)
없는	unquam (nullus unquam)
없다	careo
없이	nullatenus
없이	nunquam
없이	sine
없이하는	temerarius
엎드리다	subiaceo
에	ab
에게	ab
에서	ab
에와 (*하와)	Heva
엘리사벳	Elisabeth
엠마누엘	Emmanuel
여기다	sum
여기다	volvo
여러	plurimus
여인	mulier
여자	filia
여출일구	communis (commune veluti votum a Nobis)
연하다	consero
열교	haeresis

현대어	라틴어
열매	fructus
열목	index
열절한	pientissimus
염염하다	crepito
영	anima
영광	decus
영광	gloria
영광	honor
영광	ornamentum
영광으로 알다	glorior
영구한	perpetuus
영원한	sempiternus
영적	miraculum
영혼	
영화로운	gloriosissimus
영화로운	illustris
영화로운	praeclarus
영화로운	solemnis
영화로운 [자]	triumphator
예루살렘	Ierusalem
예비하다	praeparo
예수	Christus
예수	Iesus
예수 그리스도	Iesus Christus
예절	sacer (sacra Liturgia)
예절	sacrosanctus (sacrosancta Liturgia)
옛	antiquus
옛	priscus
옛 [자]	Decessor
옛 교종	Decessor (Decessor Noster)
옛 교종	Pontifex (Decessor Noster Romanus Pontifex)
옛 교종	Praedecessor
옛 교종	Praedecessor (Praedecessor Noster)
옛[적]	antiquus (antiquus tempus)
옛부터	quotidie
옛적	antiquissimus (antiquissimum tempus)

현대어	라틴어
옛적	antiquitas
옛적부터 내려오는	vetus
옛적에	antiquitus
오	Noster
오다	accedo
오르다	ascendo
오묘한	occultus
오십	quinquagesimus
오주	Dominus
오주	Dominus (Dominus Noster)
오주	Noster (Dominus Noster)
오직	sed
옥잠화	lilium
온	catholicus
온	omnis
온	totus
온	universus
온갖	omnis
온갖	universus
온전한	omnis
온전한	perfectissimus
온전한	superus
온전한	totus
온전함	plenitudo
온전히	omnino
온전히	plane
온전히	plenissime
온전히	plurimum
올리다	eveho
옮기다	transfero
완결한	immunis
완전함	integritas
외	exceptim
외아들	Filius (Filius Unigenitus)
외아들	Unigenitus (Filius Unigenitus)
외에	praeter

현대어	라틴어
용병	fortis
용서함	venia
우리	nos
우리	sumus
우리의	noster
원만케 하다	fero (prae se fero)
원만케 하다	prae (prae se fero)
원만함	integritas
원수	hostis
원수	Inimicitia
원수	inimicus
원수됨	Inimicitia
원의	desiderium
원의	innocentia (originalis innocentia)
원의	originalis (originalis innocentia)
원죄	culpa (culpa originalis)
원죄	hereditarius (hereditaria labes)
원죄	labes (labes originalis)
원죄	originalis (culpa originalis)
원죄	originalis (labes originalis)
원죄	originalis (originalis peccatum)
원죄	peccatum (originalis peccatum)
원죄 때	labes (labes originalis)
원죄 때	originalis (labes originalis)
원죄 없이 잉태	Conceptio (Immaculata Conceptio)
원죄 없이 잉태	Immaculatus (Immaculata Conceptio)
원죄 없이 잉태함	Conceptio (Immaculata Conceptio)
원죄 없이 잉태함	Immaculatus (Immaculata Conceptio)
원죄에 묻지 아니함	innocentia (originalis innocentia)
원죄에 묻지 아니함	originalis (originalis innocentia)
원죄에 묻지 않은	immaculatus
원하다	cupio
원하다	exopto
원하다	opto
원하다	volo
위	dignitas

현대어	라틴어
위	dignitas (dignitas ecclesiastica)
위	ecclesiasticus (dignitas ecclesiastica)
위로	solatio
위로함	consolatio
위를 맡다	constituo
위박함	ingruens (ingruens periculum)
위박함	periculum (ingruens periculum)
위에	super
위에	superius
위태한 이	periclitans
위하는바	obiectum
위하다	ago
위하다	colo
위하다	faveo
위하다	prosequor
위하다	tueor
위하여	ad
위함	favor
위험	periculum
위험을 당하다	periclitor
유공한	spectatus (spectatissimus)
유력	monumentum
유명한	celebrior
유명한	illustris
유익한	pius
유일한	laudabilis
육	corpus
육식	corpus
은밀한	arcanus
은사	indulgentia
은총	caelestis (caelestis charisma)
은총	charisma (caelestis charisma)
은총	gratia
은총	privilegium
은혜	beneficium
은혜	charisma

현대어	라틴어
은혜	donum
은혜	favor
은혜	gratia (gratia et privilegio)
은혜	privilegium (gratia et privilegio)
은혜 모임	munus
은혜로움	gratia
읍	civitas
의견	consilium
의견	sententia
의견	singularis
의노	indignatio
의논하다	argumentum
의논하다	ago
의논하다	infringo
의로움	iustitia
의심	dubium
의심하는	dubius
의심하다	dubius (in dubium revoco)
의심하다	revoco (in dubium revoco)
의심함	dubius (dubia res)
의심함	res (dubia res)
의지하다	confido
의탁	perfugium
의탁하다	innitor
의탁한	innixus
의향	arbitrium
의향	sensus
의회	congregatio
이	idem
이	ille
이	ipse
이	quis
이 [있는]	praefatus
이 [있는]	praesens
이 같은	idem
이기다	vinco

현대어	라틴어
이기다	profligo
이기다	triumpho
이김	triumphus
이김	victoria
이는	ut
이러므로	hinc
이러므로	iccirco
이러므로	quapropter
이렇듯이	hinc
이르다	offero (oblatum sum)
이르다	pertingo
이르다	venio
이르다	affirmo (arbitror et affirmo)
이르다	arbitror (arbitror et affirmo)
이르다	assero
이르다	enarro
이르다	loquor
이름	declaratio
이에	hinc
이월	hic
이월	Februarius
익은	excultus
익은	praedictus
익히 아는	edoctus
인도하다	adspiro
인류	genus (genus humanum)
인류	genus (genus universum humanum)
인류	genus (noster genus)
인류	humanus (genus humanum)
인류	humanus (genus universum humanum)
인류	universus (genus universum humanum)
인성	creo (creata natura)
인성	humanus (humana natura)
인성	natura (creata natura)
인성	natura [humana]
인성	natura (humana natura)

현대어	라틴어
인자	misericordia
인자로움	bonitas
인자한	misericors
인자함	misericordia
인자함	pietas
인하여	ex
인하여	in
인하여	intuitu
인하여	per
인하여	quapropter
일	dies
일	negotium
일과	ecclesiasticus (ecclesiasticum officium)
일과	officium (ecclesiasticum officium)
일과	officium
일금하다	prohibeo
일로 인하여	iccirco
일로 인하여	quapropter
일로 좇아	itaque
일로 좇아	quamobrem
일심	conspiratio
일우다	constituo
일으다	declaro
일으키다	erigo
일정하다	figo (rata et fixa manere)
일정하다	manere (rata et fixa manere)
일정하다	reor (rata et fixa manere)
일천	mille
일천	millesimus
일커르다	compello
일커르다	concelebro
일커르나	nuncupo
일커르다	appello
일커르다	celebro
입	os
입은	donatus

현대어	라틴어
입음	intuitus
있는	constitutus
있다	exsto
있다	prope (recipio prope)
있다	recipio (recipio prope)
잉태	Conceptio
잉태	primordium
잉태첨례	Conceptio (Virginis Conceptio)
잉태첨례	Virgo (Virginis Conceptio)
잉태하다	concipio
잉태한	conceptus
잉태함	Conceptio
잉태함을 받다	concipio
자	quis
자기	ipse
자기	seipse
자기	sui
자기	suus
자라게 하다	cresco
자리를 내어주다	cedo
자세히	accuratissime
자세히	diligenter
자세히	nominatim
자식	filius
자주 됨	felix (felix recordatio)
자주됨	recordatio (felix recordatio)
자초지종	finis (a fine usque ad finem)
자취	exemplum
자취	monumentum
자취	vestigium
잠간도 아니	nunquam
잡사	suscipio
잡히지 못할	inexpugnabilis
장	pagina
장녀	primogenita
장래 공로	meritum

현대어	라틴어
장자	primogenitus
장차	aliquando (tandem aliquando)
장차	tandem (tandem aliquando)
쟁선하여	certatim
저	ille
저	quis
적누	turra
적은	mediocris
전 교종	Decessor (Decessor Noster)
전 교종	Pontifex (Praedecessor Noster Romanus Pontifex)
전 교종	Praedecessor (Praedecessor Noster Romanus Pontifex)
전 교종	Praedecessor (Praedecessor Noster)
전 교종	Romanus (Praedecessor Noster Romanus Pontifex)
전구하[난 자]	mediatrix
전능한	omnipotentia
전능한	omnipotens
전부터	olim
전에	jam
전파하다	deduco (deduco notitiam)
전파하다	notitia (deduco notitiam)
전하다	trado
전한	acceptus
전한바 도리	traditio
절로	factum (facto ipso)
절로	facto ipso suo semet
절로	is (eo ipso)
절로	ipse (ipse facto)
절로	ipso facto suo semet
절로	ipse (eo ipso)
절로	sponte
정	voluntas
정결한	purus
정결함	innocentia
정결함	puritas
정성	alacritas

현대어	라틴어
정성	cura
정성	pietas
정성	pietas (pietas et devotio)
정성	religio
정성	studium
정성되이	pientissime
정성을 다하다	elucubro
정신	intellectus
정하다	augeo
정하다	contineo
정하다	decerno
정하다	decretum (praestituo decreto)
정하다	dispono
정하다	edo
정하다	indico
정하다	interpono
정하다	ordino
정하다	praestituo
정하다	praestituo (praestituo decreto)
정하다	sancio
정하다	statuo
정하다	sto
정하신바	institutio
제	sui
제대	altarium
제성하다	concionor
제성하다	lego (publice lego)
제성하다	publice (publice lego)
제형	frater (fratres)
조금도	quovis (quovis modo)
조금도	plane
조금도	modus (quovis modo)
조금도	undequaque
조금도	unquam
조금도 아니	nihil (nihil ... unquam)
조금도 아니	nullus (nullus unquam)

현대어	라틴어
조금도 아니	unquam (nihil ... unquam)
조금도 아니	nunquam
조금도 아니	unquam (nullus unquam)
조상	parens
조서	constitutio
조서	Constitutio (memorata Constitutio)
조서	decretum
조서	memor (memorata Constitutio)
조찰한	illimis
조찰한	immaculatus
조찰한	incorruptus
조찰한	mundus
조찰함	innocentia
조초지종으로	adeo
존귀한	formosus
존귀함	laus
좀	vermis
종	mancipium
종도	Apostololus
종도좌	Sedes (Apostolica Sedes)
종도좌	Apostolicus (Apostolica Sedes)
종도좌에서 난	Apostolicus
종종	passim
좇아	a
좇아	ex
좇아	iuxta
좋아하는	carus
좌	cathedra
좌	sedes
죄	adversus (quod adversus)
죄	culpa
죄	peccatum
죄악	peccatum
죄인	reus
주	Deus
주	Dominus

현대어	라틴어
주교	Antistes
주교	Antistes (Sacrorum Antistites)
주교	Antistes (catholicorum Antistites)
주교	Episcopus
주교	Sacer (Sacrorum Antistites)
주교 탁덕	Ecclesia (Pastor Ecclesiae)
주교 탁덕	Pastor (Pastor Ecclesiae)
주내다	glosso
주내다	interpretor
주다	do
주보	patrona
주보함	patrocinium
주선하다	tracto
죽다	pereo
죽음	mors
죽이는	mortifer
준신하다	adhibeo (adhibeo fides)
준신하다	fides (adhibeo fides)
준정하다	probo
준허하다	comprobo
중에	inter
중에	penes
중한	dignus
즈음하다	intellego
즉위	pontificatus
즐거움	consolatio
즐거움	gaudium
즐거움	iucunditas
즐거움	laetitia
즐겨	animus (laetissimo prorsus animo)
즐겨	laetus (laetissimo prorsus animo)
즐겨	prorsus (laetissimo prorsus animo)
즐기는	dulcis
증거	testimonia
증거가 있다	testor
증거하다	assero

현대어	라틴어
증거하다	confirmo
증거하다	profiteor
지극한	augustus
지극한	ineffabilis
지극한	planus
지극한	singularis
지극한	summus
지극한	tantus
지극히	apprime
지극히	immo
지극히	penitus
지극히 광명한	lucidus (lucidissimus)
지극히 높은 [자]	altus (altissimus)
지극히 먼	alienissimus
지극히 무죄한	innocentissimus
지극히 밝은	splendus (splendidissimus)
지극히 조찰한	purissimus
지극히 친애하는	carissimus
지내다	celebro
지능한	validissimus
지성	affectus (affectus ferventissimus)
지성	ferveo (affectus ferventissimus)
지식	scientia
지존한	excelsus
지존한	praecelsus
지중지대한	gravissimus (gravissimum et maximum)
지중지대한	maximus (maximum et gravissimum)
지중한	gravissimus
지체하다	cunctor
지키는 [자]	custos
지키다	celebro
지키다	observo
지혜	sapientia
진도	catholicus (catholica Fides)
진도	Fides (catholica Fides)
진도	veritas

현대어	라틴어
진본	proprietas
진실	veritas
진실로	quidem
진실함	veritas
집	domus
집	thesaurus
짓다	aedifico
찌름	iurgium
차리다	habeo
차착 없는	inviolabilis
착명하다	subscribo
착명하다	subscribo (subscribo manu)
찬미하다	spoponderint
찬송	praeconium
찬송하다	praedico
찬송함	laus
참아 두다	patior
참혹한	luctuosus
참혹히	misere
채우다	compleo
채우다	satisfacio
책	liber
처분을 내림	declaratio
처처	locus (ubicumque locus)
처처히	ubique
천	electio
천상	caelum
천상도리	caelestis (caelestis doctrina)
천상도리	caelestis (caelestis eloquium)
천상도리	doctrina (caelestis doctrina)
천상도리	eloquium (caelestis eloquium)
천상의	caelestis
천상천하의	caelestis (caelestis et terrenus)
천상천하의	terrenus (caelestis et terrenus)
천신	Angelus
천신	Seraphim

현대어	라틴어
천신	Angelus (Angelus Dei)
천신의	angelicus
천신제품	Angelus (omnis exercitus Angelorum)
천신제품	exercitus (omnis exercitus Angelorum)
천조	caelestis (caelestis Curia)
천조	Curia (caelestis Curia)
천조 성모 무염원죄잉태함	Immaculatus (Immaculata sanctissimae Dei Genitricis Conceptio)
천주	Deus
천주	divinitas
천주	divinus (divina Providentia)
천주	Providentia (divina Providentia)
천주	Dominus
천주 명으로	divinitus
천주 성모	Deipara
천주 성모 동정녀 무염원죄잉태	Conceptio (Immaculata Deiparae Virginis Conceptio)
천주 성모 동정녀 무염원죄잉태	Deipara (Immaculata Deiparae Virginis Conceptio)
천주 성모 동정녀 무염원죄잉태	Immaculatus (Immaculata Deiparae Virginis Conceptio)
천주 성모 동정녀 무염원죄잉태	Virgo (Immaculata Deiparae Virginis Conceptio)
천주 성모 무염원죄잉태함	Conceptio (Immaculata sanctissimae Dei Genitricis Conceptio)
천주 성모 무염원죄잉태함	Genitrix (Immaculata sanctissimae Dei Genitricis Conceptio)
천주 성모 원죄 없이 잉태함	Conceptio (Immaculata Deiparae Conceptio)
천주 성모 원죄 없이 잉태함	Conceptio (Immaculata Deiparae Virginis Conceptio)
천주 성모 원죄 없이 잉태함	Conceptio (Immaculata sanctissimae Dei Genitricis Virginis Mariae Conceptio)
천주 성모 원죄 없이 잉태함	Deipara (Immaculata Deiparae Conceptio)
천주 성모 원죄 없이 잉태함	Deipara (Immaculata Deiparae Virginis Conceptio)
천주 성모 원죄 없이 잉태함	Genitrx (Immaculata sanctissimae Dei Genitricis Virginis Mariae Conceptio)
천주 성모 원죄 없이 잉태함	Immaculatus (Immaculata Deiparae Conceptio)
천주 성모 원죄 없이 잉태함	Immaculatus (Immaculata Deiparae Virginis Conceptio)
천주 성모 원죄 없이 잉태함	Immaculatus (Immaculata sanctissimae Dei Genitricis Virginis Mariae Conceptio)

현대어	라틴어
천주 성모 원죄 없이 잉태함	Virgo (Immaculata Deiparae Virginis Conceptio)
천주 성모 원죄 없이 잉태함	Virgo (Immaculata sanctissimae Dei Genitricis Virginis Mariae Conceptio)
천주께	divinitus
천주도리	disciplina theologica
천주도리	theologica disciplina
천주로 좇아 온 끝	divinitus
천주의	divinus
천주의 모친	Deipara
천주의 성모	Deipara
천하	orbis
천하	catholicus (catholicus orbis)
천하	Ecclesia
천하	orbis (catholicus orbis)
천하의	terrenus
첨례	cultus
첨례	cultus (festum ac cultus)
첨례	festus
첨례	festus (dies festus)
첨례	festum
첨례	festum (festum ac cultus)
첫	primus
청	postulatio
청결함	innocentia
청하는 문장	postulatio (postulatio recepta)
청하는 문장	recipio (postulatio recepta)
청하다	exposco
청하다	imploro
청함	postulatio
쳐쳐	ubicumque (ubicumque locus)
초원한	eximius
초월하게	ante (longe ante)
초월하게	longe (longe ante)
초월하다	celsus (evado celsior)
초월하다	evado (evado celsior)
초월하다	exsto (exsto superior)

현대어	라틴어
초월하다	superus (exsto superior)
초월한	praestantissimus
초월한	singularis
초월한	sublimis
초팔일	VI ldus
총복을 받은	benedictus
총앙하다	honorifico
총우	caelestis (caelestis gratia)
총우	gratia
총우	gratia (caelestis gratia)
최초	insto (primum instans)
최초	insto (primum instans atque momentum)
최초	momentum (primum instans atque momentum)
최초	primus (primum instans)
최초	primus (primum instans atque momentum)
최초의	originalis
추론하다	doceo
충만한	plenus
충만함	plenitudo
취하다	assumo
층	gradus
치다	conficio
치다	pasco
치명자	Martyr
친애하는	carus
친한 [자]	dilectus
친히	ipse
칭송	effatum (effatum nobilissimum)
칭송하다	extollo
칭송하다	praedico
칭송하다	effero
캄캄함	caligo
캄캄함	tenebrae
케루빔	Cherubim
크게	longe (longissime)
크게	magna

현대어	라틴어
크게	plurimum
크게	ampliter
크게 다른	alienissimus
큰	maximus
큰	vehementer
큼	magnitudo
탁덕	Capitulum
탁덕	Clerus
탁덕	Clerus (vir ex Clero)
탁덕	ecclesiasticus (ecclesiasticus vir)
탁덕	vir (ecclesiasticus vir)
탁덕	vir (vir ex Clero)
태학	Academia (Theologica Academia)
태학	Theologicus (Theologica Academia)
통하다	communico
통하다	significo
트리덴툼 (*트리엔트)	Tridentina
트리덴툼 공회 (*트리엔트 공회)	Synodus (Tridentina Synodus)
트리덴툼 공회 (*트리엔트 공회)	Tridentina (Tridentina Synodus)
특별한	peculiaris
특별한	singularis
특별한	speciale
특별한 은혜	praerogativa
특별히	potissimum
특별히	praecipue
특별히	tantoque
특은	gratia
특은	praerogativa
특은	privilegium
특총	gratia
파울루스	Paullus
파울루스 제오위	Paullus V
판각한	impressus
판결할 만한 일	definibilitas
판단	iudicium
판단하다	declaro

현대어	라틴어
판단하다	definio
판단하다	definitio (fero definitionem)
판단하다	emitto
판단하다	fero (fero definitionem)
판단하다	pronuncio
판단하다	statuo
판단함	definitio
판단함	indicium
판단함	pronunciatio
판문	decretum
판문	definitio
판문	littera (litterae)
팔백	octingentesimus
팔일첨례	festum (festum Conceptionis cum octava)
팔일첨례	octavus (festum Conceptionis cum octava)
페트루스	Petrus
펴다	propago
편안함	tranquillitas
평상한	communis
평순히	suaviter
포악한	crudelis
포학한	teterrimus
포함하다	complector
포함하다	comprehendo
표준	forma
풀다	explico
풀다	interpretor
풀지 아니한	insolutus
품	cor
품	ordo
풍성함	copia
풍성히	plus
피다	floreo
피다	effloresco
피다	vigeo
피우스	Pius

현대어	라틴어
필립푸스	Philippus
핑계	praetextus
핑계하다	praetexo
하고자 하다	volo
하나	solus
하나임	communis (unus idemque communis naturaliter)
하나임	idem (unus idemque communis naturaliter)
하나임	naturaliter (unus idemque communis naturaliter)
하나임	unitas
하나임	unus
하나임	unus (unus idemque communis naturaliter)
하늘	caelum
하다	aio
하다	exsto
하다	mereo
하다	profiteor
하려 들다	attento
하례하는 말씀	salutatio
하자	naevus
하자 없는	illibatus
하지	terra
학	academia
학식	scientia
학자	Doctor
학자	scriptor
한	eodem
한	unus
한 것	informatum
한가지로	cum
한가지로	una
한결같이	genus (in suo tantum genere)
한결같이	tantus (in suo tantum genere)
합당하다	cohaereo
합당한	dignus
합일함	unitas
합하는	concors

현대어	라틴어
합하는	singularis
합하다	coniungo
합하다	vinculum
항구하게	constanter
항상	omnis
항상	semper
항상 아니	nunquam
항상한	perpetuus
해마다	quotannis
행하다	adhibeo
행한바	via
행함	actum
향	voluntas
허락하다	concedo
허락하다	dubito (non dubito)
허락하다	tribuo
허락하다	tribuo facultate
헛되게 하다	frustror
헛되이 하다	frustror
헤아리다	adiungo
헤치다	discutio
혀	lingua
현대어 번역	라틴어
현양하다	promoveo (promoveo et vindicare)
현양하다	vindicare (promoveo et vindicare)
현연이	mirifice
현연한	solemnior
혈육의	substantialis
형	frater
형극	spina
형언할 길 없는	incredibilis
형용하다	repraesento
형적	modus
호위하다	tueor
호위하다	vindico
호위함	protego

현대어	라틴어
호위함	praesidium
혹	aut
혹	vel
혹이	seu
혹이	quis
홀로	solum
홀로 [있는]	solus
홀로 [있는]	unus
홍의주교	Cardinalis (Venerabilis Frater Noster Sanctae Romanae Ecclesiae Cardinalis)
홍의주교	Cardinalis (V. FF. NN. S. R. E. Cardinalis)
홍의주교	Venerabilis (Venerabilis Frater Noster Sanctae Romanae Ecclesiae Cardinalis)
홍의주교	Venerabilis (V. FF. NN. S. R. E. Cardinalis)
홍의주교	V. FF. NN. S. R. E. Cardinalis
화관	corona
화란	calamitas
화평함	pax
화호하[는 자]	conciliatrix
확실이 있다	vigeo
확실하게	firmiter
환난	difficultas
황	imperator
황후	Regina
회	congregatio
회	consilium
회	Ecclesia
회	familia
회	Familia (Religiosa Familia)
회	Religiosus (Religiosa Familia)
회	Sodalitas
후 부터	post
후사	posterus
후에	post
후에	postquam
훗	Successor
훗 교종	Successor (Successor Noster Romanus Pontifex)

현대어	라틴어
흔들다	labefacto
흔연이	libentissime
흔연히 뛰놂	exultatio
흘러들다	traducor
흡합하는	consonus
흥기하다	excito
희락	deliciae
힘	industria
힘	opus
힘	prex
힘	studium
힘	vis
힘쓰다	opus (promoveo omni ope)
힘쓰다	promoveo (promoveo omni ope)
힘씀	studium
힘을 다하여	pro (pro summa Nostra)
힘을 다하여	summus (pro summa Nostra)
힘을 다함	contentio
힘을 다함	studium